G. QUÉNELLE
J. TOURNAIRE

La France dans votre poche

Informations pratiques et dialogues en français fondamental

1. Auflage

ISBN 2-218-03089-6

Printed in France.
ISBN 3-12-525010-2

Ernst Klett Stuttgart

Où trouver les renseignements sur...

Pour le détail

Vous trouverez dans :

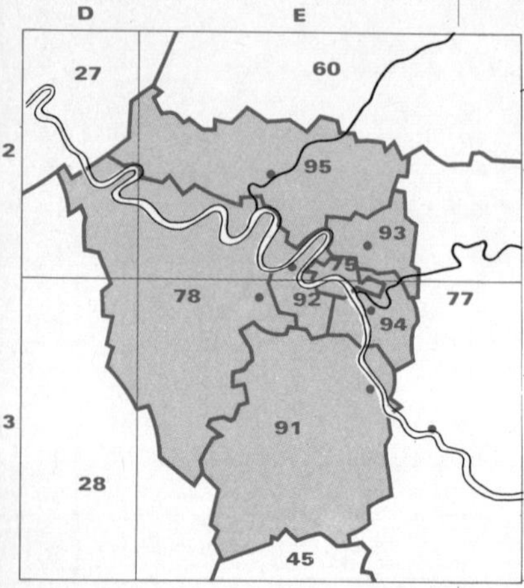

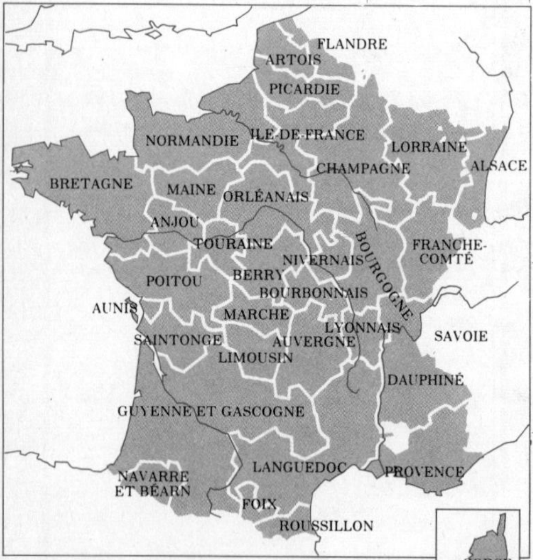

limites des anciennes provinces

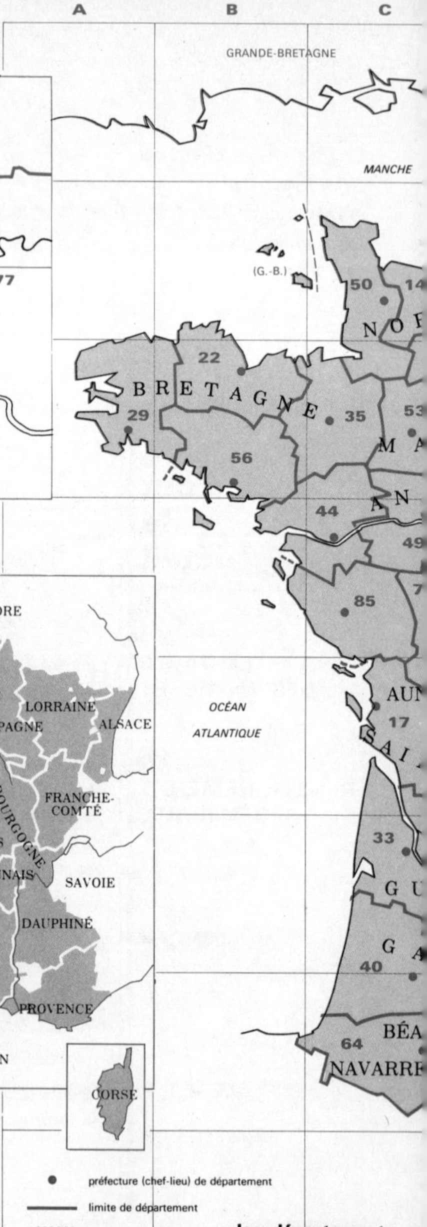

les départements

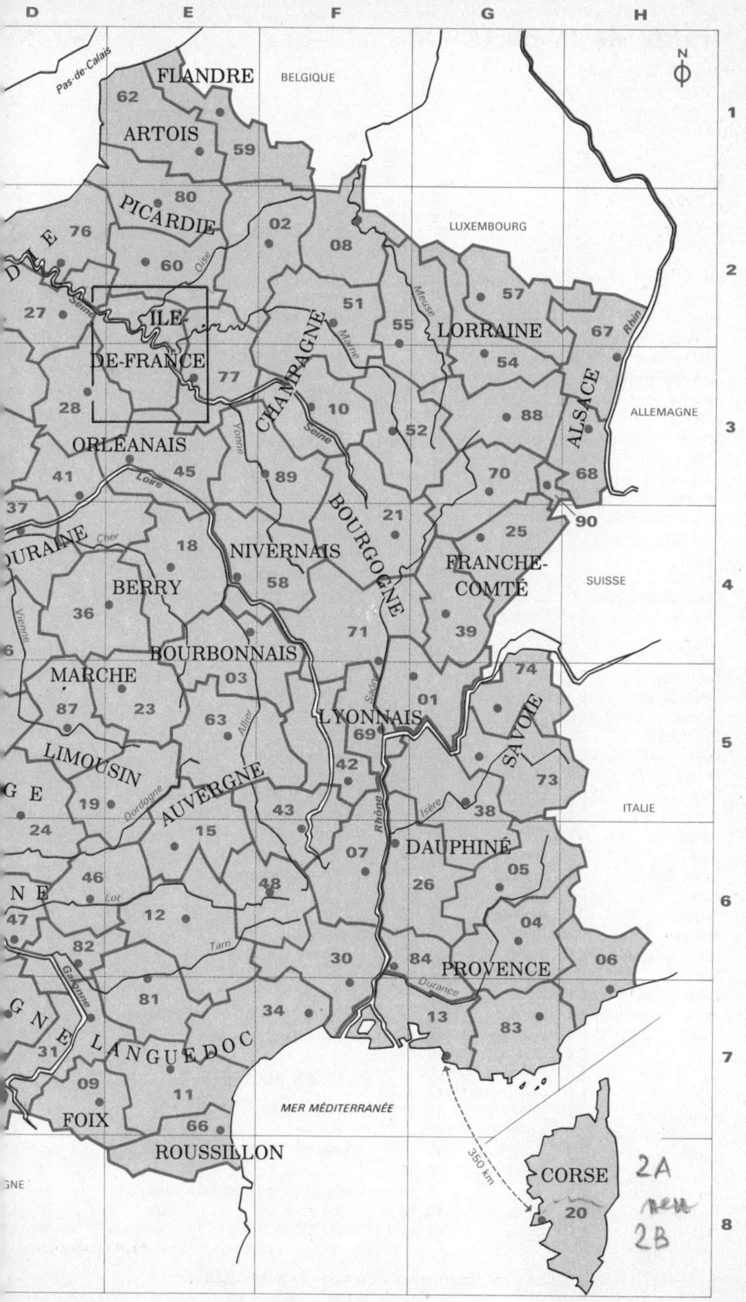
D
E
F
G
H
1
2
3
4
5
6
7
8
N
Pas-de-Calais
FLANDRE
BELGIQUE
62
ARTOIS
59
80
PICARDIE
02
08
LUXEMBOURG
76
60
Oise
57
51
55
LORRAINE
67
Rhin
27
Seine
ILE-DE-FRANCE
Marne
Meuse
54
77
CHAMPAGNE
ALSACE
28
10
88
ALLEMAGNE
Seine
52
ORLÉANAIS
Yonne
41
45
89
70
68
Loire
37
90
BOURGOGNE
21
25
Cher
18
NIVERNAIS
FRANCHE-COMTÉ
BERRY
58
SUISSE
36
Vienne
71
39
BOURBONNAIS
MARCHE
03
74
87
23
01
63
Allier
Saône
LYONNAIS
69
SAVOIE
LIMOUSIN
42
73
19
Dordogne
AUVERGNE
43
Rhône
Isère
38
ITALIE
24
15
07
DAUPHINÉ
05
46
48
26
Lot
12
04
47
82
Tarn
30
84
PROVENCE
06
Garonne
Durance
81
34
13
83
LANGUEDOC
31
09
11
MER MÉDITERRANÉE
FOIX
66
ROUSSILLON
350 km
CORSE
20
2A
2B

Index de la carte (voir p. 4-5)

DÉPARTEMENT	VOIR LA CARTE	CHEF-LIEU	NUMÉRO *	INDICATIF ** TÉLÉPHONIQUE
Ain	G 5	Bourg	01	74
Aisne	F 2	Laon	02	23
Allier	E 5	Moulins	03	70
Alpes-de-Hte-Prov.	G 6	Digne	04	92
Hautes-Alpes	G 6	Gap	05	92
Alpes-Maritimes	H 6	Nice	06	93
Ardèche	F 6	Privas	07	75
Ardennes	F 2	Mézières	08	24
Ariège	D 7	Foix	09	61
Aube	F 3	Troyes	10	25
Aude	E 7	Carcassonne	11	64
Aveyron	E 6	Rodez	12	65
Bouches-du-Rhône	G 7	Marseille	13	91
Calvados	C 2	Caen	14	31
Cantal	E 6	Aurillac	15	71
Charente	D 5	Angoulême	16	45
Charente-Maritime	C 5	La Rochelle	17	46
Cher	E 4	Bourges	18	36
Corrèze	E 5	Tulle	19	52
Corse	H 8	Ajaccio	20	95
Côte-d'Or	F 4	Dijon	21	80
Côtes-du-Nord	B 3	Saint-Brieuc	22	96
Creuse	E 5	Guéret	23	51
Dordogne	D 6	Périgueux	24	53
Doubs	G 4	Besançon	25	81
Drôme	G 6	Valence	26	75
Eure	D 2	Évreux	27	32
Eure-et-Loir	D 3	Chartres	28	37
Finistère	A 3	Quimper	29	98
Gard	F 6	Nîmes	30	66
Haute-Garonne	D 7	Toulouse	31	61
Gers	D 7	Auch	32	62
Gironde	C 6	Bordeaux	33	56
Hérault	F 7	Montpellier	34	67
Ille-et-Vilaine	C 3	Rennes	35	99
Indre	D 4	Châteauroux	36	54
Indre-et-Loire	D 4	Tours	37	47
Isère	G 5	Grenoble	38	76
Jura	G 4	Lons-le-Saunier	39	82
Landes	C 6	Mont-de-Marsan	40	57
Loir-et-Cher	D 3	Blois	41	39
Loire	F 5	Saint-Étienne	42	77
Haute-Loire	F 5	Le Puy	43	72
Loire-Atlantique	C 4	Nantes	44	40
Loiret	E 3	Orléans	45	38
Lot	D 6	Cahors	46	60
Lot-et-Garonne	D 6	Agen	47	58
Lozère	F 6	Mende	48	68
Maine-et-Loire	C 4	Angers	49	41

DÉPARTEMENT	VOIR LA CARTE	CHEF-LIEU	NUMÉRO *	INDICATIF **
Manche	C 2	Saint-Lô	50	33
Marne	F 2	Châlons-sur-Marne	51	26
Haute-Marne	G 3	Chaumont	52	27
Mayenne	C 3	Laval	53	42
Meurthe-et-Moselle	G 3	Nancy	54	28
Meuse	F 2	Bar-le-Duc	55	28
Morbihan	B 3	Vannes	56	97
Moselle	G 2	Metz	57	87
Nièvre	F 4	Nevers	58	83
Nord	E 1	Lille	59	20
Oise	E 2	Beauvais	60	1
Orne	D 3	Alençon	61	34
Pas-de-Calais	E 1	Arras	62	21
Puy-de-Dôme	E 5	Clermont-Ferrand	63	73
Pyrénées-Atlantiques	C 7	Pau	64	59
Hautes-Pyrénées	D 7	Tarbes	65	62
Pyrénées-Orientales	E 7	Perpignan	66	69
Bas-Rhin	H 2	Strasbourg	67	88
Haut-Rhin	H 3	Colmar	68	89
Rhône	F 5	Lyon	69	78
Haute-Saône	G 3	Vesoul	70	84
Saône-et-Loire	F 4	Mâcon	71	85
Sarthe	D 3	Le Mans	72	43
Savoie	G 5	Chambéry	73	79
Haute-Savoie	G 5	Annecy	74	50
Seine-Maritime	D 2	Rouen	76	35
Seine-et-Marne	E 3	Melun	77	1*
Deux-Sèvres	C 4	Niort	79	48
Somme	E 2	Amiens	80	22
Tarn	E 7	Albi	81	63
Tarn-et-Garonne	D 6	Montauban	82	63
Var	G 7	Draguignan	83	94
Vaucluse	G 6	Avignon	84	90
Vendée	C 4	La Roche-sur-Yon	85	30
Vienne	D 4	Poitiers	86	49
Haute-Vienne	D 5	Limoges	87	55
Vosges	G 3	Épinal	88	29
Yonne	F 3	Auxerre	89	86
Belfort (Territoire de)	G 3	Belfort	90	84
RÉGION PARISIENNE				
Ville de Paris	E 2		75	1
Yvelines	E 3	Versailles	78	1*
Essonne	E 3	Évry	91	1*
Hauts-de-Seine	E 3	Nanterre	92	1
Seine-Saint-Denis	E 2	Bobigny	93	1
Val-de-Marne	E 3	Créteil	94	1*
Val-d'Oise	E 2	Pontoise	95	1*

* Faire le 11 pour la partie du département non reliée à l'automatique.

Préface

Mettre la France dans sa poche, n'est-ce pas le rêve de ce Gulliver ahuri qu'est souvent le touriste étranger? Ce petit livre s'apparente aux clés merveilleuses qui ouvrent par magie la porte de terres inconnues. Tout ce qui, dans une contrée dont on connaît mal la langue, peut apparaître d'abord comme mystérieux ou absurde s'éclaire ici sans effort : la configuration physique et humaine d'un pays, ses régions, ses habitants, ses mœurs, avec les mille et un moyens de les comprendre : la langue familière, les attitudes et les usages de la vie de tous les jours, les lieux privilégiés et les réponses aux besoins quotidiens. Ainsi l'étranger pourra traverser le mur de verre qui oppose sa brillante irréalité au touriste négligent ou trop mal armé. Ce livre dans la poche, la poche qui est auprès du cœur, - il va se couler parmi les Français, respirer avec eux l'air du même pays. Affronter un horaire de chemin de fer, ou un chauffeur de taxi, connaître l'existence du « Canard enchaîné » ou le sens du mot « bidule », commenter un match de rugby aussi bien qu'une vente d'antiquités ou les saveurs de la cuisine régionale, voilà qui vous naturalise aussitôt n'importe quel citoyen du bout du monde! La magie de cet ouvrage, si l'on peut tenter de l'analyser, c'est sans doute d'opérer cette naturalisation globalement : pas de cours de civilisation juxtaposé à un cours de langue et à un guide touristique, mais un ensemble plein de vie qui entremêle alertement les renseignements utiles, les vues d'ensemble et les notions indispensables de langue usuelle.

Débordant de richesses, sous son volume discret, ce livre est en réalité un guide du bonheur d'être en France.

Jean AUBA
Inspecteur Général de l'Instruction Publique
Directeur du Centre International d'Études Pédagogiques.

Avant-propos

Les auteurs, comme pour leur premier ouvrage, *L'Angleterre dans votre poche* (Hatier, 1968), ont voulu écrire un livre à la fois pratique et pédagogique. Ils espèrent qu'on le jugera tout aussi pratique, par la richesse des informations qu'il apporte sous un faible volume, mais encore plus pédagogique, puisqu'il est écrit dans une langue plus simple, et selon une progression plus méthodique.

LE LIVRE

On trouvera, d'abord, dans ces 192 pages, un tableau géographique, historique, économique et politique de la France d'aujourd'hui. Pour l'automobiliste étranger, sont ensuite éclairés les problèmes que pose la route. Puis les visiteurs sont accompagnés à Paris et sa banlieue et apprennent à utiliser au mieux le taxi, le métro, l'autobus, à courir les grands magasins et à trouver un bon lit et une bonne table. La carte des chemins de fer dessine leur visite des provinces. Ils entrent enfin dans les familles et participent aux repas, aux sorties, aux distractions de leurs amis français.

Sur les pages de gauche se trouvent tous les renseignements pratiques. Les pages de droite contiennent souvent une conversation se rapportant au sujet. A gauche, la langue utilisée est toujours maintenue dans les limites du « Français Fondamental », niveau II[1]. A droite, la conversation se divise en deux dialogues assez courts, le premier écrit en Français Fondamental, niveau I; le second, qui prolonge le premier dans un aspect nouveau de la même situation, est écrit en Français Fondamental, niveau II. Les constructions grammaticales employées y sont, à chaque niveau, celles que recommandent les auteurs du Français Fondamental. Tous les mots qui ne se trouvent pas dans les listes qu'ils ont dressées ont été ici marqués d'un *, et portés à l'index des pages 158 à 167. Ces mots sont, dans tous les cas, expliqués par le contexte, par une note ou par une illustration. Enfin, les groupes de mots appartenant à un vocabulaire particulier ont été rassemblés dans des « Mini-Lexiques » en cinq langues.

LES DIAPOSITIVES

Le livre est illustré surtout par des cartes et des plans divers. Si le lecteur veut mieux préparer son voyage, mieux le diriger sur place ou mieux s'en souvenir, il utilisera la collection de diapositives que nous avons composée et commentée.

Ces images, nous les avons choisies pour leur qualité technique : netteté des détails, valeur de la lumière, etc., mais aussi, là encore, pour la richesse et l'importance de ce qu'elles enseignent. On n'y trouvera jamais un élément d'intérêt touristique photographié pour lui-même, mais il y prend

1. *L'élaboration du français fondamental.* Etude sur l'établissement d'un vocabulaire et d'une grammaire de base, par G. Gougenheim, P. Rivenc, R. Michéa, A. Sauvageot; Didier, Paris 1964.

parfois une place, au deuxième plan. L'accent est mis, plutôt, sur le document utile à la compréhension de la vie des Français dans leur cadre familier. Tantôt, donc, la diapositive illustrera un fait de civilisation traité sur la page de gauche, tantôt le dialogue du livre. Elle peut aussi compléter celui-ci en montrant un aspect différent de la même situation.

On trouvera un commentaire détaillé des diapositives dans un petit livret d'accompagnement.

LES BANDES

Enfin, l'élément auditif de cet ensemble audio-visuel est représenté par l'enregistrement des dialogues sur cassettes et sur bandes.

Le lecteur, devenu auditeur, y entendra de nombreux exemples de voix masculines et féminines, jeunes et moins jeunes, mais aussi des façons de parler le français d'aujourd'hui - différentes, on le sait, selon la catégorie sociale, le sujet, l'origine provinciale, etc. Nous n'y avons pas ajouté d'exercices, pensant que l'étude de cette grande variété d'expression pouvait suffire à l'appétit des amis de notre pays et de notre langue.

Notre but essentiel étant de les aider à se sentir à l'aise aux « niveaux de langue » les plus communs, nous avons jugé bon de leur donner, en fin de livre, quelques extraits de notre petit dictionnaire du « Français Fondamental Familier ».

Nous espérons que cet ensemble - dont les trois éléments : livre, diapositives, enregistrements, peuvent être utilisés séparément - sera aussi utile à l'élève qui rêve d'un voyage en France, qu'au professeur qui veut l'aider à le réaliser, et au touriste qui veut pouvoir enfin voir, entendre, et comprendre.

Liste des abréviations

adj. : adjectif	syn. : synonyme	= : égal, le même
f. : féminin m. : masculin	id, idem : semblable, le même	≠ : contraire, différent de
n. : nom subst. : substantif	par ex. : par exemple cf. : voir, à rapprocher de	+ : plus

La France en Europe

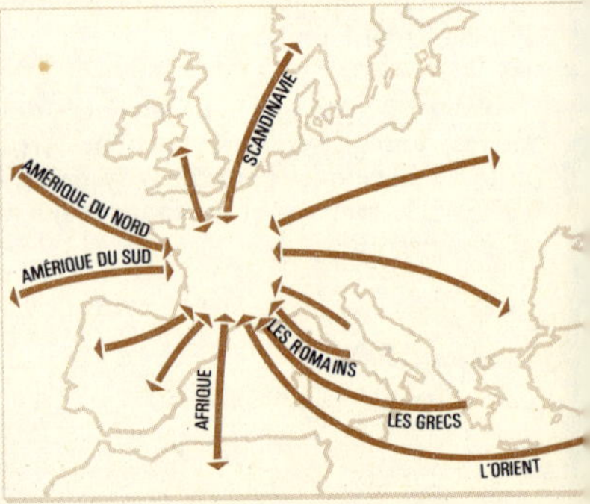

POPULATION

carrés proportionnels
au nombre d'habitants

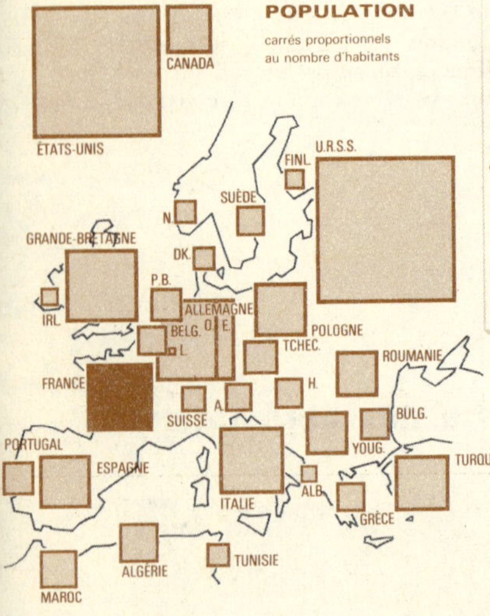

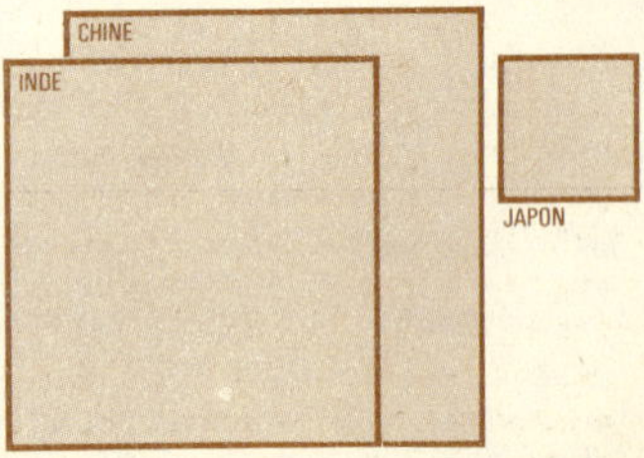

Un petit pays

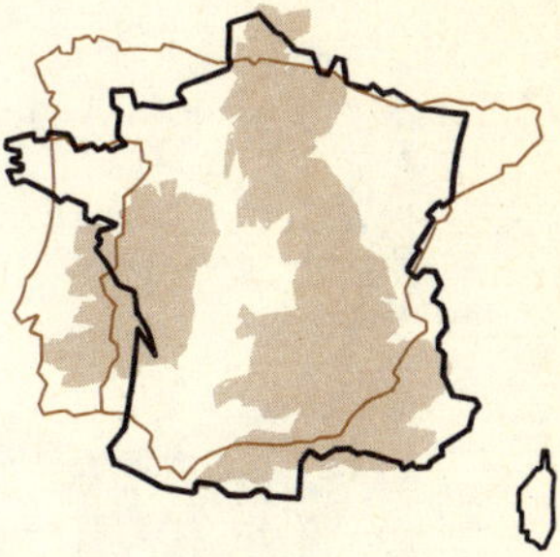

Quatorze fois moins grande que les États-Unis, la France, avec ses 550 000 km², tiendrait quarante fois dans l'U.R.S.S., dix-sept fois dans la Chine.

En Europe pourtant, elle est plus grande que l'Espagne (504 000 km²) et que les deux Allemagne (248 000 + 108 000 km²). La Grande-Bretagne, avec ses 244 000 km², est deux fois plus petite.

Les 52 millions de Français semblent un tout petit groupe d'hommes à côté des 850 millions de Chinois ou des 230 millions d'Américains.

Mais un pays équilibré

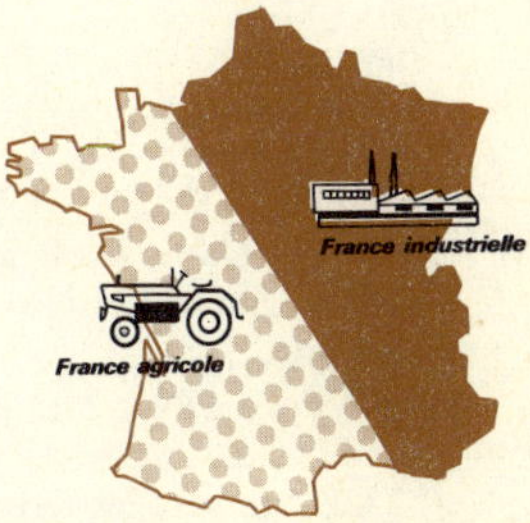

La France ne se trouve ni trop au Nord ni trop au Sud. Elle n'a ni trop de montagnes ni trop de plaines. Elle reçoit les pluies de l'Atlantique, mais elle se chauffe au soleil méditerranéen. C'est pourquoi les prairies y sont nombreuses, comme les vignes; il y pousse du blé mais aussi du riz.

A la deuxième place en Europe pour la production des automobiles, à la quatrième pour l'acier, à la sixième pour le gaz naturel, à la troisième pour l'aluminium, la France est parmi les grands pays industriels. Mais en même temps elle a, à elle seule, la moitié des terres cultivables du Marché Commun.

Un vieux pays ouvert

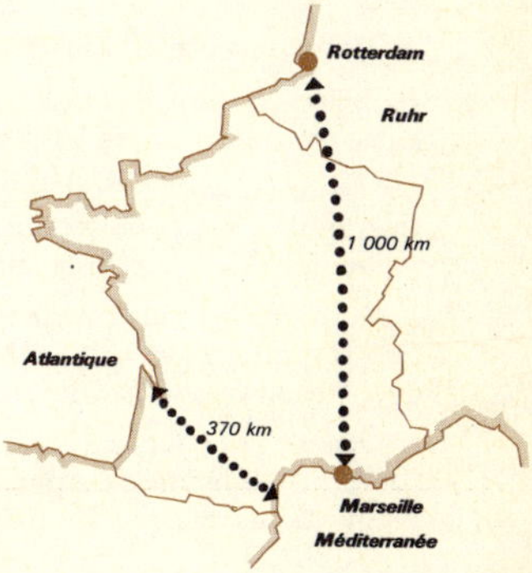

La vraie grandeur d'un pays se mesure-t-elle à sa surface, au nombre de ses habitants ou de ses machines?

Pour comprendre la France il faut savoir qu'elle n'a jamais été fermée sur elle-même et qu'elle s'est trouvée, depuis plus de sept cents ans, au centre d'une culture beaucoup plus large, partagée avec les autres pays européens. Placée entre l'Ancien Monde et le Nouveau Monde, elle reste au cœur des grands mouvements du commerce, de la pensée et des arts.

Visage de la France

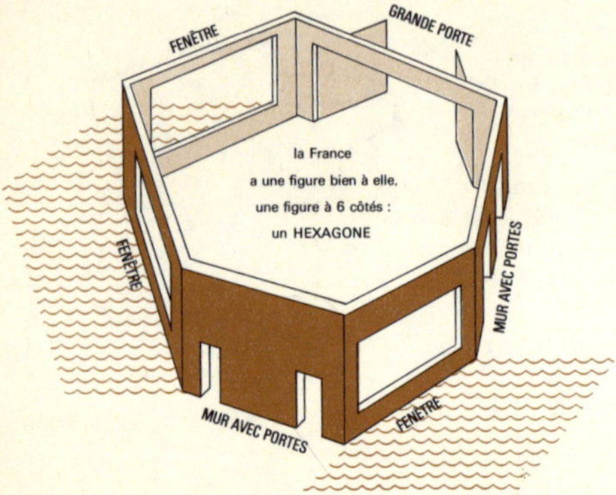

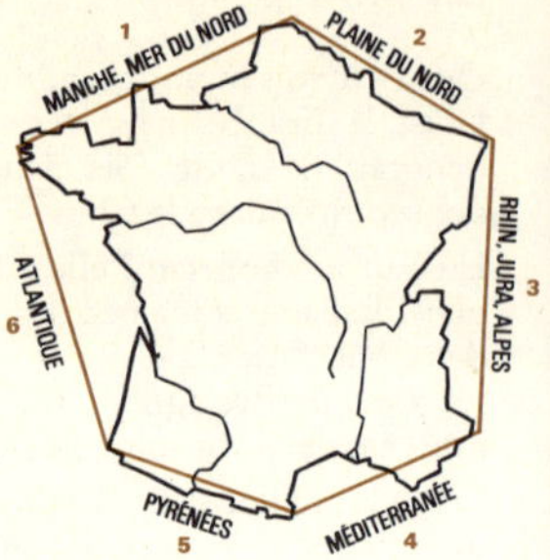

*L'hexagone**

* **3 000 km de côtes.** Trois de ses frontières sont des fenêtres ouvertes sur la mer, vers le nord-ouest (1), l'ouest (6) et le sud (4).

La Mer du Nord, la Manche et l'Océan Atlantique (6) sont des mers peu profondes, fraîches (de 6 à 10°) et à fortes marées [1].

La Méditerranée (4), au contraire, devient vite profonde. C'est une mer chaude (12 à 22°) où les marées sont faibles.

* **2 000 km vers les terres.** Les trois autres frontières sont terrestres. La première (2) est une large porte ouverte sur les grandes plaines européennes (Allemagne, Pologne, U.R.S.S.). Les deux autres (3 et 5) semblent des barrières [2] mais les Alpes ou le Jura (3) et les Pyrénées (5) s'ouvrent par de nombreux cols vers la Suisse, l'Italie ou l'Espagne.

* **Beaucoup d'eau.** Quatre grands fleuves :

La Seine est courte (776 km) et lente. La différence n'est pas très grande entre ses hautes et ses basses eaux : c'est le plus utile des quatre.

La Loire (1 000 km) est la plus longue. Mais ses basses eaux d'été sont très faibles; ses hautes eaux, en automne et au printemps, viennent sans prévenir. Elle n'est utile qu'après Angers.

La Garonne est plus courte (650 km). Elle a au moins deux fois plus d'eau que la Loire, mais ses colères sont terribles. On n'y voit pas beaucoup de bateaux avant Bordeaux.

Le Rhône (522 km en France, 812 en tout) est le plus montagnard [3]. Il roule au moins dix fois plus d'eau que la Seine. De grands travaux l'ont rendu moins difficile à suivre.

1 Marées : mouvements de la mer qui la font monter (flux*) ou descendre (reflux*).
2 Barrières : pour empêcher les animaux de sortir d'une prairie, on place des barrières.
3 Montagnard : qui habite la montagne, ou qui y vit.

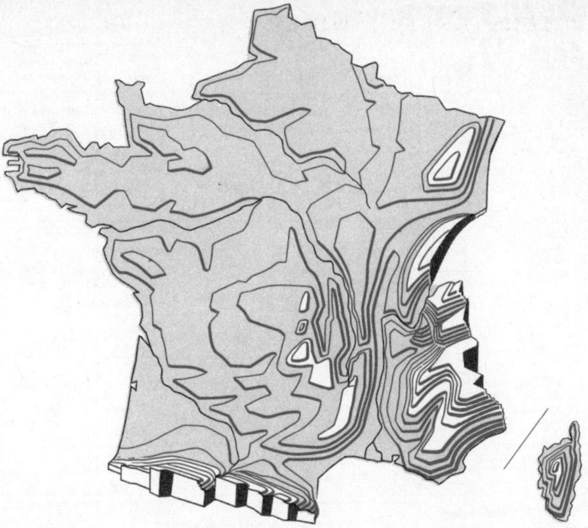

L'amphithéâtre*

On a souvent dit que la France ressemblait à un théâtre grec.

✻ **La scène** : l'automobiliste qui va de Hambourg à Paris ne quitte pas la même plaine qui vient de Russie. C'est dans toute cette partie basse à l'Ouest que se joue la pièce.

✻ **Les balcons*** : si vous allez vers l'est, le sud-est et le centre, il faut monter, en passant par des plateaux, vers des montagnes aux formes lourdes et rondes, appelées « ballons » dans les Vosges, « monts » dans le centre ou Massif Central.

✻ **Les galeries*** : plus loin encore, vers le sud-est et le sud-ouest, vous êtes sur les plus grandes hauteurs du théâtre, de vraies aiguilles, quelquefois à plus de 3 000 mètres, dans les Alpes et les Pyrénées.
Il y a ainsi en France plus de 60 % de plaines et de plateaux, 20 à 25 % de vieilles montagnes aux formes usées, 15 à 20 % de jeunes et hautes montagnes.

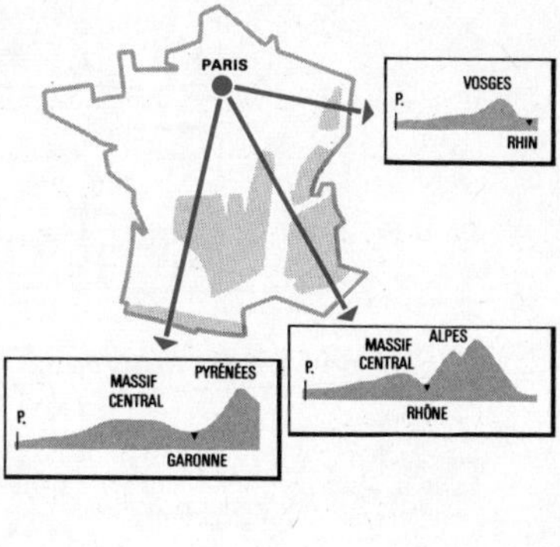

✻ **Les passages et couloirs** : dans ce théâtre il est toujours facile de changer de place. D'une plaine à l'autre d'abord, bien sûr : de celle où coule la Seine (Bassin* Parisien) vers les pays de la Garonne (Bassin* Aquitain) en passant par le Val de Loire, mais aussi vers la Méditerranée en suivant la vallée du Rhône, ce beau couloir naturel entre les Alpes et les montagnes du centre.

Quel temps fait-il?

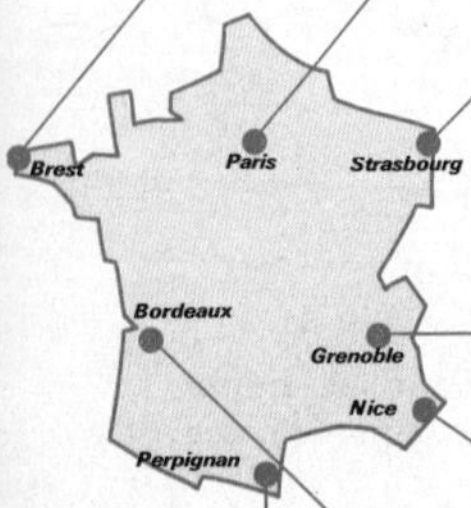

hivers	étés	pluies	vents	végétation
doux, gelées rares — 6 °C (43 °F)	frais et humides — 15 °C (60 °F)	240 jours par an — 112 cm	d'Ouest amenant le crachin	orge, avoine, fougères, landes, prairies
assez durs, quelques gelées — 3 °C (37 °F)	chauds, orageux — 19 °C (66 °F)	160 jours par an — 55 cm	changeants	betterave, blé, grandes forêts, chênes, bouleaux
durs, 100 jours de gelées — 0 °C (32 °F)	chauds — 20 °C (68 °F)	190 jours par an, averses brusques — 60 cm	bise (du Nord) (ou du Sud)	forêts, Gewurtztraminer, cultures fruits, vignes, prunes (quetsches)
longs et durs, 80 j. de gelées — 2 °C (35 °F)	frais et courts — 12 °C (54 °F)	140 jours par an — 2 m (pluie et neige)	locaux et tournants, parfois violents	moutons, forêts (sapins), prairies, cultures
doux, gelées rares — 8 °C (47 °F)	longs et clairs, très chauds — 23 °C (73 °F)	90 j. par an, fortes mais rares — 86 cm	Mistral* et Marin*	maquis (petits arbres secs), bruyère, vigne
doux, brumeux — 6 °C (43 °F)	chauds — 19 °C (66 °F)	180 jours par an — 90 cm	d'Ouest et de Nord-Ouest	chênes-verts, pins, St-Emilion, fruits, vigne
très doux et secs — 7 °C (45 °F)	longs et très chauds — 23 °C (73 °F)	85 jours par an — 65 cm	Tramontane et Marin	forêts en montagne, Banyuls, vigne, fruits et légumes

Voici des mots nouveaux

Les pluies

*le crachin** (syn. la bruine*) : petite pluie très fine apportée par le vent de la mer.
*une averse** syn. une ondée*) : pluie qui arrive sans prévenir. En Mars ou Avril on l'appelle « (une giboulée* ».

Les vents

*la bise**: vent de nord-est, sec et froid.
*le Mistral**, souffle (très fort) du nord au sud dans la vallée du Rhône.
*la Tramontane**, venue du nord-ouest, balaye la région de Perpignan.
*le Marin**, venu de la mer, apporte de l'humidité sur tout le rivage* méditerranéen (le bord de la mer).

Il ne fait jamais ni très chaud ni très froid

Les vents chauds de l'Atlantique entrent très profondément à l'intérieur des terres. C'est pourquoi il ne fait très froid que vers l'est (Alsace) et sur les montagnes où les différences de température sont très importantes. Il neige aussi sur ces régions froides (voir p. 102-103) mais à l'ouest et au sud la neige est rare et fond très vite.

Il pleut un peu partout, mais ni trop... ni trop peu

- Les pluies tombent surtout sur les régions de l'Atlantique où elles sont fines (crachin* - bruine*) et durent longtemps.
- Dans l'intérieur elles tombent souvent sous forme d'averses*.
- Sur le Bassin Méditerranéen et les Pyrénées il y a parfois des orages et de la grêle.

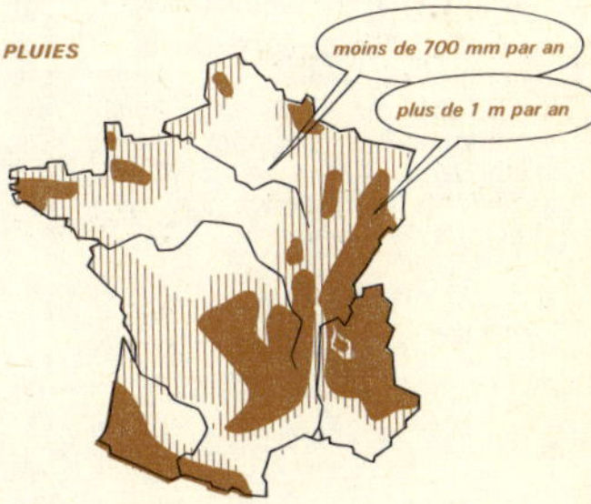

Le temps change beaucoup

il est variable d'une région à l'autre :

- en montagne les nuits peuvent être très fraîches; alors, même en été, emportez des vêtements de laine;
- au bord de la mer vous pouvez trouver la pluie; n'oubliez pas votre imperméable ou votre parapluie;
- au printemps et en automne un manteau vous sera utile.

Et, comme partout, on parle...

de la pluie : « le temps est couvert - il fait lourd - il va pleuvoir - il pleut à verse* (beaucoup). »

du froid : « il ne fait pas chaud - il fait frais (frisquet*) - il gèle (— de 0°).

et du beau temps : Quelle belle journée! Quel temps magnifique! »

*La météorologie**

Elle essaye de savoir le temps qu'il fera demain (ou après-demain) pour nous le dire

- dans les journaux ou la radio (bulletins météorologiques*),
- au téléphone (voir **RG**, TÉLÉPHONES UTILES).

De toute façon, « Après la pluie vient le beau temps ».

De César à Napoléon

Les Gaules vers l'an 1

En 52 avant Jésus-Christ, les Romains, conduits par Jules César, s'installent en Gaule pour plus de quatre siècles.

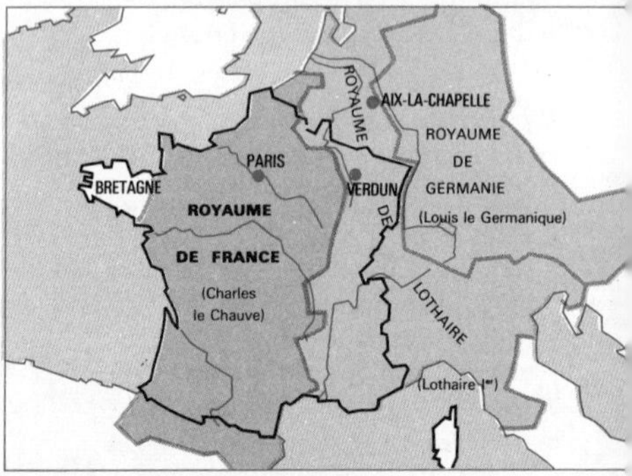

L'Empire* de Charlemagne et la première France (843)

En 800, l'Empereur[2] Charlemagne est maître de toute l'Europe. En 843, ses trois petits-fils se partagent son empire*. Charles le Chauve devient le premier roi de France.

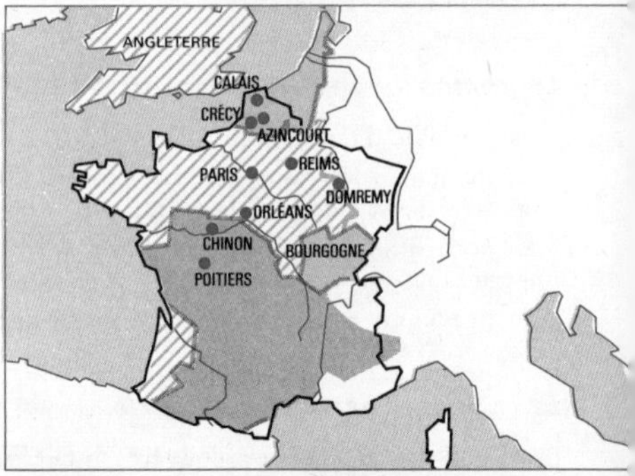

La France en 1429

Les rois d'Angleterre possèdent la plus grande partie de la France, mais Jeanne d'Arc réussit à les chasser. En 1453, il ne leur reste que Calais.

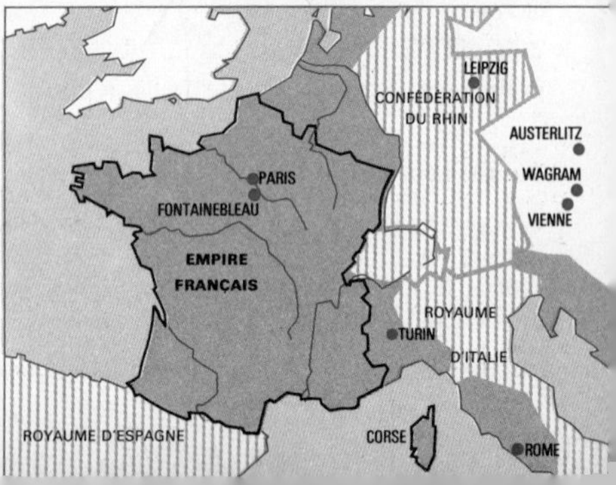

Empire français des 130 départements en 1811 et États dépendants

Les armées républicaines défendent « la patrie en danger ». Le général Bonaparte devient l'Empereur* Napoléon (1804). Après de nombreuses victoires, il est battu à Waterloo et meurt à Sainte-Hélène (1821).

Les hommes et les œuvres

Le Moyen Age (1000-1500)

- les châteaux forts et les villes fortes
- les cathédrales : romanes[3] en Bourgogne, en Auvergne, etc.; ogivales[4]: Chartres, Paris, Reims, etc.
- les grandes universités : Paris, Toulouse, Orléans, Montpellier.

La Renaissance (XVIe siècle)

- ses châteaux : le Louvre, les Tuileries, Fontainebleau et les châteaux de la Loire (voir p. 93)
- ses sculpteurs : Jean Goujon, Germain Pilon
- ses écrivains : Ronsard, Rabelais, Montaigne
- ses savants : le médecin Ambroise Paré.

Le « Grand Siècle » (Siècle de Louis XIV : 1661-1715)

- les manufactures[5] de Colbert (par ex. les Gobelins)
- le château de Versailles (Mansart et Le Nôtre)
- les tableaux de Le Brun, Rigaud
- les sculptures de Puget
- le théâtre de Corneille, Racine, Molière
- les fables[6] de La Fontaine, les lettres de Mme de Sévigné
- la musique de Couperin et Lulli
  et l'Académie française.

Le Siècle des lumières (XVIIIe siècle)

- les œuvres écrites de Montesquieu, Rousseau, Voltaire
- le théâtre de Marivaux, Beaumarchais
- les peintures de La Tour, Chardin, Boucher, Fragonard, Watteau
- les sculptures de Houdon, la musique de Rameau
- Buffon installe le Jardin des Plantes à Paris, Lavoisier étudie l'air et l'eau, Montgolfier fait voler le premier ballon et Parmentier fait connaître aux Français... la pomme de terre.

1 Historique (adj.) = qui fait partie de l'histoire, par ex. : la mort de Napoléon est un événement historique.

2 Empereur* (un, fém. : impératrice) : il est maître d'un empire comme le roi est maître d'un royaume*. (Le royaume de France - L'empire français).

3 L'art **roman*** est celui des XIe et XIIe siècles (voir p. **106**).

4 Le style **ogival*** (en forme d'ogive*) ou gothique* vient ensuite et va jusqu'au XVe siècle (voir p. 106).

5 **Manufacture*** (une) : atelier ou usine où l'on fabrique certains produits (par ex. : manufacture de tabacs, de tapis, etc.).

6 **Fable*** (une) : poésie qui se termine par une morale (Esope et La Fontaine sont des fabulistes*).

La République française

1792-1799 Première République

Le 21 Septembre 1792, une assemblée élue par le peuple établit la première République. Le roi Louis XVI est exécuté* le 21 Janvier 1793.

> *“ Les hommes naissent et demeurent libres et égaux en droits ”*
> (Déclaration des Droits de l'Homme, 26-8-1789)

* Mais le général Bonaparte, douze ans plus tard, réussit à profiter de ses victoires militaires et devient Empereur* des Français.

* Après 1815 les rois reviennent : Louis XVIII, puis Charles X, chassé par trois journées révolutionnaires (« Les 3 Glorieuses », 27/28/29-7-1830).

* Louis-Philippe, « Roi des Français », doit fuir à son tour devant la révolution populaire de février 1848.

1848-1852 Seconde République

* Élu président de la nouvelle République, Louis-Napoléon Bonaparte prend de force le pouvoir (2-12-1851) comme son oncle en 1799.

* Et c'est un second Empire* qui commence. Il ne se terminera qu'en Septembre 1870 : l'armée française est battue et les Parisiens à nouveau se révoltent* (cette révolution est « la Commune » de 1871).

1870-1940 Troisième République

* La Constitution de 1875 rétablit la République; elle durera jusqu'à la seconde guerre mondiale... La France, vaincue en 1940, est occupée par les Allemands, et le Maréchal* Pétain, chef de « l'État Français », s'installe à Vichy.

* Le Général de Gaulle appelle les Français à la Résistance (18-6-1940). Après la Libération il présidera le premier Gouvernement Provisoire* (en attendant le gouvernement régulier) qui rétablit la

---

Quatrième République (1946-1958)

* Après les événements de Mai 1958 une nouvelle Constitution est votée. C'est le début de la

---

Cinquième République (1958)

Son premier président, élu au suffrage universel*, est Charles de Gaulle. Georges Pompidou qui lui succède en 1969 meurt en 1974.

Voir page 20.

Les hommes et les œuvres

(XIXe et XXe siècles)

Les grands mouvements en littérature

- Les romantiques* (1820-1850) : Lamartine, Hugo, Musset, Vigny, Stendhal, Balzac.
- Idéalisme* et symbolisme* (1850-1890) : Baudelaire, Verlaine, Rimbaud, Mallarmé.
- Le réalisme* : Flaubert *(Mme Bovary)*.
- Le naturalisme* de Zola et de Maupassant.
- Le lyrisme* chrétien : Péguy, Claudel.
- Le surréalisme* : Breton, Éluard, Aragon.
- L'existentialisme* : Sartre, Camus...
- Le « nouveau roman » : Butor, Robbe-Grillet, Nathalie Sarraute.
- Le « théâtre nouveau » : Genêt, Ionesco; et les grandes œuvres originales de Chateaubriand à Anouilh, en passant par Apollinaire et Valéry, Proust, Gide, Mauriac, Giraudoux et Malraux...

Les grandes écoles de peinture

- Le romantisme de Delacroix.
- L'impressionnisme* : Corot, Degas, Monet, Manet, Renoir.
- Le fauvisme* : Matisse, Vlaminck.
- Le cubisme* : Braque, Picasso.

  L'œuvre originale de Cézanne, Daumier, Gauguin, Toulouse-Lautrec, Utrillo
  ... et les modernes, de Carzou à Buffet.

Les grands architectes

Garnier (Opéra de Paris), Le Corbusier. Eiffel, Lesseps (Suez, Panama...).

Les grands sculpteurs

- Rude, Rodin, Bourdelle, Maillol.

Les grands musiciens

- Berlioz, Gounod, Massenet, Debussy, Saint-Saëns et, plus près de nous : Honegger, Ravel, Poulenc, Milhaud, Boulez...

Les inventeurs

- de vaccins : Pasteur (rage*), Calmette et Guérin (tuberculose*)
- de médicaments : Gerhardt (aspirine*), Pelletier et Caventou (quinine*)
- du radium* : Pierre et Marie Curie (1898)
- de la photographie : Niepce et Daguerre
- du cinéma : les frères Lumière en 1895.

Centre National des Industries et Techniques (CNIT). ▶

Français d'hier

Leurs ancêtres [1]

- des Celtes (que l'on trouve encore en Bretagne)
- des Ibères et des Ligures (au sud de la Garonne)
- des Grecs sur la côte méditerranéenne (Marseille - 600 avant J.-C.)
- des Gaulois et des Romains qui donnent des... Gallo-Romains
- des Francs, venus de Germanie vers 450
- des Scandinaves qui s'installent en Normandie vers l'an 900 (et qui iront conquérir [2] l'Angleterre en 1066) et...
  « tout cela fait d'excellents Français » qui parlent la langue d'oïl au Nord, la langue d'oc au Sud, mais aussi d'autres langues et de nombreux patois [3].

Quelques grands rois et leurs ministres

Dagobert (600-639), roi des Francs et Saint-Eloi.
Louis IX (1214-1270), le roi juste, appelé Saint-Louis.
Henri IV, roi de France et de Navarre (1553-1610) et Sully.
Louis XIII (1601-1643) et le Cardinal de Richelieu.
Louis XIV (1638-1715), le « Roi-Soleil » et Mazarin, Colbert...
Louis XV (1710-1774) et Choiseul.

Quelques grands hommes des 5 républiques

	POLITIQUES	MILITAIRES (généraux et maréchaux*, voir p. 30)
de la PREMIÈRE	Mirabeau - Desmoulins Danton - Robespierre	Hoche-Kléber-Ney Marceau-Murat
de la DEUXIÈME	Lamartine Louis Blanc	Bugeaud
de la TROISIÈME	Thiers - Gambetta Ferry Briand - Jaurès Poincaré - Clemenceau Herriot - Blum	 Lyautey Joffre - Foch Pétain
de la QUATRIÈME et de la CINQUIÈME	Charles de Gaulle († 1970) Robert Schuman († 1963)	Juin - Leclerc de Lattre

N.B. Nous ne citons aucun Français encore vivant.

1 Ancêtre* (un) : les Gaulois sont les ancêtres des Français.

2 Conquérir : se rendre maître du pays.

3 Patois (un) : langue parlée dans certaines provinces (voir p. 110).

Français d'aujourd'hui

Ils sont 52 millions

Les régions les + et les — peuplées

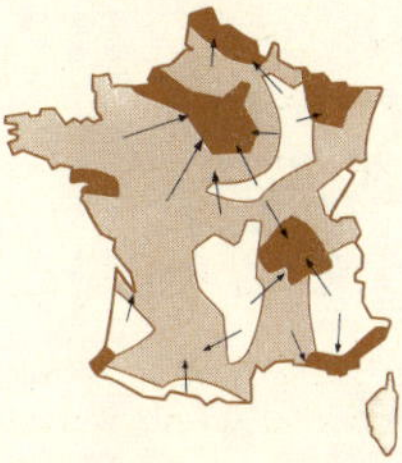

densités de population
fortes
moyennes
faibles

Fortes densités [1], par exemple Paris : 24 850 h/km², région parisienne 6 000 h/km².
Faibles densités, par exemple le Massif Central 15 h/km².

1 Le nombre de personnes par kilomètre carré (h/km²)

Les jeunes | les moins jeunes | les vieux

Les jeunes	les moins jeunes	les vieux
33 %	**54** %	**13** %
0-19 ans	20-64 ans	65-95 ans (et plus)

C'est-à-dire 17 millions. Ils étaient 13 millions au début du siècle

Ils sont deux fois plus nombreux (600 000 au lieu de 300 000) qu'en 1900.

Le Français des villes et **le Français des champs**

14 villes de + 300 000
7 de 200 à 300 000
28 de 100 à 200 000
45 de 50 à 100 000

(il n'y avait en 1851 que dix villes de plus de 50 000 hab.)

sur 37 708 communes, la moitié ont moins de 10 000 h le tiers de 1 000 à 10 000.

Les plus grandes villes françaises

	la ville seulement	l'agglomération*
	(milliers d'habitants)	
Paris	2 590	8 196
Lyon	527	1 074
Marseille	889	964
Lille	190	881
Bordeaux	266	555
Toulouse	370	439
Nantes	259	393
Nice	322	392
Rouen	120	369
Toulon	174	340
Strasbourg	249	334
Grenoble	161	332
Saint-Étienne	213	331

*Agglomération = ville + sa banlieue

Comment l'agglomération* parisienne a grandi

lentement d'abord:
en 1400 : 200 000 h.
en 1600 : 350 000
en 1700 : 500 000
en 1800 : 550 000

puis à toute vitesse:
en 1900 : 2 700 000
en 1950 : 5 000 000
en 1968 : 8 200 000
et chaque année 150 000 de plus.

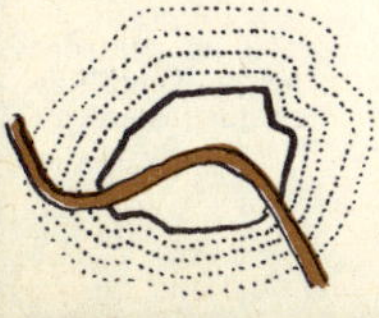

Mais la population de la ville de Paris elle-même ne grandit plus et même elle diminue.

Les Français actifs [1]

Ils sont 22 millions

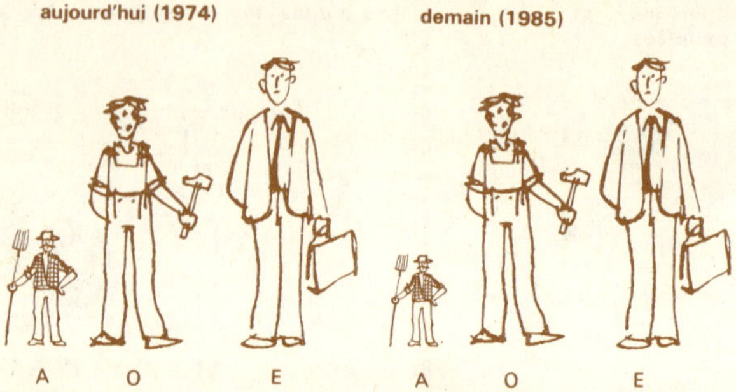

Les agriculteurs A

* En 1985 un Français sur dix seulement travaillera la terre (4 sur 10 en 1925).

* Aujourd'hui : sur 2 800 000 agriculteurs, environ 560 000 sont des salariés (le plus souvent payés à la journée); les autres sont des patrons (fermiers, propriétaires, petits exploitants), leurs femmes et (de moins en moins) leurs enfants.

* L'agriculteur moyen français est un homme de 52 ans

- il est à la tête d'une famille de 3,77 personnes;
- son exploitation est en moyenne de 17,8 ha (= hectares);
- il cultive, avec les 2/3 d'un tracteur, 3 % de la surface en céréales (blé, orge*, avoine*), 20 % en plantes pour nourrir le bétail (betteraves*, maïs), 45 % en herbe pour élever 4,4 vaches;
- il a aussi 1 hectare de vignes, de vergers (pour les fruits) et de potagers (pour les légumes).

Sur 100 travailleurs des pays suivants, combien y en a-t-il aujourd'hui dans l'agriculture?

1 La population « active » est formée de toutes les personnes qui exercent (pratiquent) une profession, et même ceux qui cherchent un emploi (les chômeurs). On n'y compte donc pas, par exemple, les enfants, les étudiants, les vieillards et les femmes qui restent au foyer (voir p. 114 n. c).

Les ouvriers O

Ce sont ceux qui travaillent dans l'industrie où ils reçoivent un salaire (fam. : la paye*), en général à la fin du mois.

* Ils sont plus nombreux dans le Nord et l'Est.

Sur 100 ouvriers, il y en a :
7 dans l'énergie (électricité, gaz, etc.)
9 dans l'industrie chimique
22 dans les textiles (laine, soie, coton)
35 dans la métallurgie (acier, fer, etc.)
27 dans des industries diverses.

* L'ouvrier français travaille en moyenne 46 heures par semaine.

* Sur 100 ouvriers, 30 appartiennent à l'un ou à l'autre des grands syndicats* (Confédération Générale du Travail, Confédération Française Démocratique du Travail, Confédération Française des Travailleurs Chrétiens, Force Ouvrière, etc.) ; 95 % de syndiqués en Allemagne, 90 % en Grande-Bretagne.

Les employés E

* Ils sont environ deux millions qui travaillent dans des bureaux ou dans le commerce et reçoivent aussi un salaire.

* Lorsqu'ils montent dans l'échelle sociale ils deviennent cadres* moyens (techniciens, agents de maîtrise* ou chefs d'équipes, etc.) puis cadres supérieurs (du chef de service au P.D.G. = Président-Directeur Général).

Les ouvriers (6 500 000)	gagnent environ	52 %	des salaires
Les employés (2 000 000)		20 %	
Les cadres moyens (1 200 000)		13 %	
Les cadres supérieurs (420 000)		15 %	

Les fonctionnaires

* Ils travaillent pour l'État ou pour les collectivités* locales (villes, villages) et sont près de trois millions.

* Ils reçoivent un salaire mensuel appelé traitement.

Les travailleurs indépendants

Artisans ou commerçants, ils vivent du produit de leur travail (bénéfice).

*Les professions libérales**

Les médecins, les chirurgiens, les avocats, etc., sont aussi des travailleurs indépendants.
Il ne reçoivent ni salaire, ni traitement, mais des honoraires*.

N.B. Les domestiques (employés de maison) reçoivent des gages*, les militaires une solde*, les députés (voir p. 24) une indemnité parlementaire et le Président de la République une « liste civile ».

La France politique

A Paris :

Le Président de la République demeure au Palais de l'Élysée. Il est élu pour sept ans au suffrage* universel [1] direct (dernière élection en Mai 1974). Il choisit le Premier Ministre, préside le Conseil des Ministres, peut demander à tous les Français leur avis par référendum [2], et dissoudre [3] l'Assemblée Nationale. Il est le chef du pouvoir exécutif qu'il partage avec

Le Gouvernement. Le Premier Ministre, responsable devant l'Assemblée Nationale, choisit ses Ministres et Secrétaires d'État pour

- les affaires politiques : Affaires Étrangères (le Quai d'Orsay), Armées (Défense Nationale), Intérieur, Justice (Garde des Sceaux);
- les affaires économiques : Finances, Agriculture, Industrie et Commerce, Transports, Travaux Publics;
- les Affaires sociales : Éducation Nationale, Travail, Santé Publique, Population, Environnement*, etc.

Le Parlement, qui fait et vote les lois (pouvoir législatif*), se compose de deux assemblées :

* L'Assemblée Nationale, installée au Palais-Bourbon.

Elle comprend 492 députés, âgés de 23 ans au moins, élus pour une législature* (5 ans), au suffrage universel direct [1]. (Dernière élection en Mars 1973, voir page de droite et RG, POLITIQUE.)

* Le Sénat, qui se réunit au Palais du Luxembourg.

Il comprend 283 Sénateurs, âgés de 35 ans au moins, élus pour neuf ans au suffrage* universel* indirect [1]. Il est renouvelé par tiers tous les trois ans; il est par conséquent beaucoup plus rural que l'Assemblée Nationale : si elle agit comme un accélérateur [4], il agit, lui, comme un frein [4].

1 La France est une démocratie* : l'autorité vient du peuple, le suffrage* (vote) est universel, c'est-à-dire tous les Français et Françaises de plus de 21 ans ont le droit de voter. Ils élisent directement le Président de la République, les députés, les Conseillers municipaux et généraux (suffrage direct); mais les sénateurs sont élus par les délégués des Conseils Municipaux et Généraux (suffrage indirect).

2 Tous les électeurs sont appelés à répondre à une ou plusieurs questions.

3 On fait dissoudre* (fondre) du sucre ou du sel dans un liquide. Quand l'Assemblée Nationale est dissoute (après sa dissolution*), il faut faire de nouvelles élections.

4 Voir p. 38.

Dans le pays : les électeurs

Qui peut voter? Pour être électeur il faut :

- être Français ou naturalisé [1] Français depuis plus de 5 ans;
- habiter régulièrement dans la commune depuis plus de 6 mois;
- avoir plus de 21 ans, ou plus de 18 ans si l'on a fait son service militaire. (Les femmes peuvent voter depuis le 21 Avril 1944.)

Pour quoi votent-ils?

- pour répondre à un référendum, élire le Président de la République ou les députés,
- pour élire aussi le Conseil Municipal de la Commune qui choisit ensuite le Maire parmi les Conseillers,
- pour élire les conseillers généraux du Département. Le Conseil Général représente les électeurs auprès du Préfet nommé par le gouvernement.

Comment ils ont voté.

Aux élections législatives* de Mars 1973 ils ont donné la majorité [2] (Ma) à l'U.D.R. (ancien groupe « gaulliste ») et à ses alliés*. Voici comment les partis de la majorité et ceux de la minorité [2] (Mi) ou opposition siègent [3] dans l'hémicycle* (demi-cercle) :

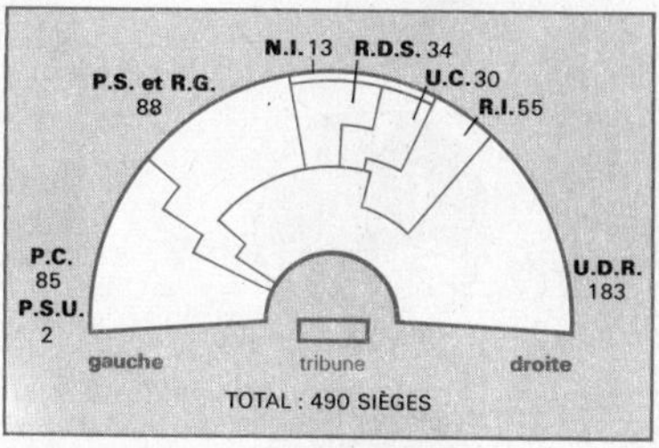

De gauche à droite :

le P.S.U. (Mi) = Parti Socialiste Unifié [4]
le P.C. (Mi) = Parti Communiste
ou Com.
le P.S. (Mi) = Parti Socialiste
ou Soc.
les R.G. (Mi) = Radicaux de Gauche
les R.D.S. (Mi) = Réformateurs et Démocrates Sociaux
ou Réf.
l'U.C. (Ma) = Union Centriste
les R. I. (Ma) = Républicains Indépendants
l'U.D.R. (Ma) = Union des Démocrates pour la République
les N.I. = divers non-inscrits à aucun parti ou groupe

1 Naturaliser* : un étranger peut « se faire naturaliser », c'est-à-dire obtenir sa naturalisation (= la nationalité française).

2 Ne pas confondre majorité* (= le plus grand nombre, ≠ minorité*) et « atteindre sa majorité », c'est-à-dire avoir plus de 21 ans.

3 Siéger = occuper un siège dans une assemblée, un groupe, etc., et participer aux discussions.

4 Où diverses tendances se sont réunies.

Dans le porte-monnaie et le portefeuille

1 centime

cinq centimes
fam. : un « sou »

10 centimes

20 centimes

50 centimes

un franc (1 F)

C'est l'unité monétaire
Il vaut cent centimes
ou vingt « sous »

5 francs

Les pièces

Elles sont fabriquées (frappées*) à la Monnaie.

On écrit :	*on dit :*
0,50 F	zéro franc cinquante ou cinquante centimes
7,60 F	sept francs soixante
3 000 000 F	trois millions de francs

Les billets

Ils sont mis en circulation (émis*) par la Banque de France.

de 10 F (effigie* de Voltaire)

de 100 F (effigie de Corneille)

Il y a aussi des billets de
50 F, à l'effigie de Racine
500 F, à l'effigie de Pascal.

Attention !

Vous trouverez aussi des pièces (en aluminium très léger) de 1 franc et 2 francs. Ce sont des « anciens francs » (AF); ces pièces valent en réalité 1 centime et 2 centimes.

Le Nouveau Franc (F) est employé depuis 1960, mais beaucoup de gens parlent encore d'anciens francs. Si l'on vous demande, par exemple, 3 000 francs pour votre chambre, il faut comprendre 30 F.

Mais dans les magasins, cafés, restaurants, etc., les prix doivent toujours être indiqués en Nouveaux Francs.

Le système métrique ou décimal*

Les mesures de

Longueur Unité : le mètre (m) = 10 décimètres* (dm) = 100 centimètres (cm) = 1 000 millimètres* (mm) 1 000 m = 1 kilomètre (km) = env. 5/8 mile.

Mais attention!
- un mille* marin = 1852 m,
- un bateau « file 10 nœuds* » = fait 18,52 km en une heure.

Surface Un carré de 1 m de côté = 1 mètre carré (1 m^2).

1 hectare (ha) = 10 000 m^2 ou 100 ares* (a).

N.B. : Il y a environ 2,5 *acres* dans 1 ha; 11 *square feet* dans un m^2 et un *square mile* vaut env. 2,6 km^2.

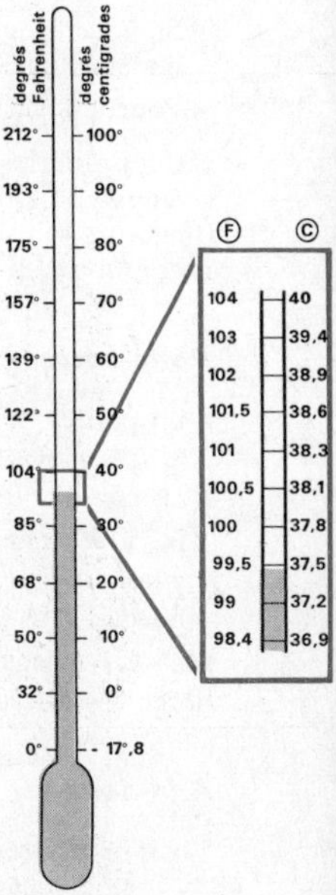

Volumes Un cube de 1 m × 1 m × 1 m = 1 mètre cube (1 m^3).

Pour les liquides on emploie le litre (l) ou l'hectolitre* (hl) qui vaut 100 l. Il y a 1 000 l dans 1 m^3.

Poids 1 kilogramme (kg) = 1 000 grammes (g), c'est le poids d'un litre d'eau pure.

Le demi-kilo s'appelle la livre. Attention! Elle est plus lourde que la livre anglaise ou américaine. On dit généralement : un pain d'une livre (et non un pain d'un demi-kilo), mais l'on dit aussi bien un poulet de deux kilos qu'un poulet de quatre livres - deux-cent cinquante grammes qu'une demi-livre - sept-cent cinquante grammes qu'une livre et demie.

Il faut écrire	*Il faut dire*
2,8 km (2 800 m)	deux kilomètres huit cents ou deux mille huit cents mètres
4,5 l	quatre litres et demi
0,625 kg	six cent vingt cinq grammes ou une livre un quart
5,880 kg	cinq kilos huit cent quatre vingts
3,1416 (pi)	trois quatorze cent seize
1700	mille sept cents ou dix sept cents
1 000 000 000 (10^9)	un milliard (dix puissance neuf)

1/2	1/3	1/4	1/5	1/100	1/1 000 000
un demi	un tiers	un quart	un cinquième	un centième	un millionième...

La frontière

Pour entrer en France il faut avoir :

- Si vous êtes Allemand (R.F.A.), Belge, Italien, Luxembourgeois ou Suisse : une Carte d'Identité Nationale;
- Si vous êtes Hollandais : une *toeristenkaart ;*
- Si vous êtes Américain, Autrichien, Canadien, Espagnol, Norvégien ou Suédois : un passeport.
- Pour les autres nationalités un visa* est parfois nécessaire.

Attention ! Si vous voulez rester en France plus de trois mois - surtout si vous voulez essayer d'y travailler - demandez ce que vous devez faire (plusieurs semaines avant votre départ) à un Consulat ou à l'Ambassade de France (Voir RG, AMBASSADE).

Pour entrer en auto il faut aussi avoir

- un permis de conduire (permis international pour les Américains; voir RG, AUTOMOBILE);
- les papiers* de la voiture (en France = carte grise);
- la carte verte d'assurance internationale n'est plus nécessaire pour les automobilistes des neuf Pays du Marché Commun, ni pour ceux de Suède, Norvège, Finlande, Autriche et Suisse.

Mais les « deux roues » (bicyclettes, vélomoteurs, motos) peuvent entrer librement s'ils ne sont pas neufs, ainsi que les bateaux sans moteur.

A la douane

Vous ne paierez rien, à l'entrée,

- pour vos objets personnels,
- pour de petites quantités de tabac et d'alcool (si vous avez plus de 15 ans),

à la sortie,

- sur vos objets personnels et tous les souvenirs achetés en France (mais n'oubliez pas qu'une limite est sans doute fixée par la douane de votre pays).

Attention ! Vous n'avez pas le droit d'apporter par ex. : des stupéfiants* (produits dangereux qui agissent sur le système nerveux), certains livres ou images...

Voir aussi : RG, DOUANE, AMBASSADES, CHANGE.

Mini-lexique

carte nationale d'identité	national identity card	Personal Ausweis
agence de voyage	travel agency	Reisebüro
permis de conduire	driving licence	Führerschein
stupéfiants	narcotics	Drogen
poudre	powder	Pulver

A la douane française

Vos papiers, s'il vous plaît?

L'Officier de Police - Bonjour, Messieurs. Voulez-vous me montrer vos papiers?

John - Nos papiers? Quels papiers?

O.P - Quelle est votre nationalité?

J - Je suis citoyen britannique et mon ami est Américain.

O.P - Combien de temps allez-vous rester en France?

J - Moi, quinze ou vingt jours peut-être, si j'ai assez d'argent.

Sam - Moi, je ne sais pas encore.

O.P - Alors donnez-moi votre passeport, je vais y mettre un timbre à date [1].

S - Est-ce que c'est vraiment nécessaire?

O.P - Oui. Si vous décidez de rester plus de trois mois cela montrera la date de votre arrivée.

S - Je vous remercie, Monsieur.

O.P - Au revoir, Messieurs, et n'oubliez pas qu'il vaut mieux garder vos papiers d'identité sur vous.

Vous n'avez rien à déclarer?

Le Douanier - A qui sont ces valises?

J - Les deux petites sont à moi; la grande est à lui.

D - Vous n'avez rien à déclarer?

J - J'ai quelques cadeaux pour des amis dans ce sac de voyage : une bouteille de whisky et dix paquets de cigarettes. Faut-il vous les montrer?

D - Non. Ouvrez plutôt cette grande valise.

S - C'est la mienne. *(Il cherche dans sa poche.)* Ah! Voici la clef! Vous voyez, il n'y a que mes affaires personnelles et des livres.

D - Qu'est-ce que c'est que ça?

S - Ce sont des drogues [2] pour mon estomac.

D - Des drogues! Vous voulez dire des médicaments?

S - Oh oui! Pardon! Je devrais savoir que ce n'est pas pareil!

D - C'est bon. Vous pouvez passer.

1 Timbre à date = cachet imprimé (par ex. : sur une enveloppe).

2 Drogues* : en français ce mot s'emploie surtout pour des *stupéfiants** (voir p. 28) : héroïne*, cocaïne*, L.S.D. etc. Cf. : un drogué - Le trafic de drogues est sévèrement puni.

carnet de identidad	carta d'identita nazionale
agencia de viaje	agenzia di viaggi
carnet de conducir	patente di guida
drogas	stupefacenti
polvora	polvere

Français en uniforme[1]

1

2

Ne vous trompez pas :

1 **Le douanier** : Vous l'avez vu en arrivant; vous le reverrez en partant. Il est parfois aussi sur la route (jusqu'à 50 km de la frontière).

2 **Le gendarme,** lui, est toujours sur la route : à pied (il porte un képi [2]), à bicyclette ou en moto (il a alors un casque [3] sur la tête). Attention! « Le gendarme a toujours raison! »

3 **L'agent de police** (gardien de la paix). Dans les villes, il règle la circulation; il vous aidera à trouver votre chemin, mais vous obligera à respecter la loi (voir p. 34-35).

4

4 **Le pompier.** Espérons que vous n'aurez pas besoin de lui pour éteindre un feu ou vous secourir en cas de danger...

5 **Un officier*** de l'armée française. Dans l'armée il y a de « simples soldats » qui peuvent obtenir un grade* en devenant, d'abord, sous-officiers (sergent, adjudant) puis officiers. On peut les reconnaître aux galons* qu'ils ont sur les manches ou sur les épaules.

5

6 **Un C.R.S.** [4] en uniforme de combat. Lorsqu'il y a une manifestation il défend l'ordre public. Lui aussi est un militaire.

6

1 Quand il travaille, l'agent de police (dessin 3) est en uniforme. Quand il se repose, il est en « civil » ou en « tenue* de ville ».

2 Le genre de casquette que le douanier porte sur la tête.

3 Le C.R.S. porte un casque.

4 C.R.S. = soldat d'une Compagnie Républicaine de Sécurité.

Premières rencontres

John - Pardon, Monsieur le gendarme...

X - Je ne suis pas un gendarme, moi, je suis un pompier! Mais si je peux vous aider...

J - Excusez-moi! Nous cherchons la route de Paris.

Pompier - C'est celle où vous êtes ; elle traverse la ville.

Sam - Il ne passe pas beaucoup de voitures. Croyez-vous que nous pourrons trouver quelqu'un qui nous emmènera à Paris?

P - Il est un peu tôt pour ça [1]. Vous ferez mieux d'essayer au café du coin ; beaucoup de routiers [2] s'arrêtent là.

J - C'est une bonne idée! Avez-vous le temps de venir prendre un verre avec nous?

P - Avec plaisir, je ne suis pas de service.

S - Où est-ce que je peux acheter des cigarettes?

P - Vous pourrez les acheter au café, c'est aussi un bureau de tabac.

S - Comment peut-on le savoir?

P - Regardez! A ce gros machin [3] rouge au-dessus de la porte. On appelle ça une carotte.

J - Alors, vous venez? Je commence à mourir de soif!

(quelques instants plus tard, au café)

P - Salut patron! Comment ça va?

Patron - Pas mal, et toi, Jean? Ces messieurs sont avec toi?

Jean - Oui, ils cherchent quelqu'un pour les emmener à Paris.

Patron - Les routiers vont bientôt commencer à arriver.

John - En attendant, qu'est-ce que vous prenez?

Jean - Pour moi ça sera un petit blanc sec.

John - Un vin blanc pour moi aussi, mais dans un grand verre.

Sam - Donnez-moi un café noir. Je commence à avoir sommeil.

Jean - A la vôtre, Messieurs, et bonne chance!

John - Merci. A votre santé. Tiens! Voilà un camion...

Jean (au patron) - Je crois que c'est votre copain [4] Arthur.

Patron - C'est bien lui. Vous avez de la veine [5]; il va sûrement à Paris. Je suis certain qu'il voudra bien vous emmener.

Le langage familier

La langue parlée

1 Ça = cela (cf. Comment ça va = comment vas-tu?).
2 Routier = chauffeur de gros camion ou restaurant, au bord de la route, où mangent ces chauffeurs (voir page 76).
3 Machin (un, syn. truc) : voir F.F.F.
4 Copain (fém. : copine) = ami.
5 Veine (la) = chance. Cf. un veinard (quelqu'un qui a beaucoup de chance).

Le tutoiement*

Le patron de café et le pompier sont des copains ; ils se tutoient (se disent tu). Tutoyez seulement vos bons amis. Vous pouvez aussi leur dire « Salut ! » quand vous les rencontrez.

Les grands itinéraires routiers

aris	Bordeaux	Brest	Bruxelles	Cerbère	Cherbourg	Clermont-Ferrand	Dunkerque	Genève	Grenoble	Le Havre	Lille	Luxembourg	Lyon	Marseille	Montpellier	Nantes	Strasbourg	Toulouse	
60	Bordeaux																		
90	635	Brest																	
95	865	885	Bruxelles																
70	510	1140	1265	Cerbère															
40	650	400	640	1170	Cherbourg														
80	360	755	680	510	720	Clermont-Ferrand													
00	860	890	175	1270	500	680	Dunkerque												
45	730	1030	675	640	890	365	885	Genève											
60	680	1060	855	500	900	300	860	150	Grenoble										
20	730	525	400	1060	225	600	310	750	780	Le Havre									
25	790	800	110	1200	470	610	80	675	785	290	Lille								
50	910	940	220	1320	700	730	470	490	915	570	390	Luxembourg							
60	575	975	670	490	800	200	760	160	105	680	680	510	Lyon						
80	670	1300	1000	380	1120	470	1080	470	310	1000	1005	835	310	Marseille					
50	490	1070	1045	205	1100	350	1050	450	300	970	975	1110	300	175	Montpellier				
00	330	310	690	910	315	460	625	800	825	400	625	750	630	950	820	Nantes			
60	950	1050	490	1200	800	660	720	370	560	680	625	225	460	845	840	705	Strasbourg		
90	250	885	990	250	910	390	990	700	540	900	915	1050	540	410	240	580	1000	Toulouse	
70	860	1460	1260	600	1300	700	1240	520	370	1200	1200	1320	500	220	400	1245	910	630	Vintimille

Distances de ville à ville

(en kilomètres) calculées d'après les itinéraires les plus rapides

Vous verrez sur les cartes

Entrée d'autoroute

A = autoroute* (par ex. A 6). 1 700 km en 1972 - 4 200 km en 1976 - 6 200 en 1980. La plupart sont à péage[1] (voir RG, ROUTES).

E = route européenne (par ex. E 5).

N = route nationale. Il y en a 82 000 km; plus de la moitié sont des routes à grande circulation.

D = chemin départemental. Il y en a 280 000 km. Ils sont souvent très bons; on y rencontre moins de poids lourds*, mais attention aux croisements!

V = chemin vicinal* (qui relie des villages) } pour les touristes qui ont du temps.

RF = route forestière*

GR = sentier de grande randonnée* (= petit chemin pour longues promenades à pied.) (voir RG, ROUTES.)

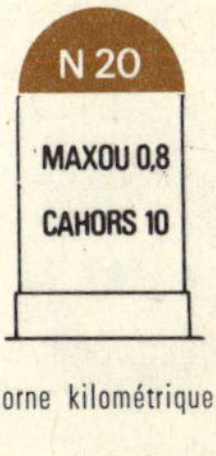

Borne kilométrique

1 Péage (un) = il faut payer pour « prendre » l'autoroute (ou le pont).

La route française

Comment comprendre les signaux

Vous arrivez à un × (= carrefour* ou croisement) dangereux. Vous devez laisser le passage aux véhicules venant de votre droite : ils ont la priorité* (sont prioritaires*).

Attention ! En France, surtout dans les agglomérations* (villes, villages), le véhicule qui vient de droite est toujours prioritaire, sauf si...
le signal « Passage protégé » vous dit que vous êtes protégé par un stop; celui-ci vous indique que vous êtes sur une route à grande circulation. Vous avez la priorité*; mais soyez quand même prudent : ralentissez aux carrefours !

La vitesse

Elle est limitée, sur de nombreuses routes et dans toutes les agglomérations* (voir RG, AUTOMOBILE, **vitesse**). Respectez ces limitations (attention aux contraventions [2] ! voir page de droite). Ne faites pas la course avec les Français, surtout si vous ne connaissez pas la route. Il vaut mieux penser à votre sécurité qu'à « votre moyenne » (= vitesse moyenne).

Le stationnement

Il est interdit par ce signal. Vous le verrez souvent à l'entrée des villes avec ces indications :

Cela veut dire que dans toutes les rues le stationnement est unilatéral* (d'un seul côté à la fois), c'est-à-dire devant les numéros impairs (1/3/5...) du 1er au 15 de chaque mois, et devant les numéros pairs (2/4/6...) du 16 à la fin du mois.

A Paris et dans beaucoup de grandes villes, vous pourrez stationner dans la « zone bleue » (stationnement réglementé) à condition d'utiliser ce disque que vous pourrez vous procurer dans les bureaux de tabac ou les stations-service*.

disque

Principales causes d'accidents

- la conduite trop à gauche : restez toujours le plus près possible du côté droit de la route;
- les dépassements* en haut des côtes, sur les routes à trois voies et dans le brouillard;
- la consommation exagérée d'alcool (attention à l'alcootest* !);
- la fatigue : n'essayez pas d'aller de Cerbère à Cherbourg (1 170 km) en une seule journée.

défense
de dépasser
(doubler)

Problèmes de stationnement

*Le parcmètre**

L'automobiliste *(étranger)* - Est-ce que je peux laisser ma voiture ici?

Le contractuel[1] - Oui, si vous mettez de l'argent dans le parcmètre*.

A - Comment faut-il faire?

C - C'est écrit sur l'appareil. Vous ne savez pas lire? *(Il s'en va.)*

Un piéton - Vous n'avez pas l'habitude de ces appareils. Je peux vous aider?

A - C'est très gentil à vous, Monsieur. Je ne comprends pas très bien comment marche cette machine.

P - Combien de temps voulez-vous stationner ici?

A - Oh... Une heure ou deux. Nous voulons visiter la ville et acheter quelques provisions.

P - Vous avez droit à une heure et demie seulement.

A - Nous nous dépêcherons. Combien d'argent faut-il mettre pour une heure et demie?

P - Un franc cinquante : une pièce de un franc et une de cinquante centimes. Si vous n'avez pas de monnaie, je peux vous en faire...

A - Merci beaucoup, Monsieur, je crois que j'ai ce qu'il faut.

La contravention[2]

C - Ah! Vous voilà! C'est maintenant que vous arrivez? Une demi-heure de retard! Vous êtes en contravention.

A - Contravention? Qu'est-ce que ça veut dire?

C - Vous le savez bien! Vous devez payer une amende*.

A - Mais nous avons été retardés à la cathédrale. Il y a tant de choses à voir! Vous comprenez... nous sommes étrangers.

C - Mais... mais votre voiture est immatriculée[3] en France. Et vous parlez si bien le français!

A - C'est une voiture louée. Nous sommes venus par avion.

C - Je ne pouvais pas deviner. Allons, c'est bon! Allez-vous-en et... bonne route!

A - Au revoir, Monsieur, vous êtes vraiment très aimable.

1 Contractuel* (un) : dans les grandes villes il aide les agents de police à contrôler la circulation et le stationnement ce sont quelquefois des femmes).

2 Contravention*(une) - syn. : amende* (une) ou procès-verbal* (un), abréviation P.V.). Si vous ne respectez pas le règlement, vous êtes en faute. Vous devez payer une certaine somme d'argent (voir RG, stationnement).

3 Voir plaque d'immatriculation, p. 38-39.

sens unique

sens interdit

sens giratoire (sur une place ronde ou rond-point.)

circulation à double sens

Un itinéraire : de Aachen à Nice

Route	Km	Signe	Villes	Instructions et à voir ou à goûter (si vous avez le temps)
	0		AACHEN	
RN 15	52		LIÈGE	
RN 34	138		Bastogne	
RN 15 RN 7	210		LUXEMBOURG	
RN 3	222		Évrange	Évrange. Frontière française (voir p. 28-29). Prenez la N 53 en direction de Metz et, à 38 km de Luxembourg, l'autoroute A 31 (sans péage*) jusqu'à...
N 53	249			
A 31	270		Metz	Metz où vous pourrez admirer la cathédrale et ses vitraux* (grandes fenêtres en verres de couleurs vives). Sortez de la ville par la N 57 et suivez-la jusqu'à...
N 57	298		Thionville	
	327		NANCY	Nancy, capitale de la Lorraine la Place Stanislas (grilles de Jean Lamour) quittez la ville par la N 74.
N 74	357		Colombey	Colombey les-deux-Églises : la tombe de Charles de Gaulle et la Croix de Lorraine (†) géante.
	386		Neufchâteau	
	444		Bannes	Bannes. Réservoir* (lac artificiel, ≠ naturel) de Charmes.
	454		Langres	Restez sur la N 74 jusqu'à...
	519		DIJON	Dijon, ancienne capitale de la Bourgogne l'Hôtel de Ville (ancien château des Ducs de Bourgogne). Continuez sur la N 74 ; vous traversez les vignes (ou vignobles) où l'on récolte les crus (productions particulières de vins) de Nuits-Saint-Georges, Chambertin et
	541		Nuits-St-Georges	
	557	A6	Beaune	Beaune. N'en buvez pas trop mais voyez le justement célèbre Hôtel-Dieu (XVe siècle) et son Musée (magnifique tableau de Roger Van der Weyden). Vous allez maintenant entrer sur l'autoroute A 6 (à péage*, voir RG, Routes), alors lisez nos conseils p. 37. Vous ne pourrez vous arrêter que sur des aires* (zones) spéciales, toujours indiquées à l'avance par des panneaux* (affiches). Nous en donnons quelques-unes.
A6	571	P	Aire de Servotte-Tailly	
	604	P	Aire de la Ferté	
	636	P	Aire de St-Albain	
	680		Aire de Patural	Vous pouvez éviter
	706		LYON	Lyon. Mais si vous décidez d'y faire étape, vous y trouverez d'excellents restaurants, la Basilique* (grande église) Notre-Dame de Fourvière et le vieux quartier de la Croix-Rousse.
A7	744	P	Aire d'Auberives	
	769	P	Aire de St Rambert	Aire de St-Rambert. Attention ! Vous roulez sur l'autoroute depuis 250 km... ne vous endormez pas ! Donnez un coup d'œil à votre tableau de bord (voir 18)...
	801	P	Pont de l'Isère	
	829 860	P	Montélimar (sortie sud)	Montélimar. Si vous êtes gourmand, goûtez le célèbre nougat* (fait avec du miel* et des noisettes*).
	882	P	Pierrelatte	
	900	P	Aire de Mornas-Village	
	927		Aire de Morières	
	971	AVIGNON AIX	Salon (sortie sud) attention « bretelle » vers	Salon (sortie sud). Attention ! Prenez le couloir de droite pour ne pas manquer la bifurcation* (la route se divise en deux) vers l'autoroute A 8. Si vous continuiez tout droit vous passeriez par Avignon où vous pourriez voir le Palais des Papes et le fameux Pont...
	1 005		AIX-EN-PROVENCE	Aix-en-Provence, la porte de la Méditerranée, mérite un détour. Vous pourrez, s'il fait trop chaud, vous rafraîchir à l'ombre des platanes.
A8	1 043		St Maximin	St-Maximin. Église de la Sainte-Baume (XIIIe-XVIe), magnifique décoration. Si votre moteur chauffe un peu, ralentissez et regardez les Monts des Maures, mais ne manquez pas km 1 120 la sortie pour
N 98	1 120 1 125	FREJUS	Fréjus	Fréjus. Vous allez suivre la N 98, puis la N 559 qui traverse un des plus beaux paysages de France et passe près des plages les plus célèbres : Saint-Raphaël, Agay, Anthéor, la Napoule, Théoule.
	1 158			
	1 171		CANNES	Cannes
N 559	1 182		Antibes	Antibes, où vous reprenez l'autoroute A 8 pour arriver bientôt à
	1 190			
A8	1 200		NICE	Nice par la Promenade des Anglais !

N. B. Cet itinéraire a été établi à l'aide de renseignements aimablement fournis par le Touring Club de France (T.C.F.). Voir RG, AUTOMOBILE.

Conseils à un automobiliste étranger 

En arrivant en France, si vous devez conduire de nuit, faites placer des ampoules jaunes sur vos phares.

Les routes à trois voies (couloirs)

Elles sont très dangereuses. Redoublez* de prudence en haut des côtes. Si votre volant est à droite, il sera plus prudent d'avoir à votre gauche une personne sûre.

Les dates à éviter

Les premiers week-ends (Samedi et Dimanche) de Juillet, Août et Septembre, le dernier de Juin, les Dimanche et Lundi de Pâques et de Pentecôte, le 14 Juillet, le 15 Août et, d'une façon générale, tous les jours fériés (voir p. 108-109).

Les « points noirs »*

Ce sont des endroits où se forment souvent des « bouchons* » (longues suites ou files* de voitures). Pour les éviter, écoutez le « radioguidage* » (France-Inter, etc. Voir p. 146-147) ou téléphonez avant votre départ aux divers services de renseignements (voir RG, TÉLÉPHONES UTILES) ou prenez des routes secondaires (itinéraires émeraude* - flèches vertes - ou de délestage* - flèches jaunes) quand la circulation est trop chargée.

*L'autoroute**

* Avant de la prendre : faites vérifier vos freins, l'équilibre de vos roues, la pression de vos pneus, les niveaux d'huile et d'eau; assurez-vous que vos rétroviseurs vous permettent de bien voir derrière vous et que vos clignotants fonctionnent.

* En y arrivant : respectez les vitesses limites sur les voies d'approche; entrez avec prudence (vous n'avez **pas** la priorité !).

* Lorsque vous êtes engagé :

- évitez de garder trop longtemps « le pied au plancher » (de rouler à votre vitesse maximum); « levez le pied » (ralentissez) de temps en temps;
- si vous roulez lentement (par ex. avec une caravane*), restez dans le couloir de droite;
- pour changer de couloir (doubler/dépasser), regardez d'abord dans votre rétroviseur, puis mettez votre clignotant et signalez votre intention (avec la lumière de vos phares ou le son de l'avertisseur); revenez ensuite dans le couloir de droite dès que vous le pouvez;
- « gardez vos distances », c'est-à-dire laissez entre vous et le véhicule qui vous précède un espace d'autant plus grand que vous allez plus vite et faites attention aux coups de frein brutaux sur les routes mouillées !
- ne faites pas de trop longues étapes; votre moteur se fatigue (il chauffe) et... vous aussi. N'oubliez pas que « qui veut aller loin ménage* sa monture* ! »

* Pour sortir de l'autoroute : prenez le couloir de droite assez longtemps à l'avance, mettez votre clignotant et...

* quand vous êtes revenu sur une route à double circulation, pensez que vous allez retrouver des croisements, des limitations de vitesse et... des gendarmes !

Pour les termes techniques voir pages suivantes.

Au garage

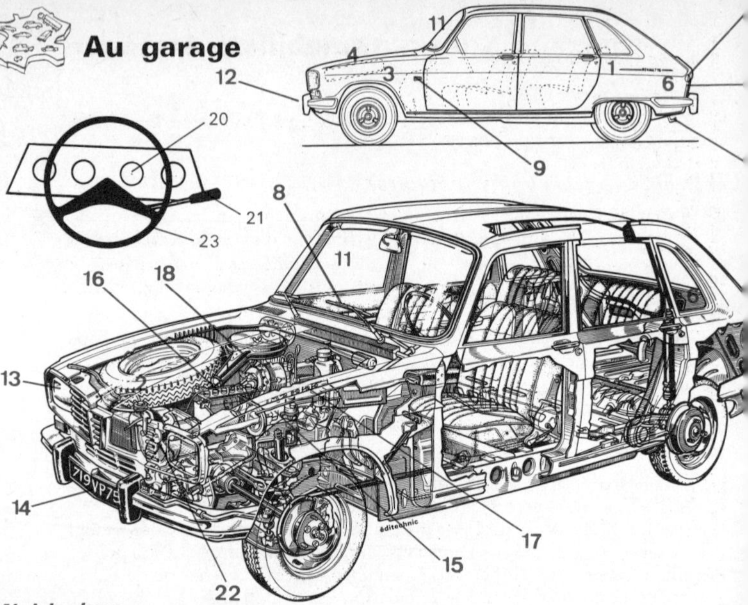

Mini-lexique

accélérateur (un)	accelerator	eine Beschleunigend	el acelerador
avertisseur (un)	hooter	eine Hupe	un klaxon
carburant (le)	fuel	der Treibstoff	el carburante
chauffe (le moteur)	the engine overheats	der Motor läuft sich heiss	el motor calienta
code de la route (le)	the highway code	die Verkehrsvorschriften	el codigo de circulaci(
code (se mettre en)	to dim the headlights	ablenden	cambiar las luces
conduite intérieure (la)	sedan	die Limousine	la berlina
crevaison (une)	puncture	eine Reifenpanne	un pinchazo
clé anglaise (la)	monkey wrench	der Engländer	la llave inglesa
clignotant (le, les)	blinker (s)	das Blinklicht (die -er)	la luz intermitente
courroie de ventilateur (la)	fan belt		
cric (le)	jack	der Wagenheber	el gato
déraper	to skid	schleudern	derrapar
éblouir	to dazzle	blenden	deslumbrar
embrayage (un)	clutch	die Kupplung	el embrague
extincteur (un)	fire extinguisher	ein Feuerlöschgerat	un extintor
filtre (le)	filter	das Filter	el filtro
frein (le)	brake	die Bremse	el freino
graissage (faire le)	to lubricate	den Wagen abschmieren	lubricar
main-d'œuvre (la)	labour	die Anbeitskräfte	la mano de obra
moteur (le)	engine	der Motor	el motor
panne (être en)	to have a break-down	eine Panne haben	tener una averia
plein (faire le)	to have a fill up	voll tanken	llenarlo
remorque (la)	trailer	der Anhänger	la remolca
remorque (être en)	to be on tow	abgeschleppt werden	ser remolcado
tableau de bord (le)	dashboard	das Armaturenbrett	tablero de mandos
vidange (faire la)	to change the oil	der Olwechsel	cambiar el aceite
vitesse (excès de)	speeding	Gereschwindigkeitsüberschreitung	ecceso de velocidad
pièces de rechange (les)	spare parts	die Ersatzteile	piezas de recambio

1 la carrosserie
2 la roue (de secours) avec pneu et chambre à air
3 une aile
4 le capot
5 le clignotant
6 le coffre
7 le tuyau d'échappement
8 l'essuie-glace
9 les feux de position
10 les feux arrière
11 le pare-brise
12 le pare-chocs
13 un phare
14 la plaque et le numéro minéralogique (75 est le nº d'immatriculation du département)
15 le moteur
16 la batterie
17 une bougie
18 le carburateur
19 le châssis
20 le compteur
21 le levier de changement de vitesses (première, deuxième, etc.)
22 le ventilateur
23 le volant (on le tourne ou on le braque)

acceleratore (l')
claxon (un)
carburante
scalda (il motore)

codice della strada

codice (mettersi in)
berlina (la)
scoppio (uno)
chiave inglese
lampeggiatore (il)

cricco (il)
derapare
abbagliare
frizione (la)
estintore (un)
filtro (il)
freno (il)
lubrificazione (fare la)

mano d'opera (la)

panna (essere in)
pieno (fare il)
rimorchio (il)
farsi rimorchiare
cruscotto (il)
cambio dell'olio (fare il)
velocità (eccesso di)

pezzi di ricambio

A la station-service

Un pompiste [1] - Bonjour, Monsieur. Essence ou super [2]?

Le conducteur - Super. Vous en mettrez trente litres.

P - Vous avez dû beaucoup rouler [3] depuis hier?

C - Oui, j'avais pris cinquante litres, mais j'en ai employé plus de la moitié. Tiens, voici votre patron!

Le garagiste - Bonjours, Monsieur Fontaine, vous êtes content de votre nouvelle voiture?

C - Oui, elle est rapide, confortable, agréable à conduire, mais il me semble que je dépense beaucoup d'essence.

G - Si vous pouvez me la laisser, lundi matin mon mécanicien regardera ça.

C - D'accord. Si ma femme n'en a pas besoin, je vous l'amènerai très tôt.

G - Qui? Votre femme?

C - Non! La voiture...

M. Fontaine *(au garage)* - Voulez-vous regarder ma voiture? J'ai vérifié la consommation, je fais plus de quinze litres aux cent [4].

G - C'est beaucoup trop. Il doit y avoir une petite fuite [5] quelque part. On va s'en occuper.

F - Il faudrait aussi faire la vidange et recharger* la batterie.

G - C'est entendu. Dès que le mécanicien arrivera, je le lui dirai.

F - Ah! J'allais oublier. Dites-lui aussi de vérifier la pression des pneus [6]; j'ai l'impression que la voiture ne tient pas bien la route : elle flotte [7] dans les virages.

G - Ce sera fait. Vous avez raison, on n'est jamais trop prudent.

1 Le pompiste s'occupe des pompes à essence.
2 Super = supercarburant, voir **RG** essence.
3 Rouler = la voiture « roule » et le moteur « tourne ».
4 Quinze litres pour faire 100 kilomètres. On dit : ma voiture fait « du 10 litres aux cent ».
5 Une fuite (du verbe fuir) = ici perte de liquide (un tuyau est peut-être crevé).
6 La pression des pneus se mesure en kilogrammes par centimètre carré. Un Britannique doit diviser la pression par 14; 1,7 en France = 24 en Angleterre.
7 Quand les freins, la direction et la pression des pneus sont bien réglés, la voiture « tient bien la route », elle ne « flotte » pas.

Sur la route

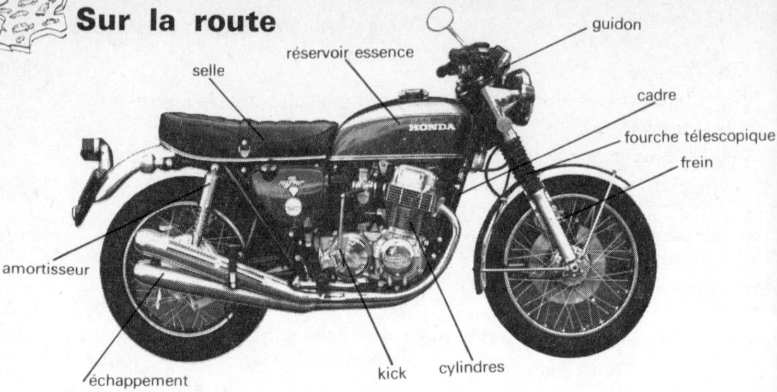

Les « deux roues »

- la bicyclette (on dit aussi le vélo) est encore très populaire en France; on l'a longtemps appelée la « petite reine ». Le Tour de France cycliste est, tous les ans, un grand événement sportif qui passionne les foules. Mais les jeunes préfèrent de plus en plus :
- le cyclomoteur*, sorte de bicyclette avec un moteur de moins de 50 cc. (centimètres cubes), qu'ils peuvent conduire sans permis à partir de 14 ans;
- le vélomoteur (de 50 à 125 cc.), pour lequel ils doivent avoir plus de 16 ans et un permis Al (ou un permis auto);
- mais ils rêvent tous de posséder une moto (motocyclette) de plus de 125 cc.

Ces « machines » (ou engins*) sont autorisées à partir de 16 ans avec un permis spécial moto. Elles peuvent atteindre de grandes vitesses : sur une moto on fait du 100 et même du 150! Mais attention aux chutes* : (Faire une chute = tomber. Dans la langue des jeunes on dit « ramasser une gamelle », ou « se planter ».)
Le casque (voir p. 30) est obligatoire en dehors des villes.
La dernière folie est la moto de « trial » qui permet de « faire du tout-terrain » (passer partout).

Camping et caravaning

Ceux qui aiment ce genre de tourisme s'adresseront à une association française (voir RG, CAMPING). Attention! Les caravanes ne peuvent pas circuler dans Paris entre 2 h et 19 h.
Si vous voyagez en groupe avec plusieurs caravanes, vous devez laisser un espace minimum de 50 mètres entre chaque véhicule.

*L'auto-stop**

Il est possible de faire de l'auto-stop par téléphone (voir RG, AUTO-STOP) et l'on voit des auto-stoppeurs au bord de toutes les grandes routes. Mais les automobilistes français ne s'arrêtent pas toujours facilement. Vous aurez peut-être plus de chance avec les chauffeurs routiers*; mais soyez prudents : évitez de voyager seul (ou seule), surtout la nuit.
Les meilleurs endroits pour « lever le pouce » sont les stations-service et les passages à niveau* à la sortie des villes ou les postes de péage* sur les autoroutes. Le drapeau de votre pays sur votre sac vous aidera sans doute. Bonne chance!

En route pour Paris

Arthur - Il y a longtemps que vous êtes arrivés en France?

John - Il y a deux heures. Nous venons d'arriver.

A - Comment êtes-vous venus?

Sam - Moi, je suis venu d'Amérique en Angleterre par avion. J'ai rencontré John et nous avons pris le bateau ensemble de Douvres à Calais.

A - Vous n'avez pas eu le mal de mer?

J - Pas du tout. La mer était très bonne et il n'y a qu'une heure de traversée.

A - J'espère que vous n'aurez pas mal au cœur dans le camion; il n'est pas très confortable...

S - N'ayez pas peur! Le camion, en Amérique, on connaît ça!

J - C'est peut-être moins rapide que l'avion, mais c'est aussi beaucoup moins cher!

A - Mais vous ne savez pas encore quel prix je vais vous demander.

S - En attendant, nous allons payer votre verre et nous serons prêts à vous suivre.

A - Alors, allons-y! Les voyageurs pour Paris en voiture!

... *(Quelques heures plus tard, dans le camion)*

J - *(il bâille [1])*... Oh! Pardon! Où sommes-nous?

A - Nous allons arriver à Paris dans quelques minutes.

S - Excusez-nous d'avoir dormi si longtemps. Nous n'avons pas été une compagnie très agréable?

A - Ça ne fait rien. Je comprends très bien : la fatigue du voyage.

J - Le vin blanc aussi, peut-être; nous n'avons pas l'habitude...

S - Je viens de voir la Tour Eiffel, là-bas, sur la droite.

A - Eh oui, c'est bien elle, toujours fidèle au poste [2]. Où voulez-vous que je vous laisse?

S - Là où vous pourrez; nous avons tout notre temps[3]. Maintenant, Paris est à nous!

J - Soyons plus modestes et contentons-nous de dire que... nous sommes à Paris.

1 Sa bouche s'ouvre largement parce qu'il a mal dormi.
2 Toujours fidèle au poste : comme un soldat qui fait bien son devoir.
3 Nous avons tout notre temps : nous ne sommes pas pressés.

****

Pour ceux qui préfèrent la marche

Il existe dans toute la France de nombreux sentiers de « Grande Randonnée » (voir p. 40) Le T.C.F. (voir **RG**, AUTOMOBILE) vous fournira des cartes et des renseignements sur ces « routes du marcheur » qui vous permettront de découvrir les plus beaux sites* (paysages) de notre pays. Vous les reconnaîtrez à des carrés rouges, des flèches* et à deux traits rouge et blanc placés tous les 50 ou 100 mètres.

Si vous aimez mieux

vous déplacer en bateau, dans une roulotte* (caravane traînée par un cheval) ou en avion-taxi, voyez **RG**, PROMENADES.

Le grand Paris

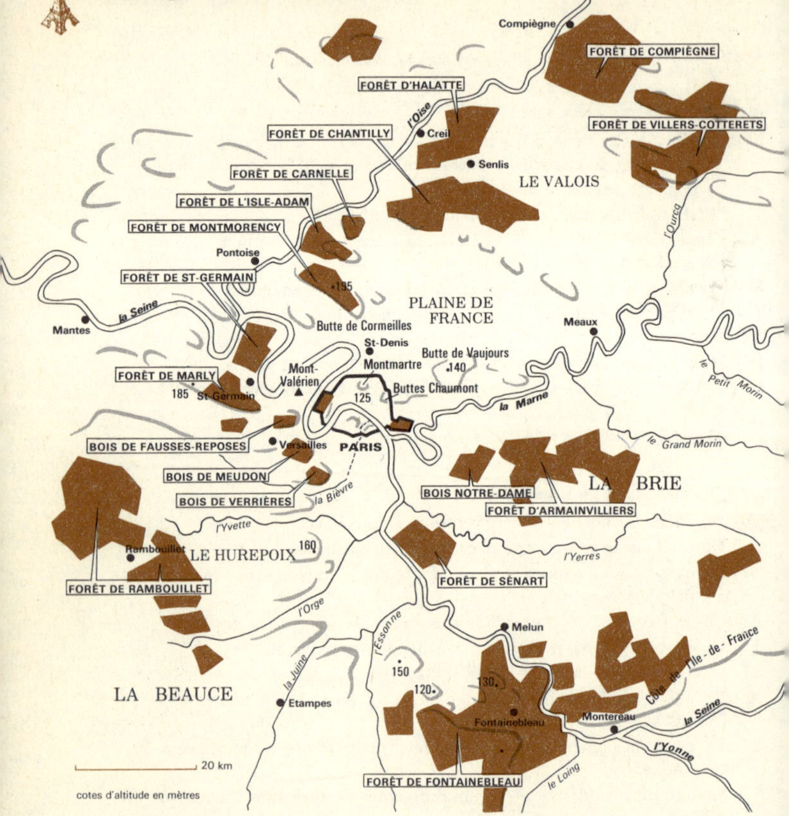

Le paysage

La région parisienne occupe le centre du Bassin* Parisien vers lequel coulent des rivières venues de presque toutes les directions.

Dans le fond de cette cuvette où se sont installés Paris et l'agglomération* parisienne, la Seine et la Marne ne sont qu'à vingt mètres d'altitude et les rivières ont dû creuser parfois de profondes vallées dans les plateaux de Brie et de Beauce.

Les collines, côtes, coteaux*, ou encore buttes* ou monts (petites montagnes), ont jusqu'à 280 mètres de haut (Côte de l'Ile-de-France). Elles sont souvent recouvertes de bois et de forêts.

Ces vallées, ces hauteurs, ces forêts sont le lieu d'agréables promenades. A Paris même les maisons ne les ont pas entièrement effacées. Témoins, par exemple, le Bois de Boulogne et celui de Vincennes. D'ailleurs, la Seine ne coule-t-elle pas depuis toujours entre les Buttes-Chaumont et Montmartre (ancien Mont des Martyrs* où ont souffert les premiers chrétiens) au nord et, au sud : la Montagne Sainte-Geneviève, Montparnasse et la Butte-aux-Cailles* (les cailles sont des oiseaux des champs)?

Les hommes

* Ils se sont installés dans les plaines et les grandes vallées, construisant partout - mais surtout à l'ouest et au sud - des villes-dortoirs* et de grands ensembles résidentiels (voir p. 112).

* Cette grande banlieue ne cesse de s'étendre aujourd'hui et des villes nouvelles se créent, en particulier le long des deux axes* (en couleur sur la carte), Évry-Trappes-Mantes (au sud et à l'ouest) et Bry-Cergy-Pontoise (à l'est et au nord).

* Des industries se sont développées : au nord (industries lourdes, gaz, chimie, métallurgie), à l'ouest (automobile), vers le sud-est plus récemment.

* Depuis 1964 la région parisienne est organisée en un District* qui comprend 8 départements (voir sur la carte leur capitale ou chef-lieu* et les villes principales).

Paris-ville (75) est le plus peuplé de ces départements. Dans les sept autres vivent environ 8 millions d'habitants. Dans la région parisienne donc, 20 % des Français vivent sur moins de 3 % de la surface du pays.

La « région parisienne » = 75 + 77 + 78 + 91 + 92 + 93 + 94 + 95
(voir carte p. 2 et 3 départements).

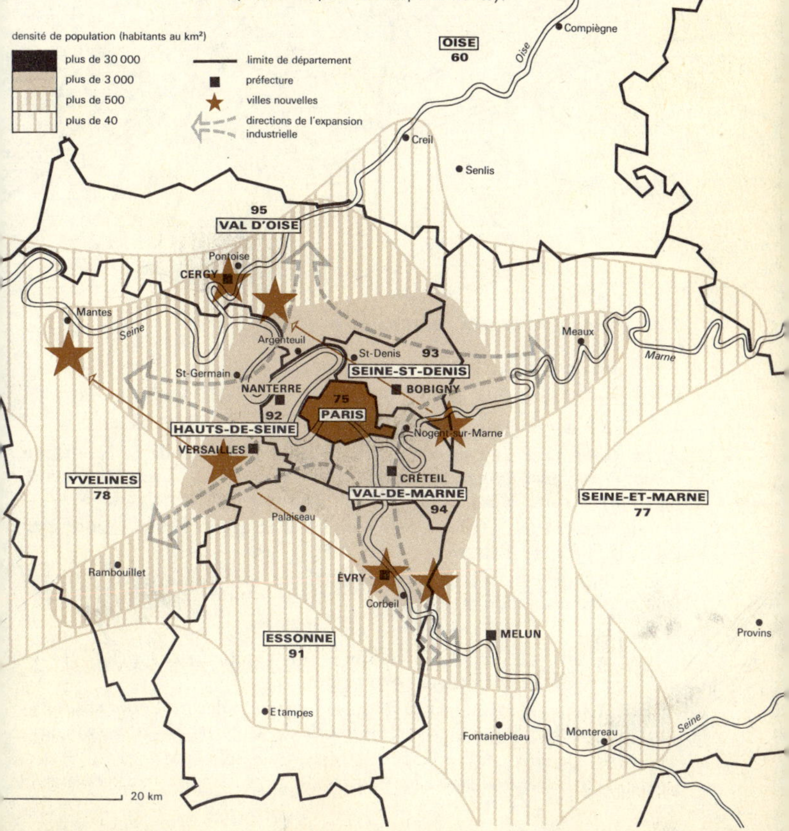

Paris : la ville

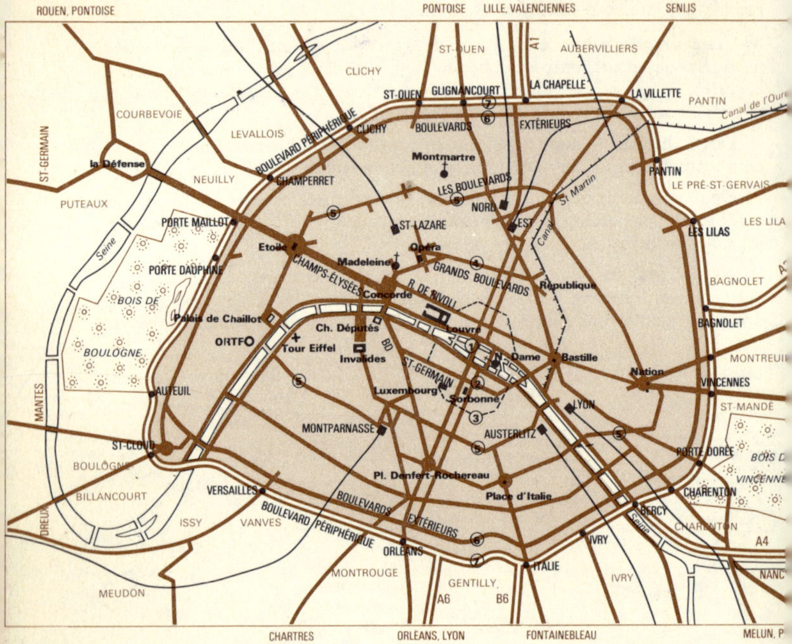

Boulevards, avenues, places et rues

L'histoire de Paris se lit sur un plan comme la vie d'un arbre coupé.

- Au centre, dans l'Ile de la Cité [1], ont habité - trois siècles avant J.-C. - les Gaulois « Parisii » (1);
- Les Romains se sont installés sur les premières pentes de la Montagne Sainte-Geneviève (voir, Boulevard Saint-Michel, les Thermes (Bains) de Cluny et, rue Monge, les Arènes* (Théatre) de Lutèce (2));
- Vers 1200, Paris, capitale, est entouré d'un mur encore visible, par exemple, près du Panthéon (3);
- Au début du XVIIe siècle, la ville atteint la limite marquée par les « Grands Boulevards » d'aujourd'hui (4).
- A la ligne (5) s'arrêtait le Paris de la Révolution;
- Le sixième cercle est celui des « Boulevards Extérieurs », appelés aujourd'hui de noms de maréchaux* (voir p. 20);
- Le septième est formé par le grand et large « Boulevard Périphérique* », véritable autoroute* qui marque la limite du département N° 75 (voir p. 44).

1 Partie la plus ancienne d'une ville.

Arrondissements et quartiers

Paris est divisé en vingt arrondissements*, numérotés de I à XX, en spirale* (en forme d'escargot*)...
Ces arrondissements forment des quartiers qu'on peut classer en trois grandes catégories :

* Les quartiers du centre : Ier, IIe, IIIe, IVe, Ve, VIe, VIIe, VIIIe, IXe, comprennent :
- sur les deux rives* (bords), les bâtiments officiels, les ministères, les ambassades;
- sur la rive droite surtout, des centres d'affaires et la plupart des grands magasins;
- sur la rive gauche enfin, des centres universitaires et plusieurs Grandes Écoles. C'est le Quartier Latin (Ve, VIe).

* **Les quartiers de l'est** (Xe, XIe, XIIe... XXe), sont les plus étendus et les plus peuplés. Là, les ateliers, les usines et les petites boutiques se mêlent aux maisons basses et aux vieux immeubles. De nombreuses rues gardent leurs anciennes activités. La fabrication et la vente des meubles, par exemple, dans la rue du Faubourg Saint-Antoine.
Mais des ensembles neufs s'y construisent aussi, aux Buttes-Chaumont ainsi qu'entre la Porte et la Place d'Italie.

* **Dans les quartiers de l'ouest et du nord-ouest,** au contraire, on voit surtout de grands et beaux immeubles, des jardins et des boutiques élégantes. Ce sont des quartiers résidentiels (XVe, XVIe, XVIIe).

N.B. On évite, le plus souvent, de dire arrondissement dans des phrases comme : « J'habite dans le premier, et vous? — Moi, dans le seizième ». « La Tour Eiffel est dans le septième. »

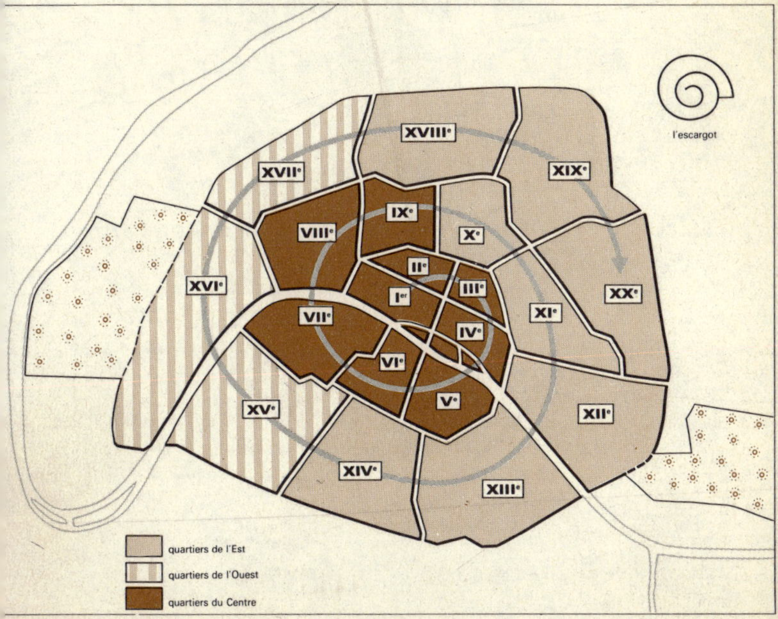

Suivez le guide

9 promenades = 36 endroits à voir

I **La Tour Eiffel** : 1 le Palais de Chaillot; 2 la Tour Eiffel; 3 le Palais de l'UNESCO; 4 les Invalides.

II **Saint-Germain-des-Prés** : 1 le Théatre de l'Odéon; 2 l'Église Saint-Germain-des-Prés; 3 les Cafés; 4 l'École des Beaux-Arts.

III **Le Quartier Latin** : 1 l'Église Saint-Étienne-du-Mont; 2 le Panthéon; 3 le Luxembourg; 4 le « Boul'Mich' » et la Sorbonne.

IV **Notre-Dame** : 1 les Quais; 2 l'île Saint-Louis; 3 la Cité et Notre-Dame; 4 le Palais de Justice et la Sainte-Chapelle.

V **Le Marais** : **1** l'Hôtel de Ville; **2** la Place de la Bastille; **3** la Place des Vosges; **4** le Musée Carnavalet.

VI **Le Louvre** : **1** Saint-Germain-l'Auxerrois et la Colonnade; **2** le Carrousel; **3** les Tuileries; **4** la Concorde.

VII **L'Opéra** : **1** le Palais-Royal; **2** la Place de l'Opéra; **3** la Place Vendôme; **4** la Madeleine et les Boulevards.

VIII **Les Champs-Élysées** : **1** Le Palais de l'Élysée; **2** le Rond-Point; **3** l'Avenue; **4** la place Charles de Gaulle (ancienne pl. de l'Étoile) et l'Arc de Triomphe.

IX **Sur les ponts de Paris,** voir pages suivantes...

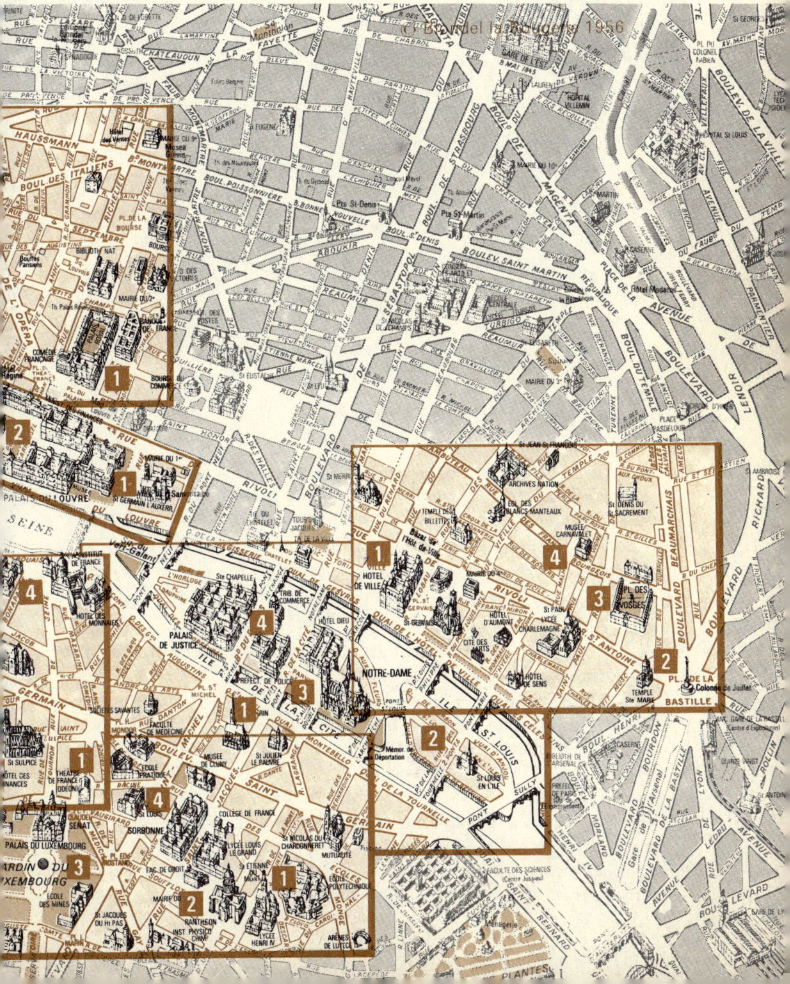

Le cœur de Paris

Sur le pont des Arts

Sur ce pont où les voitures ne peuvent pas passer, un jeune homme à pied (un piéton) *s'arrête derrière un monsieur en train de peindre* (le peintre). *Un vieil homme qui porte des lunettes noires est assis un peu plus loin sur un banc.*

Un piéton - Bonjour! Vous permettez que je regarde?

Le peintre - ... *(il ne lève même pas la tête.)*

Piéton - C'est très beau, ce que vous peignez là!

Peintre - Ah oui?

Piéton - L'île de la Cité, on dirait assez un bateau, vous ne trouvez pas?... Le jardin en bas, c'est un peu comme l'avant...

Peintre - Peu ou prou [1]...

Piéton - Et, au-dessus, on voit la Sainte-Chapelle et Notre-Dame, tout comme des mâts. On dirait un bateau, prêt à partir sur les eaux grises...

Peintre - Tu parles!

Piéton - Les pierres aussi sont grises. Comment arrivez-vous à faire une différence entre tous ces gris?

Peintre *(qui n'aime pas être dérangé)* - Eh! Si vous voulez parler, allez donc voir le vieux, là-bas. Il a le temps de discuter, lui!

Piéton - Bonjour!

L'aveugle - Bonjour, jeune homme! Ah, je vous ai entendu. Vous trouvez que ce qu'il peint ressemble à un navire? Oui, tout le monde dit ça : *Fluctuat nec mergitur*[2]. D'accord... Quoique... Enfin, que dites-vous?

Piéton - Moi, vous savez, le latin...

Aveugle - Bien que je n'en aie pas l'air, j'ai été à l'école, moi, jeune homme, même si je n'en sais pas tant que ces Messieurs du bout du pont [3]. Qui se rappelle que ce pont est un des ponts construits par Napoléon, ou plutôt par Bonaparte, en 1803...

Piéton - Ah oui?

Aveugle - ... et que dans le temps on demandait un sou aux gens pour les laisser passer sur ce pont?

Piéton - Un pont à péage* en somme.

Aveugle - Vous n'auriez pas un franc, l'ami, ou mieux, un napoléon [4]?

1 Peu ou prou = plus ou moins. Le peintre joue sur les mots, il fait un jeu de mots. L'avant du navire s'appelle la proue*, l'arrière la poupe*, le mât est au milieu.
2 La Ville de Paris (au moins la Cité) ressemble à un bateau qui flotte mais ne coule pas.

3 Les Messieurs du bout du pont sont les Académiciens*, membres de l'Académie* française, qui se réunissent à l'Institut.
4 Un napoléon : ce mot désignait autrefois la pièce de 20 F en or, à l'effigie* de l'empereur; on disait, au temps des rois, un « louis* d'or ».

Les taxis parisiens

Comment les reconnaître?

∗ Les taxis parisiens ressemblent aux autres voitures, sauf :

- un signal sur le toit; il est éclairé quand le taxi est libre;
- à l'avant, une plaque marquant l'heure de retour au garage (le chauffeur peut refuser de vous prendre à 30 minutes de cette heure-là);
- à l'intérieur : un compteur, toujours bien visible.

Où les trouver?

∗ Si vous n'en voyez pas passer, vous en trouverez qui vous attendent à de nombreuses stations; certaines peuvent être atteintes par téléphone.

∗ Vous pouvez aussi téléphoner à une des compagnies de radio-taxis* qui vous enverra très vite la voiture libre la plus proche (voir RG, TAXIS).

Le prix de la course

∗ Il dépend de l'heure et du lieu. Par exemple le tarif A, le moins cher, est appliqué de 6 h 30 à 22 h dans Paris. La nuit - ou en banlieue - on passe aux tarifs B et C, plus chers.

∗ Le compteur calcule ce prix d'après la distance et d'après le temps passé (arrêts compris). Il compte aussi une petite somme pour la « prise en charge ». Vous aurez à ajouter un supplément pour les bagages et... le pourboire (mais il n'est pas obligatoire).

Si vous voulez laisser un bon souvenir à votre chauffeur

∗ n'insistez pas s'il refuse de changer un trop gros billet, ou de charger plus de trois personnes en tout, ou de vous accepter à côté de lui : c'est son droit !

∗ laissez-le choisir l'itinéraire, même si, après avoir lu les pages 44 à 49, vous avez l'impression de le connaître mieux que lui,

∗ et s'il a été habile et aimable, donnez-lui en pourboire plus des 10 % d'usage. C'est le meilleur moyen de le remercier.

Si vous ne laissez... que votre parapluie

∗ vous le retrouverez (peut-être) au Bureau des Objets Trouvés... (voir RG, OBJETS PERDUS ET TROUVÉS).

Hep ! Taxi !

Un voyageur - Pardon, Monsieur l'agent, où pourrais-je trouver un taxi?

Un agent - Il y a une station au coin de la rue, mais ça m'étonnerait que vous en trouviez un à cette heure-ci!

V - Alors, qu'est-ce que je vais faire? Je suis si pressé!

A - Si j'étais vous, je ne bougerais pas et j'attendrais ici. Vous les verriez venir facilement.

V - Ah! En voilà un! Zut! Il y a quelqu'un dedans!

A - Oui, il est occupé. Tenez, en voilà un autre avec sa lumière allumée, il doit être libre.

V - Vous croyez que je peux l'appeler?

A - Pourquoi pas? Levez le bras, allez-y! Ce n'est tout de même pas moi qui vais le faire pour vous!

V - Hep! Taxi!
(Le taxi vient s'arrêter au bord du trottoir.) Je voudrais être à la gare Saint-Lazare dans un quart d'heure, c'est possible?

Le chauffeur - Ça ne roule* pas trop mal ce matin. Montez toujours, on verra bien. Avec un peu de chance!

... Dix minutes plus tard devant la Gare Saint-Lazare.

Ch - Voilà, Monsieur, vous avez encore trois minutes, je vous l'avais bien dit que vous ne manqueriez pas votre train!

V - *(un peu pâle)* - Euh! Oui... merci et bravo. Si j'avais pris Stirling Moss il n'aurait pas fait mieux! Au revoir...

Ch - Eh! Doucement! Ça n'est pas encore gratuit! Il vaudrait mieux me payer, sans ça...

V - Oh, pardon! Tenez, voilà un billet, gardez la monnaie. Vous croyez que je vais avoir mon train?

Ch - Ben[1], si vous voulez l'avoir, vous feriez mieux de vous dépêcher au lieu de rester planté[2] là à me poser des questions!

1 « Ben » : voir FFF, Bien. 2 Ici, = immobile.

Le métro

Les lignes

Le Métro de Paris compte 16 lignes. Sauf le R.E.R. (voir page de droite), elles portent un numéro, mais on les appelle souvent par le nom des stations de chaque extrémité ou terminus*. Par exemple, pour la ligne N° 1, on dit Vincennes-Neuilly et on prend la direction Vincennes ou la direction Neuilly.

* On trouve des plans :
- à l'extérieur de la station marquée par le signe →
- à l'intérieur et sur les quais. Certains de ces plans sont éclairés et vous obtenez votre itinéraire en appuyant sur un bouton.

Le nom des rues et des avenues est clairement lisible.

* Dans chaque voiture on peut voir aussi le dessin (ou tracé*) de la ligne :

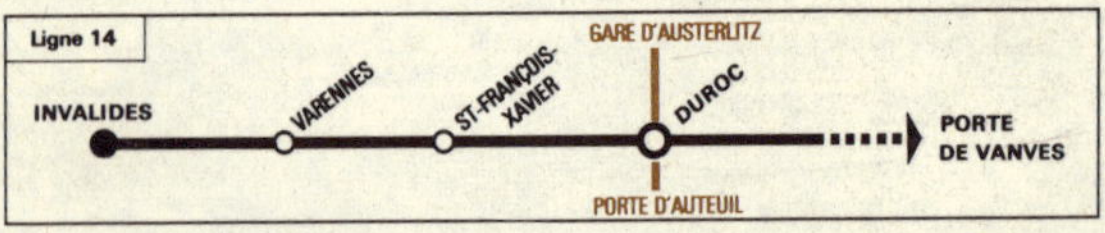

* Nous vous donnons ci-dessus un plan simplifié*. Pour mieux le comprendre, remarquez ceci :
- deux lignes au centre suivent les Grands Boulevards et forment un cercle;
- trois lignes (4, 7, 12) traversent Paris du nord au sud;
- quatre lignes (1, 3, 8, 9) traversent Paris d'est en ouest.

Plan métro/autobus (gratuit), voir **RG**, R.A.T.P.

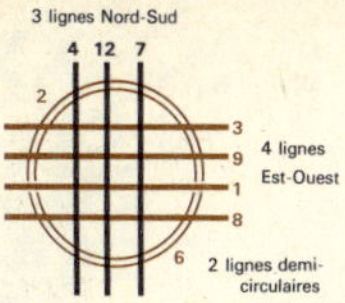

Les stations

- Tous les trains s'arrêtent à toutes les stations qui figurent sur les plans (il y a deux ou trois exceptions, les dimanches et jours de fête). Mais sur les lignes de Sceaux et de Boissy-Saint-Léger il y a aussi des trains semi-directs* qui ne s'arrêtent qu'aux gares principales.
Les stations de « correspondance » sont celles où deux ou plusieurs lignes se croisent; c'est dans ces stations que l'on « change ».

Les trains (ou rames de métro)*

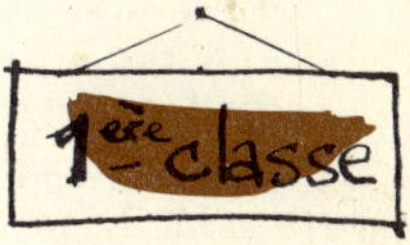

* Ils sont composés de plusieurs voitures de deuxième classe et d'une (ou d'une demi-) voiture de première classe (placée au milieu de la rame*) qui s'arrête en face de cette plaque placée sur le quai.

* Il en passe très souvent, surtout aux heures de pointe* (ou d'affluence*) - un peu moins les dimanches. Les premiers partent du terminus à 5 h 30; les derniers y arrivent à 1 h 15.
Attention ! La fermeture des portes est automatique comme celle du portillon* à l'entrée de certains quais.

Les billets (ou tickets)

* Le tarif est unique quelle que soit la longueur du parcours et le nombre de lignes en correspondance. Pourtant la première classe coûte plus cher et il faut payer un supplément sur la partie banlieue de la ligne N° 8.

* Vous pouvez acheter les billets
- un par un à l'entrée de la station, soit à un guichet*, soit à un distributeur* automatique, mais ils sont plus chers que
- en carnet : demandez au guichet* « un carnet première » ou « un carnet seconde ». Vous pourrez utiliser les billets de seconde aussi bien dans le métro que dans l'autobus; ils sont vendus dans de nombreux bureaux de la RATP (Régie Autonome des Transports Parisiens) (voir **RG**, RATP pour adresses et prix.)

* Le contrôle des billets se fait à l'entrée, mais Attention ! Conservez votre billet; il peut être contrôlé dans les voitures, surtout en première.

Sur le R.E.R. (Réseau Express Régional)*

Le prix du transport varie avec la distance. Renseignez-vous dans les gares : il y a des billets RER-Métro (voir **RG**).

* **Touristes !** Utilisez le billet de tourisme, valable quatre ou sept jours; il est vendu dans la plupart des stations de correspondance, dans les gares S.N.C.F. et dans de nombreuses banques françaises et étrangères. Si vous restez à Paris au moins un mois, demandez la carte d'abonnement*.

Dans le métro

∗ Le Métro parisien ou Métropolitain* (métropole* = capitale) date de 1900. Certaines entrées (ou « bouches* ») sont encore dans le style de l'époque (« Modern Style »), mais les stations ont souvent été refaites et décorées dans celui d'aujourd'hui (Franklin-Roosevelt, Nation). L'une d'elles - Louvre - est déjà un petit musée, d'autres (comme La Défense sur le RER) sont de véritables petites villes commerçantes.

Leur nom rappelle souvent le nom de la place ou de la rue où elles s'ouvrent: Bastille, Nation, Villiers... ou d'un carrefour*: Havre-Caumartin, Réaumur-Sébastopol...

∗ Partout les noms de ces stations donnent des leçons d'histoire : Wagram, Bir-Hakeim, Stalingrad; ou de littérature : Voltaire, Goncourt, Anatole France ou elles vous font simplement rêver : Jasmin (petit arbre à fleurs très parfumées), Plaisance (qui sert au plaisir), Gaîté (bonne humeur), Liberté...

Il y a 173 km de lignes (sans compter le RER). Elles sont le plus souvent souterraines, mais vous pouvez traverser plusieurs quartiers de Paris par les lignes aériennes (voir la carte), passer la Seine sur un pont entre les gares d'Austerlitz et de Lyon ou entre Bir-Hakeim et Passy.

Le saviez-vous?

- Certaines stations de correspondance possèdent des trottoirs roulants (au Châtelet, à Montparnasse).
- Il y a toujours, vers le milieu du quai, un chef de station à qui vous pourrez vous adresser si vous vous êtes perdu ou si vous avez perdu votre portefeuille.
- Il est interdit de fumer dans toutes les voitures.

Et maintenant, « en voiture »...

Suivons Monsieur Bertrand et son hôte David, du Boulevard Malesherbes (derrière la Madeleine) au Quartier Latin (tout près du Théâtre National de l'Odéon)...

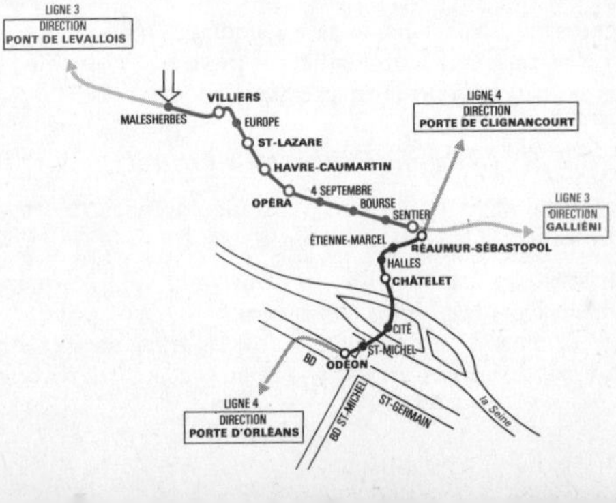

Vous descendez à la prochaine [1]?

Monsieur Bertrand et David, à la station de métro Malesherbes; le portillon s'est fermé juste derrière eux, ils sont montés en queue [2].

M. Bertrand - Il me restait deux tickets, sans ça nous aurions manqué cette rame*, et à cette heure-ci...

David - Mais ce sont des billets de première et nous sommes montés en seconde.

B - Nous n'avions pas le temps d'aller au milieu du train. Ici tu verras mieux les gens changer [3], de quartier en quartier.

D *(A St.-Lazare)* - Pour le moment il y a un monde fou [4]!

B - Oui, c'est la gare Saint-Lazare, il y a beaucoup de banlieusards*.

D *(A Opéra)* - Ouf! Ça va mieux! On respire!

B - Oui, tu as vu? Toutes les femmes ou presque sont descendues à Havre-Caumartin ou ici pour les grands magasins.

D *(A la Bourse)* - Il y a beaucoup plus d'hommes ici, on voit que nous sommes à la Bourse.

B - Eh oui! Le quartier des affaires [5], mais pas les mêmes que pour les femmes.

D *(il rit)* - Oui, je vois.

B - Attention! Nous changeons [6] à Réaumur-Sébastopol.

(Dans une rame de la ligne 4, direction Porte d'Orléans)*

B - Ces trains sur pneus sont vraiment plus confortables.

D - Il y a aussi beaucoup plus de strapontins [7].

B - Oui, mais on ne peut pas s'en servir aux heures d'affluence*.

D - Ah oui, quand on est serré comme des... comment dites-vous ?

B - Comme des sardines [8]. Tiens, voilà les Halles. Ici tout a bien changé [9] depuis 1970...

D - Oui, je sais, Rungis [9]. J'ai eu envie d'y aller l'autre jour...

B - Châtelet. Ça aussi c'est toute ma jeunesse!

D - Un châtelet, c'est un petit château?

B - Oui, c'est aussi une ancienne prison, mais je ne l'ai pas connue! Je pensais à [10]... Mais nous arrivons à Saint-Michel.

D - C'est une vieille gare? Il n'y a pas d'escalier mécanique?

B - Non, seulement un très vieil ascenseur, encore plus vieux que moi! Pardon, Monsieur, vous descendez à la prochaine?

1 Cette phrase est devenue un cliché* (une expression toute faite).

2 = à l'arrière du train ≠ « en tête ».

3 Parce qu'ils auront d'autres métiers, porteront d'autres vêtements, etc. Plus loin (6) le mot a un autre sens.

4 = il y a beaucoup de monde (et non : tout le monde est fou!).

5 Monsieur B. joue sur les expressions « être dans les affaires » (être dans le commerce) et « faire une bonne affaire » (acheter à bon marché, pas trop cher).

6 Réaumur-Sébastopol est une station de correspondance, on y change de ligne.

7 Strapontin* (un) : petit siège que l'on peut lever ou baisser.

8 Sardine (une) : petit poisson que l'on vend en boîte.

9 Rungis/les Halles : voir page 6.

10 Monsieur B. pensait sans doute à un des deux grands théâtres de la place du Châtelet (voir p. 138).

Les autobus parisiens

Les lignes

Leur ensemble constitue un « réseau ».

* Sur le réseau urbain* (dans Paris), elles sont numérotées de 20 à 96, sauf la ligne PC (Petite Ceinture) qui fait le tour de Paris. Celles de banlieue (Nos 101 à 396) ont, en général, leur terminus* près d'une station de métro (par ex. Pont-de-Neuilly pour la banlieue Ouest, Château-de-Vincennes pour l'Est, etc.).

* Vous trouverez des plans (gratuits) et des brochures (en français, anglais, allemand) dans certains bureaux de la RATP (voir **RG**, RATP). Nous ne vous donnerons donc ici que quelques renseignements pratiques.

Les arrêts

* Vous y verrez le numéro des lignes qui passent par ce point. Elles fonctionnent toutes de 7 h à 20 h 30. Les ronds bleus indiquent celles qui continuent jusqu'à minuit, les noirs celles qui sont fermées les Dimanches et fêtes.
Un tableau comme celui-ci indique tous les arrêts de la ligne : si vous restez dans la partie rouge vous devez donner un seul ticket, et deux tickets (jamais plus) si vous allez plus loin.

* Tous les arrêts étant facultatifs* (≠ obligatoires), le conducteur (ou « machiniste* ») s'arrêtera seulement si vous lui faites signe.

Les voitures

* Elles portent toutes, à l'avant, le numéro de la ligne et le nom du terminus*. Vérifiez que vous allez bien dans la bonne direction. Sur le côté vous lirez le nom des principaux points de passage.

* Éteignez votre cigarette (« Défense de fumer ») avant de monter (par l'avant) et « oblitérez* » ou « validez* » votre ticket (ou vos deux tickets placés l'un sur l'autre) en l'introduisant dans l'une des deux machines placées à l'avant. Si vous n'avez pas de tickets « Métro-Bus » vous pouvez payer au machiniste*, mais ... c'est plus cher (voir **RG**, RATP).

* Vous pourrez suivre les détails de votre parcours sur un plan placé dans toutes les voitures et demander l'arrêt en appuyant sur l'un des boutons spéciaux. Descendez par le milieu ou l'arrière (« Descente interdite » à l'avant).

Et maintenant...

Allons rejoindre David au coin de la Rue Royale et de la Place de la Concorde... (Voir plan ci-contre.)

Remontons les Champs-Élysées[1] !

Une jeune fille *va vers* **David** *et lui demande - comme on parle dans le Midi :*

J.F - S'il vous plaît, Monsieur, quel autobus faut-il prendre pour aller Avenue Montaigne ?

D - Excusez-moi, mais je ne sais pas, je suis étranger. Euh... Moi aussi, je cherche ; je voulais aller à l'Arc de Triomphe, mais...

J.F - Mais vous n'avez pas l'air très décidé.

D - C'est-à-dire que... je voudrais d'abord savoir si... si c'est ouvert le matin.

Un vieux monsieur *qui passe* — Toute la journée, Monsieur. Mais pour l'autobus, ce n'est pas ici ; prenez le soixante-treize, sur le même trottoir, à gauche.

D - Ah bon ? Est-ce qu'il passe aussi Avenue Montaigne ?

V.M - Non, il remonte les Champs-Élysées. Mademoiselle, c'est le quarante-deux qu'il vous faut, mais sur l'autre trottoir, à droite.

J.F - Merci, Monsieur, je peux traverser, c'est au rouge [2].

D - Mademoiselle, si vous permettez... je me demande si...
Bruit de l'autobus qui s'arrête.

Machiniste - Allons ! Pressons un peu !

Dans le 42, David est assis à côté de la jeune fille...

J.F - Ah, vous alors ! Pour quelqu'un qui ne sait pas ce qu'il veut !

D - Disons que... j'ai changé mon fusil d'épaule [3].

J.F - Un peu comme si vous partiez à la chasse [4]. *(Ils rient.)* Vous ne vous défendez pas trop mal [5] pour un étranger !

D - Vous m'êtes tellement sympathique et... j'aime tant votre accent !

J.F - Eh bé [6] ! Vous vous débrouillez drôlement bien [7] !

Machiniste - Rond-point des Champs-Élysées.

D et J.F *(ensemble)* Déjà ! *(Ils rient de nouveau.)*

D - Vous ne croyez pas qu'on pourrait marcher un peu ?

J.F - Après tout, pourquoi pas ? On est trop secoués dans ce bus. On va les remonter tous les deux, vos Champs-Élysées. Mais vous savez... copain, copain [8].

D - O.K.

1 C'est le titre d'une comédie célèbre de Sacha Guitry († 1957).
2 C'est au rouge (le feu de circulation) pour les autos...
3 Expression familière = prendre une autre décision.
4 La jeune fille répond « du tac au tac* » - elle « n'a pas la langue dans sa poche ».
5 Façon de dire : « Vous attaquez plutôt bien ! »
6 Eh bé ! Té ! Boudiou !, etc. sont des exclamations méridionales.
7 Drôlement bien : voir F.F.F., très bien.
8 Comme des copains (voir p. 31)... pas plus !

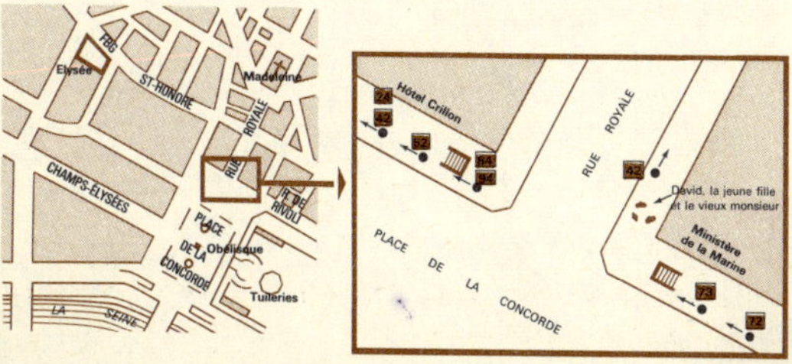

La banlieue de A à Z

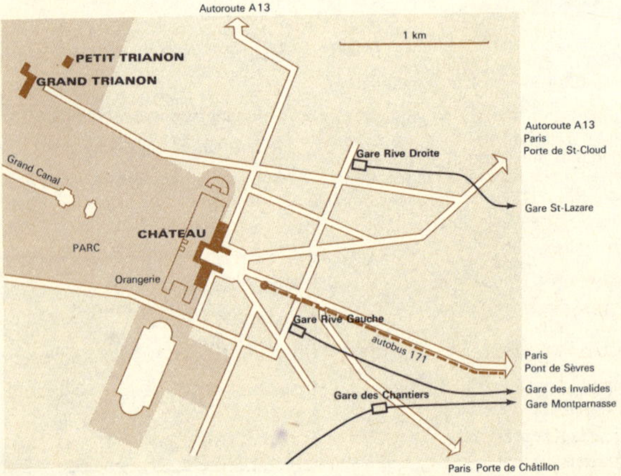

Le Château
de Versailles

Par l'autobus, le métro ou le train.

A *Aéroports*

Le Bourget : Terrasses, Salles d'exposition (Bus 152, Porte de Pantin).

Orly : Terrasses, restaurants, hôtel Hilton (Bus 215, Denfert-Rochereau).

Charles-de-Gaulle Roissy : Le plus moderne (Bus 350, Gare de l'Est).

B *Bois et forêts* (Autres que Boulogne, Saint-Cloud et Vincennes).

Meudon, Chaville : les grands bois les plus proches de Paris; Métro Pont de Sèvres et Bus 169, 171, 179 à Boulogne.

Saint-Germain-en-Laye : belle forêt, de 4 000 hectares, longues allées, beaux points de vue, château, terrasse; RER 1 ou Bus 258 à La Défense.

C *Châteaux*

Grosbois, vrai musée du Premier Empire : RER 2, Boissy-St-Léger.

Fontainebleau (François Ier et Napoléon Ier), Train : gare de Lyon.

Maisons-Laffitte, très bel exemple du style Louis XIV. Bus 262 à La Défense ou Train, Gare Saint-Lazare.

La Malmaison, plein de souvenirs de Napoléon et Joséphine : RER 1 ou Bus 262 à La Défense.

Sceaux : le Musée de l'Ile de France au milieu d'un des plus beaux espaces verts de la banlieue Sud; RER 3 (Sceaux) et surtout :

Versailles (voir, à gauche, les façons de s'y rendre et le plan).

E *Église* Saint-Denis (XIe au XIIIe siècle), tombeaux* des rois et reines de France. Bus 156, Porte de la Chapelle et Train, Gare du Nord.

F *Fleurs* Boulogne : les différents types de jardins Albert Kahn; Bus 72 (Concorde, Cours-la-Reine, Porte de Saint-Cloud).

L'Hay-les-Roses : un musée de la rose : 5 000 espèces. Bus 131, 186 à la Porte d'Italie.

H *Hippodromes** (Voir RG).

P *Pittoresque**

Chevreuse : tout le long de la Vallée, beaux paysages : RER 3 (six dernières gares), en voiture, à bicyclette et à pied.

Les bords de la Marne, de Charenton à Neuilly-Plaisance. Le Gai Paris des « Années Folles » (1920-29) a dansé dans ses guinguettes* (petits bals populaires). On y danse encore et on y mange d'excellentes fritures* (petits poissons frits) : RER 2 (La Varenne-Chennevières...).

Robinson : encore des guinguettes*, des cafés et des restaurants célèbres, des bois pour aller rêver, de beaux points de vue : RER 3.

Z *Zoo* (Autres que ceux du Jardin des Plantes et de Vincennes).

Thoiry (40 km de Paris), Cars Citroën à la Porte Maillot, ou mieux : louez une voiture (voir **RG**, AUTOMOBILE), sortez de Paris par l'autoroute A1, puis N12 (Pontel), vous pourrez (comme dans les réserves africaines) vous promener sans danger parmi les fauves* (bêtes sauvages).

Les magasins

Les heures d'ouverture

Presque partout de 9 h (ou 9 h 30) à 18 h 30. Mais plusieurs magasins ont un(e) ou deux nocturnes* par semaine (jusqu'à 22 h).

Attention ! Beaucoup sont fermés le lundi toute la journée et, les autres jours, entre 12 h 30 et 14 h.

Les grands magasins (G sur le plan)

Il y en a une dizaine à Paris, grands par leur taille, mais aussi par la qualité et la variété des marchandises qu'ils vendent. Chacun à son originalité :

* *Le Printemps*, Haussmann G 1 et Nation G 2 et *les Galeries Lafayette* G 3 et G 15 sont considérés comme les plus chics avec *les Trois Quartiers* G 4, plus petits et... plus chers.
* *Les Magasins de la Samaritaine* G 5 affirment qu'on trouve tout chez eux et ceux du *Louvre* G 6 ont une clientèle traditionnelle (des clients fidèles).
* *Le Bon Marché* G 7, qui leur ressemblait, s'est modernisé et au
* B.H.V. *(Bazar* de l'Hôtel de Ville* G 8*)* les bricoleurs* (ceux qui font tout eux-mêmes) trouvent tout ce qu'ils désirent.
* *Les Magasins Réunis* G 9 et G 10 sont plus populaires.
* De nombreux *Monoprix* G 11, *Prisunic* G 12 ou *Inno* G 13 et 14 qui vendent souvent d'excellents produits à des prix intéressants,
* et un grand centre commercial : *Maine Montparnasse* G 15.

23x

Antiquités et brocante* (A sur le plan)*

Paris est le rêve des amateurs de vieilles choses (antiquités) et d'objets bizarres plus ou moins anciens (brocante). Les antiquaires et les brocanteurs sont groupés dans des marchés ou dans certains quartiers. Le plus célèbre de tous ces marchés est sans doute

* *Le Marché aux Puces* A 1 où l'on vend presque de tout : meubles, tableaux, tapis, vaisselle, bijoux, outils, livres, disques ou vêtements. Aux Puces, avec un peu de chance, vous pouvez « faire des occasions » (bonnes affaires) et trouver des objets d'époque.

* Il y a d'autres « Puces » moins célèbres (et moins chères souvent) : *Place d'Aligre* A 2, tous les matins jusqu'à 11 heures, à la *Porte de Montreuil* A 3, le samedi, le dimanche et le lundi, à la *Porte de Vanves* A 4, le samedi et le dimanche.

* Plus chic - et évidemment plus cher - *le Village Suisse* A 5 est ouvert tous les jours sauf le mardi et le mercredi.

* Vous trouverez de nombreuses boutiques d'antiquaires autour du *Quai Voltaire* A 6 (Rues Jacob, de Seine, etc.), dans tout le *Faubourg Saint-Germain* A 7, autour de la *Place des Vosges* A 8 ou le long du *Faubourg Saint-Honoré* A 9.

* Les amateurs d'art et de meubles de style iront à la *Salle des Ventes*, 9, rue Drouot, A 10 assister à des ventes aux enchères* où les objets sont adjugés* (vendus) au plus offrant (celui qui offre la plus forte somme) par des commissaires-priseurs* : « Une fois... deux fois... trois frois... Vendu ! »

Les marchés célèbres

Le plus célèbre, *Les Halles* (marché de gros* d'alimentation) que l'on appelait le « Ventre de Paris », n'est plus qu'un souvenir. Il est maintenant à Rungis M 1, tout près d'Orly. Mais vous trouverez encore des marchés de détail, pittoresques* et colorés :

* *Rue Mouffetard* M 2 (« La Mouffe ») où sont vendus tous les produits alimentaires dans des boutiques qui débordent [1] sur la rue et dans des petites voitures, celles des fameuses marchandes des Quatre-Saisons,

* *Rue de Buci* M 3 où tous les fruits et légumes de saison sont vendus dans des Cours* des Halles,

* *Le Marché aux Fleurs de l'Ile de la Cité* M 4 ouvert toute la journée sauf le Dimanche (où il laisse la place aux oiseaux), celui de la Madeleine M 5, de la République M 6 et des Ternes M 7.

* *Le marché aux plantes vertes et aux graines* est permanent le long des quais entre le Louvre et le Châtelet M 8,

* *Le marché aux timbres* de l'Avenue Gabriel M 9 se tient en plein air les jeudis, samedis et dimanches de 8 à 19 heures.

1 Déborder = passer par-dessus le bord, comme une rivière quand il a trop plu.

Les boutiques

B sur le plan de la p. 60.

Il y en a de très belles, célèbres même, autour de la Madeleine B 1, Place Vendôme B 2, rue Saint-Honoré B 3, et ailleurs (voir RG, BOUTIQUES), mais n'attendez pas la fin de votre séjour pour aller les voir... sinon vous devrez vous contenter de faire du lèche-vitrines* (regarder les étalages) sans entrer dans les boutiques. D'autres se sont groupées d'après ce qu'elles vendent, par exemple :
- les meubles, dans le Faubourg Saint-Antoine B 4,
- la vaisselle et les objets en cristal [1], rue de Paradis A 5,
- les livres, autour du Quartier Latin B 6 (vous en trouverez aussi tout le long des Quais de la Seine, chez les bouquinistes [2]).

Mais dans tous les quartiers vous trouverez la petite boutique du coin pour y faire vos achats quotidiens :

L'ABC des achats

Si vous allez	Vous demanderez ou vous direz, par exemple :
chez le boucher (à la boucherie)	un rosbif* bien tendre, un peu moins du kilo, S.V.P.
chez le buraliste* (au bureau de tabac)	un paquet de Gauloises bleues, sans / avec filtre*
chez le charcutier (à la charcuterie)	un plat préparé six tranches de jambon blanc (de Paris)
chez le confiseur* (à la confiserie)	une boîte de marrons glacés 200 grammes de crottes* en chocolat
chez le crémier* (à la crémerie)	un demi-litre de lait, un beau morceau de gruyère* un camembert bien fait* / pas trop fait*
chez l'épicier (à l'épicerie)	un paquet de thé / de riz ; un kilo de sucre en morceaux / en poudre ; une boîte de petits pois extra-fins*
chez le fleuriste*	« Pouvez-vous porter une douzaine de roses chez Madame... ? »
chez l'horloger-bijoutier* (à l'horlogerie-bijouterie)	« Ma montre retarde / avance, pourriez-vous la régler ? » - « Je voudrais un nouveau bracelet pour ma montre... »
chez le libraire (à la librairie)	« Avez-vous le dernier San-Antonio ? » « Est-ce que vous avez ce titre en livre de poche ? »
chez l'opticien*	« Pourriez-vous remplacer ce verre de lunettes ? »
chez le papetier (à la papeterie)	un bloc* de papier à lettres, un paquet d'enveloppes, des recharges* d'encre bleu-noir pour mon stylo...
chez le pâtissier (à la pâtisserie)	un assortiment* (mélange) de petits fours*
chez le marchand de couleurs* (le bazar*)	des piles* pour mon transistor*, une savonnette* (et toutes les petites choses quotidiennes)
chez la marchande de journaux	« Vous avez la dernière (édition) du *Monde* (voir p. 144) » « Qu'est-ce que vous avez comme journaux allemands, anglais... ? »
chez le marchand de vins (une « cave »)	« Pourriez-vous me conseiller un petit Bordeaux ? un Bourgogne pas trop fruité[3], un Champagne sec ?... »
mais, chez le poissonnier* (à la poissonnerie*)	surtout à Marseille, ne dites pas : « Elles n'ont pas l'air fraîches, vos sardines* ! »

1 Le cristal : verre blanc très pur, cf. le cristal de Baccarat.
2 De « bouquin » (fam. pour livre). Le bouquiniste* vend des livres (neufs ou d'occasion*) et bien d'autres choses.
3 Qui a encore un peu le goût du fruit

Le boulanger a du pain sur la planche

Mme Martin - Une baguette [1] bien cuite, de votre dernière fournée [2], s'il vous plaît.

M. Dufour - Une baguette dorée et croustillante [3] pour Madame! Et avec ça?

M - Deux petits pains au chocolat et un paquet de biscottes* sans sel.

D - Voilà, Madame! Pour vous, monsieur Durand, qu'est-ce que ça sera?

M. Durand - Un kilo de gros pain [1] pas trop frais si possible.

D - Celui-ci est un peu rassis*, comme vous l'aimez.

Mme André - Ah! Je crois que c'est enfin à moi...

D - Une petite seconde! Je ne peux pas être au four et au moulin [2]! Bon! Qu'est-ce qu'il vous faut?

A - Deux petits pains au lait et... Vous avez encore de la brioche [1]?

D - De la brioche? J'ai bien peur d'en avoir un peu trop [a]! Que voulez-vous, j'ai trop de pain sur la planche [b] pour m'en occuper!

*Un amour de petit coffret**

(Au Marché aux Puces)*

La cliente - C'est à vous cette boîte, Monsieur?

Le marchand - Oui, ma p'tit' dame, mais moi j'appellerais plutôt ça un coffret [4]. Il vous intéresse?

C - Peut-être... Ça dépend du prix.

M - C'est un coffret Louis-Philippe authentique [5]. Ça n'a pas de prix [c], des objets comme celui-là. Il m'a coûté les yeux de la tête [d], mais je vous le laisserai pour... *(il baisse la voix.)*

C - Je ne pourrais jamais me permettre une telle somme. Vous ne pouvez pas me le faire moins cher?

M - C'est une occasion unique! Vous n'en retrouverez pas de pareil...

C - Regardez : la peinture est un peu abîmée ici et... la clé n'a pas l'air d'aller avec.

M - Mais si! Elle est du même style... Allons, vous marchandez* gentiment. Pour vos beaux yeux je vais vous faire un petit rabais*.

1 Le gros pain se vend au kilo ou à la livre : les baguettes* (env. 250 g), les ficelles (env. 120 g) se vendent à la pièce (ou par moitié : « une demi-baguette, s'il vous plaît »). On trouve aussi du pain de campagne, des croissants* et des brioches*.

2 Le pain et les gâteaux sont cuits « au four ». Une fournée* = tous les pains que l'on fait cuire ensemble. La farine est faite au « moulin ». « Être au four et au moulin » = faire plusieurs choses à la fois, être partout.

3 Lorsque le pain est frais, la mie* (l'intérieur) est « tendre », la croûte* (l'extérieur) est croustillante* (elle fait du bruit sous la dent); le lendemain, le pain est rassis* puis sec.

4 Petite boîte décorée pour mettre des objets précieux.

5 Qui a vraiment l'origine annoncée. Ce n'est pas une imitation (pour un tableau on dirait l'original ≠ un faux*). On pourrait dire aussi qu'il est d'époque. (l'époque romantique*, par exemple).

************ ** ************************

La langue populaire

a Voir F.F.F. ventre.
b = j'ai trop de travail.
c = on ne peut pas en estimer le prix.
d = payer « les yeux de la tête » (ou « un prix fou* ») = très, très cher.

Vos achats Voir B et V sur le plan de la p. 60.

Pour vous madame

Vous trouverez chez les grands joailliers* et orfèvres* du quartier de la place Vendôme B1 des bijoux de prix, de l'argenterie [1], de l'orfèvrerie [1], chez les grands maroquiniers* du Faubourg Saint-Honoré B3 et de l'Opéra tous les articles de cuir (sacs à main, articles de voyage, etc.) et, un peu partout, des chaussures « à votre pied ».
Mais vous irez souvent du côté des Champs-Élysées et de l'Avenue Montaigne V1, dans l'espoir d'assister à un défilé* de mannequins [2] dans une Maison de Couture.
La Haute Couture a ses grands noms, moins d'une vingtaine. Coco Chanel et Christian Dior sont morts, mais ils continuent à marquer l'époque. Cardin, Courrèges, Givenchy, Yves Saint-Laurent sont les grands du moment.
Si vous n'avez pas les moyens de vous faire habiller par ces maîtres, vous trouverez, dans leurs Boutiques, du prêt-à-porter* avec la griffe [3] célèbre, de la lingerie [4], des parfums, etc.
Vous pourrez vous habiller selon la mode du jour, avec chic et élégance, dans beaucoup d'autres quartiers, par exemple à Passy V2, Boulevard Saint-Germain V3 et, bien sûr, dans les grands magasins. (Voir aussi RG, BOUTIQUES.)

Pour vous monsieur

Les grands couturiers (Cardin, Lanvin) ne vous ont pas oublié. Vous trouverez leur griffe* sur des vêtements prêts-à-porter dans de nombreuses boutiques de confection [5] et chez les chemisiers* (sur des chemises, des cravates, etc.). Certains ont créé des parfums spécialement pour vous. Vous pouvez aussi vous faire habiller sur mesures [5] chez les tailleurs du quartier de l'Opéra, ceux (moins chers) du Marais V 4 ou - si vous êtes pressé... et pas très riche - utiliser la mesure industrielle (dans de nombreux magasins).

Pour les jeunes

Garçons et filles s'habilleront dans les mêmes boutiques unisexe* du Quartier Latin B 6 où ils trouveront du prêt-à-porter* original et, quand les fonds seront en baisse, dans les marchés de quartiers, aux Puces ou au Village Suisse.

Pour tous les âges

Profitez, un peu partout et en toutes saisons, des soldes* annuels où de nombreux articles sont vendus avec d'importants rabais*, parfois même sacrifiés* avant la fermeture d'une maison (Soldes* avant liquidation*).

1 Objets divers en argent ou en or.
2 Présentation des derniers modèles de robes, manteaux, chaussures, etc. (collections*) par de jeunes et jolies femmes, qu'il ne faut pas confondre avec ces formes en bois sur lesquelles on présente les vêtements dans les vitrines.
3 = la signature du grand couturier.
4 Tous les sous-vêtements féminins.
5 Voir p. 65.

Un client difficile

M. Grominet *est en train d'essayer un complet*[1] *au rayon confection*[1] *d'un grand magasin.*

Mme Grominet - Ce complet[1] te va beaucoup mieux que l'autre.

M. G - Peut-être, mais je le trouve un peu foncé ; ça doit me vieillir[2] ?

Le vendeur - Pas du tout, Monsieur. Je trouve au contraire qu'il fait très jeune.

Mme G - Et ce gris fait quand même plus habillé[3] que le Prince-de-Galles[4] que tu as essayé avant.

V - Il n'y a aucune retouche[1] à faire. On le croirait coupé à vos mesures[1].

M. G - Le pantalon est un peu trop étroit du bas...

Mme G - Tu ne vas quand même pas porter des pattes d'éléphant à ton âge !

M. G - Le tissu paraît un peu léger, j'ai peur qu'il ne soit pas très solide.

V - Pas solide ! De la pure laine, Monsieur ! Croyez-moi, c'est une affaire, surtout à ce prix.

Mme G - Voyons, Gaston, tu ne vas pas faire le difficile ? Décide-toi ! Nous allons être en retard chez ma couturière...

Ces dames parlent chiffons[5]

Mme P - Où avez-vous acheté cette petite robe[6], Madame Grominet ? Elle vous va comme un gant[7].

Mme G - Vous trouvez ? Je l'ai dénichée[8] en solde dans une boutique de l'Avenue Mozart.

Mme P - Et ces escarpins[9], ils viennent au moins de chez Dior ! Vous avez dû payer ça un prix fou ?

Mme G - Pas du tout ! Figurez-vous que c'est mon amie Juliette qui me les a cédés. Elle ne pouvait plus les mettre...

Mme P - Et vous vous imaginez que Monsieur Grominet va croire cette histoire-là ? Elle est cousue de fil blanc[10] !

1 Un complet (ou costume) = la veste (ou le veston) + le pantalon et (quelquefois) le gilet. Pour une femme : un tailleur = la veste + la jupe. On fait faire un complet ou un tailleur chez un... tailleur qui le coupe à vos mesures, ou on l'achète en confection* c'est-à-dire tout fait (prêt-à-porter). S'il ne vous va pas très bien, il faut faire quelques retouches.

2 Vieillir, c'est devenir vieux mais aussi - comme ici - faire paraître vieux.

3 Habillé* signifie souvent *bien* habillé, par exemple pour aller au théâtre ou à un mariage. Cf. : un costume habillé ≠ un costume sport.

4 Voir ci-dessous.

5 Ces chiffons dont parlent les femmes ne sont pas de vieux chiffons, mais tout ce qui concerne leur habillement (cf. parler politique).

6 Une « petite robe » n'est pas toujours à un petit prix !

7 Bizarre en parlant d'une robe, mais regardez vos gants, vous comprendrez qu'on dise cela de tous les vêtements.

8 Litt. sortir du nid (des œufs par exemple ou de petits oiseaux).

9 Chaussures très fines à talons hauts.

10 Cette histoire est incroyable.

Pour choisir un tissu

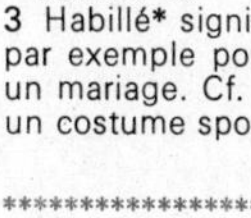
Prince de Galles

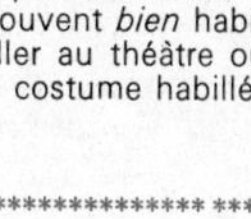
à rayures

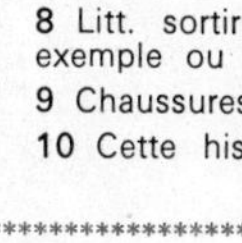
à dessins

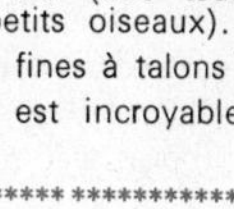
uni

Questions d'argent...

Et maintenant, passez à la caisse !

∗ Les paiements comptant se font

- en espèces* ou en argent liquide*, c'est-à-dire avec des pièces et des billets,
- par chèque, si vous avez un compte dans une banque française (voir ci-dessous),
- vous pouvez aussi payer en chèques de voyage *(travellers-cheques)* ou en francs convertibles* dans tous les grands magasins et dans de nombreuses boutiques.

Renseignez-vous : vous devez bénéficier dans ce dernier cas d'une réduction (un rabais* ou un escompte*) de 12 à 20 %, mais on vous demandera vos papiers* (passeport ou carte d'identité).

∗ Pour bénéficier d'une vente à crédit* (ou à tempérament*) il faut avoir un domicile en France. Pour une commande (ou un ordre) importante il faudra donner un acompte* (ou des arrhes*), c'est-à-dire payer tout de suite une partie du montant* (prix total) de votre achat.

∗ Dans les grands magasins, demandez un carnet d'achats* (vous paierez tout en une seule fois). Demandez aussi (qui ne risque rien n'a rien !) si l'on peut livrer vos emplettes [1] à l'aéroport ou à votre hôtel et même (pour des achats importants) les expédier directement dans votre pays.
... N'oubliez pas de demander un imprimé spécial de déclaration pour la douane et une facture [2].

*Le bureau de change**

(Heures d'ouverture, etc., voir RG, CHANGE).
La valeur des devises* (ou monnaies) étrangères, c'est-à-dire le cours du change, varie trop souvent [3] pour que nous puissions vous donner ici des correspondances (ou équivalences*).

La banque

Si vous devez rester longtemps en France, vous pouvez, sous certaines conditions (très particulières), ouvrir un compte dans une banque française. Renseignez-vous.

Les cartes de crédit

Il en existe dans tous les pays (par ex. Diners-club, Barclaycard). En France, c'est la Carte Bleue. Tous les possesseurs d'un compte en banque peuvent en avoir une.

Attention ! Si vous avez une Carte de Crédit dans votre pays, faites-vous bien préciser avant votre départ les possibilités qu'elle vous offre en France.

1 Emplettes* (une et généralement pluriel) : les (petites) choses que vous avez achetées. Pour des choses plus importantes (meubles, maisons, etc.) on dit plutôt acquisitions (faire l'acquisition* = acheter).

2 Papier qui porte le détail et le prix d'un ou plusieurs achats.

3 On dit même de certaines monnaies qu'elles flottent*.

Qui paie ses dettes s'enrichit (vieux proverbe* populaire)

Jean - Tu peux me prêter dix francs? Je suis complètement fauché*.

Paul - Tu sais... mes fonds sont en baisse* et puis... je t'ai déjà prêté vingt francs il y a plus de trois mois.

Jean - Allez va! Ne sois pas radin*, je te rendrai tout ça à Pâques...

Paul - ... ou à la Trinité [1]!

Il y a changer et changer

Le client - Est-ce que vous pouvez me changer* cent livres?

Le caissier - Certainement, Monsieur. Le cours* est à onze francs trente aujourd'hui. Ça vous fait donc onze cent trente francs. En voilà cinq cents et cinq cents qui font mille, mille cent... mille cent trente.

Le client - Pourriez-vous me changer un des deux billets de cinq cents?

Le caissier - Oui, donnez! Je vais vous faire de la monnaie. Comment la voulez-vous?

Le client - Quatre billets de cent et le reste en petite monnaie, s'il vous plaît.

Profitez-en, on liquide *

Un camelot [2] sur le boulevard des Italiens.

« Approchez, approchez, Mesdames! On n'a jamais vu ça à Paris...

L'occasion du siècle. Ces magnifiques sacs à main en croco [3] véritable, sacrifiés à des prix défiant toute concurrence*. Aidez-nous à lutter contre l'inflation [4]. Tout le stock [5] doit partir avant ce soir. On liquide et on s'en va. Profitez-en, il n'y en aura pas pour tout le monde! »

1 C'est-à-dire probablement jamais.
2 Marchand qui vend sur la voie publique. Cf. camelote* (= objets de peu de valeur).
3 Fam. pour crocodile* (gros animal à la peau très épaisse).
4 Voir p. 123 note 2.
5 La marchandise.

****

L'argent ne fait pas le bonheur

Mais on en parle beaucoup! Il a de nombreux noms dans la langue familière : du *pognon**, du *fric**, du *pèse**, de la *galette** ou, tout simplement, des *sous*.

* Celui qui n'en a pas dit : *je n'ai pas de sou, pas un rond*, je suis fauché**. Quand *les fonds sont en baisse*, qu'il est *à court* d'argent*, il est obligé d'en emprunter. Alors *il tape** ses amis (s'il en a encore!) : il fait des dettes. Mais personne n'aime *prêter à fonds perdus* (c'est-à-dire sans espoir d'être remboursé).

* Celui qui le gagne *à la sueur* de son front* connaît la valeur de l'argent. Il est souvent économe*, il fait des économies et, quand il a de l'argent *devant lui* (ou *de côté*), il le place* dans une banque ou à la Caisse d'Épargne*; il *fait travailler* son argent (qui lui rapporte un intérêt) au lieu de le *laisser dormir** comme l'avare, pour qui *un sou est un sou*.

On dit de lui qu'il *fait argent de tout*, que - pour s'enrichir davantage - *il couperait un sou en quatre*. Il est *près de ses sous, radin*, pingre**. On l'appelle *grippe-sou** ou Harpagon (comme l'Avare de Molière).

Il déteste ceux qui *jettent l'argent par la fenêtre*, c'est-à-dire qui le gaspillent ou qui dépensent sans compter.

Les P.T.T. Postes Télégraphes Téléphones [1]

Les Bureaux de Poste sont ouverts :

* *A Paris :* du lundi au vendredi de 8 à 19 h, le samedi de 8 à 12 h seulement. Les plus importants (bureaux centraux ou recettes principales - 1 par arrondissement) sont ouverts le dimanche matin pour certaines opérations urgentes*.

* *En province :* dans les grandes villes, comme à Paris. Ailleurs, du lundi au vendredi de 9 à 12 h et de 14 à 17 h (ou de 15 à 18). Le dimanche, postez vos lettres pressées au bureau de la gare. Vous y trouverez souvent un service de renseignements (hôtesses d'accueil*), parfois des employés (postiers* / postières) qui parlent plusieurs langues, de nombreux guichets spécialisés pour : **les timbres** (au détail, en gros, pour collections). Ils vous serviront à affranchir* (ou timbrer*) vos lettres ou cartes postales. Ils sont vendus séparément ou en carnets à la poste et dans tous les bureaux de tabac.

* Pour les tarifs postaux voir RG POSTES.

Les envois spéciaux (voir aussi page de droite) :

a lettres exprès*, avec surtaxe*, qui seront distribuées, un peu plus vite, par porteur spécial ;

b lettres et paquets par avion (poste aérienne);

c envois d'argent : mandats (voir page de droite);

d envois (lettres ou paquets) importants ou de valeur en recommandé*;

e télégrammes pour la France (régime* intérieur) et pour l'étranger (régime international).

Pour c d et e, demandez (ou prenez à l'entrée) une formule* (ou imprimé) spéciale. Remplissez-la avant d'aller au guichet : vous êtes l'expéditeur* et vous envoyez quelque chose à votre destinataire*. Pour c et d n'oubliez pas votre récépissé* (= reçu*) qui sera la preuve de votre envoi si celui-ci n'arrivait pas à destination*.

N.B. Pour expédier un paquet à l'étranger vous devrez inscrire ce qu'il contient sur une étiquette* verte (pour la douane).

La Poste restante*. Si vous avez plus de 18 ans, vous pouvez faire adresser votre courrier Poste restante à... Pour Paris et les grandes villes, si vous n'avez pas indiqué un bureau particulier, vous le retirerez à la recette principale en présentant une pièce d'identité avec photo et en payant une petite surtaxe*.

1 On dit aussi Postes et Télécommunications.

La postière* est bien gentille !

Le client - Bonjour, Mademoiselle! Je vais vous donner beaucoup de travail ce matin!

Postière - Ça ne fait rien, Monsieur, je suis là pour ça.

C - Vous êtes gentille. J'ai d'abord deux lettres pour l'Amérique ; je voudrais qu'elles partent par avion.

P - Bien sûr! Donnez-les-moi. Elles ont l'air lourdes! Je vais les peser. La surtaxe* aérienne va être assez chère... Vous êtes décidé?

C - Oui, oui! Mettez les timbres qu'il faut et, si vous voulez bien, je vous paierai tout à la fois.

P - D'accord! Ce sera plus simple. Et maintenant?

C - Maintenant je voudrais envoyer de l'argent à mon frère à Marseille. Il a perdu son portefeuille et n'a plus un sou.

P - Ce n'est vraiment pas de chance. Envoyez-lui un mandat* télégraphique. C'est un peu plus cher, mais il aura son argent aujourd'hui même. Tenez! Voilà une formule.

C - Ça n'a pas l'air commode.

P - Attendez! Je vais vous aider.

C - Merci mille fois! Je crois que je ne m'en serais pas sorti tout seul.

P - C'est la moindre des choses. Il vous reste ce gros paquet.

C - Ah! Ça c'est autre chose. C'est un pull-over qu'un ami mexicain a oublié à l'hôtel.

P - Est-ce que ça vaut la peine de le recommander?

C - Je ne pense pas. Il ne le remettra peut-être jamais... Il ne doit pas faire froid à Mexico.

P - Comme vous dites! Il vaudrait mieux l'envoyer chez les Eskimos...

C - On ne doit pas s'ennuyer avec vous... Est-ce que je peux vous demander ce que vous faites ce soir?

P - Il n'y a pas de secret... je sors avec mon fiancé.

C - Oh, je suis vraiment désolé.

P - Il n'y a pas de quoi! Qui ne risque rien n'a rien...

C - Eh bien... je vous remercie beaucoup pour votre aide. Au revoir, Mademoiselle.

P *(gentiment)* - Ne partez pas si vite... Vous oubliez quelque chose.

C - Je ne vois pas?... Je suis sans doute un peu troublé...

P - En effet! Vous oubliez simplement... de me payer!

P.S.* (= Post Scriptum, comme on l'écrit à la fin d'une lettre quand on a oublié de dire quelque chose).

La poste aérienne. Vos lettres partent par avion sans surtaxe pour la province et pour certains pays. Renseignez-vous.

Les lettres et objets recommandés. Si vous voulez être sûr que le destinataire les a reçus, envoyez-les avec accusé de réception*.

Les mandats. Distinguez :
- le mandat ordinaire, que vous mettez dans votre lettre ;
- le mandat-carte (c'est le facteur qui apportera l'argent) ;
- le mandat télégraphique qui peut être payé à domicile ou encaissé* (touché*) au guichet.

Les adresses postales : voir p. 151.

Le téléphone

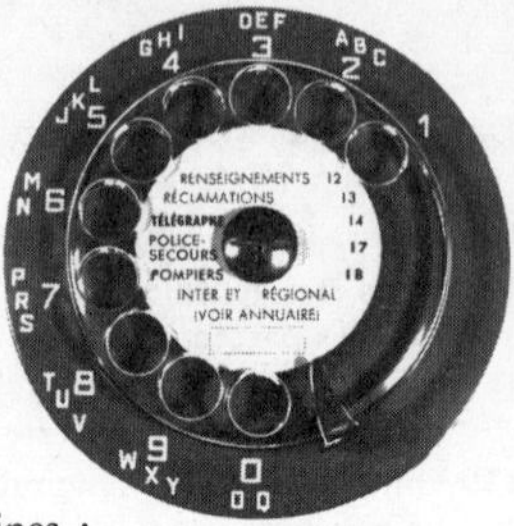

D'où pouvez-vous téléphoner?

d'une cabine publique. Il y en a dans les bureaux de poste, les gares, certains hôtels et même dans la rue (vous en trouverez de plus en plus souvent aux principaux arrêts d'autobus, à Paris et en province);

dans un restaurant ou un café.

Dans les deux cas il existe deux types de cabines :

- celles qui fonctionnent avec un jeton [1] que vous devez introduire avant de composer votre numéro, sur le cadran;
- celles qui fonctionnent avec des pièces de monnaie que vous introduisez après avoir obtenu votre communication.

Vous pouvez aussi téléphoner à partir d'un **poste d'abonné**[2]. Dans ce cas vous téléphonerez comme dans tous les pays du monde, c'est-à-dire :

- *en automatique**, en composant le numéro de votre correspondant [3] sur le cadran*,
- *en manuel**, (c'est de plus en plus rare), c'est-à-dire en appelant l'opératrice [4] (composez le 10 sur le cadran). C'est à elle que vous demanderez des

Communications spéciales

avec indication* de durée et de prix si vous voulez payer votre communication à l'abonné (ce qui paraît normal, surtout si vous téléphonez à l'autre bout du monde!);

avec préavis* (pour Monsieur ou Madame X) - on vous donnera la communication quand M. ou Mme X sera « au bout du fil [3] »;

en P.C.V. : c'est votre correspondant qui paiera la communication... s'il est d'accord.

Vous pourrez aussi envoyer par téléphone :

- un avis d'appel à une personne qui n'a pas le téléphone chez elle (elle viendra au bureau de poste, mais c'est vous qui paierez);
- un télégramme (faites le 14 au cadran).

Quand vaut-il mieux téléphoner?

Aux heures creuses*, c'est-à-dire aux heures de fermeture des bureaux (... à moins que vous vouliez appeler... un bureau!); les lignes seront moins encombrées [5] et, si vous téléphonez de Paris en province (ou le contraire), vous paierez moins cher (un peu plus de la moitié de la taxe normale) : entre 20 h et 8 h et toute la journée les dimanches et jours de fête.

Numéros utiles. Voir RG, TÉLÉPHONE ou l'Annuaire* du Téléphone.

1 Disque de métal qui remplace la monnaie dans de nombreuses machines.
2 Poste (téléphonique) d'abonné la personne qui paye pour avoir : le téléphone chez elle, recevoir régulièrement un journal, etc. (cf. aussi le service des abonnés * absents).
3 Votre correspondant est la personne avec qui vous parlez, celle qui est au bout du fil*. (Donnez-moi un coup de fil* = téléphonez-moi).
4 C'est le féminin d'opérateur = employé(e) au central* téléphonique.
5 Comme les rues quand il y a beaucoup de circulation.

Ne coupez pas, mademoiselle !

G. Quénelle - Pour téléphoner à Nantes, s'il vous plaît, Mademoiselle ?

La téléphoniste* - Prenez la cabine 3, faites le 16, attendez la tonalité [1], puis composez* 40 et le numéro de votre correspondant.

G.Q - Ça marche avec des jetons ou avec des pièces ?

T - Ni l'un ni l'autre. Vous paierez en sortant.

G.Q - Nom d'un chien ! J'ai oublié mon portefeuille chez moi !

T - Si vous croyez que votre correspondant acceptera de payer, demandez-le en P.C.V.

G.Q - C'est une idée ça. Voulez-vous me demander le 74.50.99, je voudrais parler à Monsieur Joseph Tournaire.

T - De la part de qui ?

G.Q - De Monsieur Gilbert Quénelle.

T - *(Elle compose* le numéro)* Voilà, ça sonne. Allo, 74.50.99 à Nantes ?

Une voix - Oui Madame.

T - Monsieur Quénelle demande à parler à Monsieur Tournaire en P.C.V. Acceptez-vous de payer la communication ?

J. Tournaire - Bien sûr ! Passez-le moi.

J.T - Allo ! C'est toi, Gilbert ? Jo à l'appareil. Qu'est-ce-qui se passe ? On t'a coupé le téléphone [2] ?

G.Q - Pas encore, mais je t'appelle de la poste.

J.T - J'attendais ton coup de fil hier soir...

G.Q - J'ai essayé de t'appeler plusieurs fois, mais tantôt ça n'était pas libre [1], tantôt ça ne répondait pas.

J.T - Je n'ai pourtant pas bougé de la maison. Ne coupez [2] pas, Mademoiselle, ce n'est pas terminé.

G.Q - Bon, je serai bref [3], puisque c'est toi qui payes. Peux-tu faire une commission à Georges ?

J.T - C'est facile. En principe je le vois demain. Que faut-il ? *(arrêt brutal.)*

G.Q - Allo ! Allo, Jo ? je ne t'entends plus ! *(Il sort.)*
Mademoiselle ! On nous a coupés [2] ! C'est quand même un peu fort !

T - Ne vous énervez pas, Monsieur, ce sont des choses qui arrivent. Restez en ligne, je rappelle votre correspondant... Allons bon ! Ça sonne occupé ! Qu'est-ce qu'il attend pour raccrocher [4] ?

1 Lorsque vous prenez (décrochez*) l'appareil, vous entendez la première tonalité* (son continu) ; après avoir fait 15 ou 16 sur le cadran, vous entendez la deuxième tonalité (son plus aigu). Ne confondez pas tonalité et sonneries, par exemple celle que vous entendez lorsque votre correspondant est libre ou celle, plus rapide, qui vous indique que son poste est occupé (pas libre !).

2 On « coupe » (interrompt) le téléphone de l'abonné qui n'a pas payé ses communications ; il arrive aussi que l'on coupe - sans le vouloir - une communication. (Cf. couper la parole à quelqu'un = l'interrompre - ce n'est pas poli.)

3 Bref (fém. : brève) - « Soyez bref au téléphone » = ne faites pas de longs discours (Quelqu'un attend peut-être la ligne).

4 Cadran*, voir dessin, page de gauche. Vous prenez le combiné* en main (vous décrochez*) pour appeler un numéro ; vous le remettez en place (vous raccrochez*) à la fin de la communication.

Bien dormir à Paris (et en France)

Une question d'étoiles

Les hôtels sont classés officiellement en cinq catégories. Comptez leurs étoiles :

L = Hôtels de grand luxe ; salle de bains et W.C. particuliers ; appartements ou suites*.

* * * * = Hôtels de première classe, tout confort. La plupart des chambres avec salle de bains et W.C.

* * * = Hôtels très confortables. Beaucoup de salles de bains ; téléphone, tapis, ascenseur, etc.

* * = Hôtels confortables ; 30 % de chambres avec salle de bains ; personnel de réception* (pour vous recevoir) bilingue*.

* = Hôtels de bonne tenue* (bonne qualité, bien tenus) au confort moyen : au moins 10 chambres avec lavabo ; cabine téléphonique.

Une question de prix

Les prix des Quatre Étoiles ne sont pas réglementés. Dans tous les cas, demandez bien si « le service est compris ». Sinon, il faut compter payer, avec les taxes et les pourboires, 25 % en plus. Beaucoup d'hôtels sérieux proposent un prix forfaitaire* (c'est-à-dire prix de la chambre + prix du petit déjeuner + taxes et service).

On pourra aussi vous faire parfois un prix spécial si vous restez au moins plusieurs jours ou si vous avez un ou plusieurs enfants avec vous. Vous trouverez des chambres à un lit (pour une personne) et des chambres pour deux personnes (avec un seul grand lit ou des « lits jumeaux »), certaines avec un lit supplémentaire.

Une question de temps

Si vous n'avez pas de temps à perdre, descendez à l'hôtel Terminus d'une grande gare (ou à l'hôtel S.N.C.F., voir p. 86 à 89) ou d'un grand aérodrome*. Il y a des hôtels fameux autour de la Concorde, de l'Opéra, ou près des Champs-Élysées. Il y en a d'ultra-modernes* (avec 500 chambres et plus) dans les nouveaux quartiers (par ex. entre l'Étoile et La Défense).

∗ Retenez vos chambres longtemps à l'avance. Demandez s'il faut envoyer un acompte*. Si vous êtes en panne, adressez-vous aux Syndicats d'Initiative.

∗ Vous ne pourrez utiliser la chambre qu'à partir de midi le jour de la réservation*.

∗ En arrivant : remplissez votre fiche et demandez (pour votre rasoir électrique) quel est le voltage*; renseignez-vous aussi pour le blanchissage.

Mini-lexique

blanchissage (le)
cintre (le)
couverture (la)
femme de chambre (la)
fiche (remplir une)
garçon d'étage
directeur (le)
oreiller (un)
pension complète (la)
demi-pension
pension de famille
repassage (le)
standardiste (le, la)
traversin (le)
savonnette (une)
serviette (la)
veilleur de nuit (le)

A l'hôtel

Le client - Bonjour, Monsieur. Auriez-vous une chambre pour trois personnes ?

Le gérant - Une petite minute, Monsieur, je vais voir... J'en ai une au premier étage avec un lit à deux places et un lit d'enfant.

C - C'est exactement ce qu'il me faut. Y a-t-il une salle de bains ?

G - Non. Seulement un cabinet de toilette avec douche, mais la chambre est très confortable et très calme ; elle donne sur la petite rue derrière l'hôtel. Vous voulez la voir ?

C - Non, je suis sûr que ce sera très bien. Le prix est bien celui du Guide Michelin ?

G - Oui, Monsieur, c'est un « tout compris », service et taxes.

C - J'aime mieux ça, sinon on ne sait pas où l'on va.

G - Je vous comprends, Monsieur. Il vaut mieux savoir où l'on va... surtout quand on voyage !

... *(quelques instants plus tard)*

C - Est-ce que vous avez un garage ?

G - Non, mais vous pouvez laisser votre voiture là où elle est, le stationnement n'est pas limité.

La cliente - Alors il vaudrait mieux faire monter nos bagages, je serais plus tranquille.

G - Mais certainement, Madame, je vais envoyer quelqu'un. Est-ce que vous prendrez vos repas au restaurant de l'hôtel ?

Elle - Demain peut-être. Ce soir nous dînons en ville... Ah ! Est-ce qu'on peut avoir le petit déjeuner dans la chambre ?

G - Entre 8 et 10 heures seulement. Qu'est-ce que vous prendrez ?

Elle - Chocolat pour le petit et thé au lait pour mon mari et moi...

Lui - Avec des croissants*, pour notre premier petit déjeuner en France...

Elle - Vous serez gentil de mettre quelques tartines* de pain beurré. Je connais mes deux hommes, ils sont aussi gourmands l'un que l'autre.

G - Bien, Madame. Vous n'aurez qu'à téléphoner quand vous serez prêts.

ndry	die Wasche	el lavado	lavaggio (il)
t hanger	der Kleiderbügel (-)	la percha	gruccia per abiti (la)
nket	die Decke (n)	la manta	coperta (la)
mbermaid	das Zimmermädchen	la moza	cameriara (la)
ill in a card	ein Formular ausfüllen	ficha (rellenar una)	scheda (compilare una)
r waiter	Etagenkellner	el mozo	cameriere
nager	der Hoteldirektor	el director	direttore (il)
ow	das Kopfkissen (-)	la almohada	cuscino (un)
board	die Vollpension	pension completa	pensione completa (la)
board	die Halbpension	media pension	mezza pensione
rding house	das Gästehaus (er)	una pension	pensione familiare
ing	das Bügeln	el planchado	stiratura (la)
tchboard operator	die Telefonistin	telefonista	centralinista (la, il)
ster	das Querkissen	la cabecera	traversino (il)
e of soap	die Seife (n)	el jabon	saponetta (una)
el	das Handtuch (er)	la toalla	asciugamano (l')
nt watchman	der Nachtwächter (-)	el sereno	guardiano notturno (il)

Du lit...

* Le prix, le confort, la qualité de votre séjour en province dépendent du genre d'hôtel que vous choisirez. En arrivant dans une ville ou, mieux, quelque temps à l'avance, adressez-vous au syndicat d'initiative*. Au lieu d'un hôtel plus ou moins étoilé (voir page 72), pourquoi ne choisiriez-vous pas :
- un *château-hôtel :* il y en a 75 ou 80 en France. Ce sont de petits châteaux, dans un beau site*, aménagés* (transformés) en hôtels confortables, ou
- un *relais* de campagne*. Ils sont plus de 150 en dehors des grandes routes, dans un paysage agréable et calme. Ils s'appellent souvent Hostelleries*, mais c'est - comme le précédent - un genre qui coûte souvent cher.

* A des prix plus modérés, vous trouverez par ailleurs des associations comme les *Logis* de France*, les *Auberges* rurales*, les *Gîtes* de France*, les *Villages vacances tourisme* ou les *Maisons familiales de vacances* qui vous offriront des séjours agréables et suffisamment confortables.

* Une autre chaîne, celle des *Petits nids de France*, rassemble 140 hôtels à une ou deux étoiles. Une autre encore, la *Chaîne des hôtels calmes et tranquilles*, groupe des hôtels de toutes catégories, véritables « relais du silence ».

* Il reste, en province comme à Paris, les petites *Pensions de famille* où vous verrez vivre de plus près « Monsieur-tout-le-monde ». Si vous préférez faire votre cuisine vous-même, pourquoi ne pas essayer de louer une pièce ou même tout un appartement, libéré pour un temps par une famille française en vacances, ou de faire un échange d'appartement? Écrivez à *Loisirs logements contacts** (voir RG, HOTELS).

Quelques conseils

* Ne vous contentez pas d'un petit déjeuner à la française (café au lait, croissants* ou tartines* beurrées) (voir p. 117). S'il n'est pas compris dans le prix de la chambre d'hôtel, essayez donc dans un bistrot* voisin (petit café-restaurant) de faire connaissance avec quelques produits du pays : charcuterie, fromage, fruits ou vin.

* La ville? Pourquoi ne pas la visiter justement à midi? Déjeunez d'une charcuterie, d'une grillade* (viande grillée), de quelques fruits, de pain frais. Ne vous chargez pas trop l'estomac, et buvez de l'eau... surtout si vous devez encore conduire l'après-midi!

* Si vous êtes un peu gourmand [1], laissez-vous tenter par telle ou telle... gourmandise [1] que vous offrent les pâtisseries et confiseries* du lieu : bêtises* de Cambrai, nougat* de Montélimar, etc.

1 Ne confondez pas le « gourmet », le « fin connaisseur* » qui aime et apprécie les bonnes choses et qui mange et boit avec modération* (sans exagérer) et le gourmand qui les aime trop et en mange souvent à l'excès* (≠ avec modération*). Le glouton* est un gourmand qui mange trop vite. On dit aussi familièrement : c'est un goinfre*.

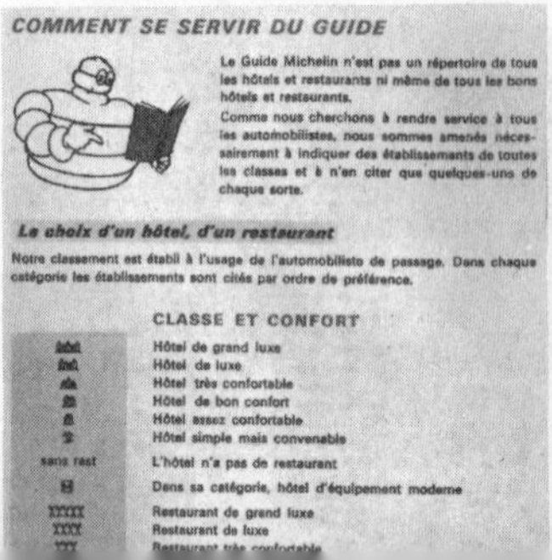

COMMENT SE SERVIR DU GUIDE

Le Guide Michelin n'est pas un répertoire de tous les hôtels et restaurants ni même de tous les bons hôtels et restaurants.

Comme nous cherchons à rendre service à tous les automobilistes, nous sommes amenés nécessairement à indiquer des établissements de toutes les classes et à n'en citer que quelques-uns de chaque sorte.

Le choix d'un hôtel, d'un restaurant

Notre classement est établi à l'usage de l'automobiliste de passage. Dans chaque catégorie les établissements sont cités par ordre de préférence.

CLASSE ET CONFORT

Hôtel de grand luxe
Hôtel de luxe
Hôtel très confortable
Hôtel de bon confort
Hôtel assez confortable
Hôtel simple mais convenable
sans rest — L'hôtel n'a pas de restaurant
Dans sa catégorie, hôtel d'équipement moderne
XXXXX — Restaurant de grand luxe
XXXX — Restaurant de luxe
XXX — Restaurant très confortable

Extrait du Guide Michelin France, édition 1974. ▶

... à la table

Bien manger, à Paris

∗ **Les Grands Restaurants** : Voyez d'abord les Guides célèbres, le *Michelin*, le *Gault-Millau*, le *Kléber* (voir **RG**, GUIDES), mais ils ne distribuent pas toujours leurs étoiles aux mêmes cuisiniers. La gastronomie* est un art et l'art ne peut se juger sans passion! Et puis, il faut tenir compte aussi des prix, de la qualité des vins et du service, du confort, du décor... Les Restaurants à 4 étoiles sont rares à Paris; les quartiers où elles brillent le plus sont les 1er, 5e, 6e, 7e, 8e et 16e arrondissements. A Saint-Germain-des-Prés et au Quartier Latin on aura le plus grand choix.

∗ **Les Petits Restaurants** : En cherchant bien, on peut trouver dans tous les quartiers « le bon petit restaurant du coin ». Là, le patron vous demandera si vous voulez commencer par le pâté* maison (pâté de campagne, de foie ou de volaille) qu'il a fait lui-même. Il vous proposera « pour suivre » son plat du jour qui est le plus souvent un plat garni (viande et légumes en même temps). Son vin ordinaire, servi en carafe* (espèce de bouteille), est souvent très bon. Et, si vous avez faim, vous pouvez demander un supplément.

∗ **Les autres.** On peut manger ailleurs que dans un restaurant. Il y a, à Paris comme en province, des *Brasseries**, où l'on vous servira surtout de la charcuterie (par ex. une choucroute* garnie que vous pourrez arroser avec de la bière), des *Libre-Service**, où vous mangerez vite à bon marché; il y a même des *Drugstores** et des *Snack-Bars**, mais il y a surtout beaucoup de *Bistrots** où l'on vous servira l'omelette* au jambon ou le bifteck frites, parfois une excellente spécialité* avec un verre du vin de votre choix.
Tous les guides vous donnent la liste des restaurants où vous pourrez manger, sans quitter Paris, les plats régionaux dont nous vous parlons plus loin mais, si vous le pouvez, il vaut mieux aller les déguster* sur place (en gourmet).

En province

Quelques grands noms illustrent* (rendent célèbre) la gastronomie française. Vous les trouverez dans les guides, mais n'oubliez pas que si certains méritent bien leur renommée* (célébrité), d'autres... la font payer un peu trop cher.
Le long des routes vous trouverez des *Motels**, des *Auberges* de campagne* - souvent signalées par une affiche au bord de la grand' route..., des *Restaurants de tourisme* qui, dans toutes les catégories, doivent offrir trois spécialités courantes (dont une sur le menu touristique* à prix fixe) et un très grand nombre de *Routiers** où l'on vous servira un repas rapide et souvent abondant à des prix raisonnables. Il en est de même dans les petits restaurants où l'on vous offre des *grillades* sur feu de bois*.

∗ Les dimanches et jours de fête choisissez votre restaurant avant midi, sinon réservez votre table.

∗ Le menu (avec les prix) doit être visible de l'extérieur. Il est prudent de l'examiner avant d'entrer. Si le service et les vins ne sont pas compris, comptez que vous aurez à payer au moins deux fois le prix du plat de résistance*.

∗ Une fois entré, sachez distinguer entre la carte et le menu (voir p. 76-77).

Au restaurant

MENU N° 1

Tête de veau vinaigrette [1]
ou Salade de Crudités [2]

Steak garni [3] (pommes frites*)
ou
Merlan* frit* (pommes vapeur)

Fromage ou dessert.

MENU TOURISTIQUE

I. La Terrine* de volaille*
ou Les Demoiselles de Cherbourg [4]
ou Les Plates du Golfe [5]

II. Le Homard* Thermidor [6]
(Sup. S.G. [7])
ou Les Filets de Sole* Nantua [8]
ou Le Turbot* Beurre Blanc*

III. L'Entrecôte* Bercy [9]
ou Le Tournedos* Béarnaise*
ou Le Caneton [10] à l'Orange

Légumes et salade de saison

IV. La Voiture de Fromages

V. Les Douceurs [11] du Chef
ou l'Omelette norvégienne*
(2 pers. minimum, sup.)

Café Cona [12]

Pour comprendre le menu

1 Sauce à l'huile et au vinaigre.
2 Radis, tomates, etc., crus.
3 Bifteck avec légumes.
4 Langoustines.
5 Huîtres plates
6-8-9 Spécialités bien connues (si vous êtes curieux, achetez un livre de cuisine).
7 Sup. = supplément (à payer) ; S.G. = selon la grosseur.
10 Petit canard.
11 Douceurs = desserts sucrés (entremets*), par ex. pâtisseries...
12 Café préparé dans une boule en verre (souvent devant le client).

Sur « la voiture de fromages »...	**et pour « boire avec »**
1. **Les pâtes fraîches**	
Petit-suisse, demi-sel, Fontainebleau	Vins blancs et rosés*, légers et fruités*.
2. **Les pâtes molles, fermentées***	
Camembert, Brie, Coulommiers.	Tous les vins rouges.
Maroilles, Munster, Pont-l'Évêque, Livarot, etc.	Tous les vins rouges.
Fromages de chèvre	Tous les vins secs, fruités, légers, les vins « de pays ».
3. **Les pâtes sèches**	
Pressées : Port-Salut, Saint-Nectaire, Cantal, Saint-Paulin, Roblochon	Vins légers, fruités et secs, rosés ou rouges.
Cuites : Comté, Gruyère	Vins blancs secs ou rouges fruités.
4. **Les pâtes bleues**	
Roquefort, Bleu de Bresse, d'Auvergne	Vins rouges légers.
5. **Les pâtes fondues**	
Toutes les crèmes de fromage*	Tous les vins secs légers.

Les conseils du sommelier (un spécialiste en vins*)

Avec les fruits de mer ou le poisson	Un vin blanc sec, très frais.
Avec les viandes	Un vin rouge « chambré* » (à la température de la pièce).
Avec les desserts	Un vin blanc doux, très frais.

Avec tout :
du champagne, toujours « frappé* » (très frais, presque glacé) ;
du blanc de blanc* (très frais, presque glacé) ;
du rosé, très frais, de Provence ou... d'ailleurs.

Si vous voulez savoir d'où viennent tous ces bons vins, tournez deux pages.

Notre conseil : Partout où vous passerez, demandez à goûter le vin de pays.

Le pique-assiette*

Le garçon - Ces messieurs ont choisi ?

M. Pingre - Le menu numéro un a l'air très bien et ça ira plus vite.

M. Legras - Ça me paraît un peu léger ; moi, j'ai une faim de loup. Ce menu touristique me tente beaucoup.

P - Voyons, Antoine! Ton régime...

L - Bah! On peut faire une exception quand un vieil ami vous invite. Tenez, garçon, donnez-moi donc un petit homard* pour commencer. Je vous fais confiance pour la grosseur.

G - Et, pendant qu'on vous le prépare, un petit apéritif* ?

P - Non, non! Rien pour moi, ça me coupe l'appétit*.

L - Moi, c'est tout le contraire, je prendrai un double whisky, avec quelques amuse-gueule* pour passer le temps.

P - Apportez aussi une carafe* d'eau fraîche.

L - Mon pauvre Léon! Tu vas te noyer l'estomac. Heureusement que je suis là pour faire marcher le commerce...

G - Voilà votre whisky, Monsieur. Et comme vin, qu'est-ce que je vous donne ?

L - Qu'est-ce que tu dirais d'un petit Chablis pour commencer ?

P - Non, non! Pas de mélange! Nous avons à travailler cet après-midi et c'est toi qui conduis. Donnez-nous un carafon* de rosé, ça va avec tout.

... *Deux heures plus tard.*

P - Garçon, l'addition! Nous sommes pressés.

L - On a bien deux minutes pour un petit digestif*...

P - Pas question! On nous attend. Tenez, garçon, payez-vous. Le service est compris, je crois ?

G - Oui, Monsieur, merci. Au revoir, messieurs, à la prochaine.

P - La prochaine ? Avec des prix pareils, ça m'étonnerait.

L - J'aurais dû t'écouter, Léon, la Béarnaise ne passe* pas ; je vais rentrer me reposer un peu. Tu iras voir les clients tout seul.

P - Mais... mais... je n'ai pas de voiture!

L - Tu n'auras qu'à prendre un taxi...

L'ADDITION (ou la NOTE*) : le « pingre* » (ou avare, voir p. 67) n'aime pas la payer ; il la trouve toujours trop salée* (trop chère).
- Le pique-assiette*, lui, ne la paie jamais. Comme M. Legras, il s'arrange toujours pour se faire inviter.

LES AMUSE-GUEULE*. Ce sont ces petites choses (biscuits* ou gâteaux secs salés, olives*) que l'on grignote* (mange lentement, comme une souris) en buvant l'apéritif*.

L'APPÉTIT*. C'est le désir de manger. On dit « Bon appétit ! » aux personnes qui vont se mettre à table. Une promenade vous ouvrira mieux l'appétit qu'un apéritif - qui risque de vous le couper. Un plat est appétissant*, quand il « vous met l'eau à la bouche ».

LA FAIM. Quand on a très faim on dit que l'on a « une faim de loup », « le ventre creux » ou « l'estomac dans les talons ». On dit aussi - en exagérant - « je suis affamé » et même « je meurs de faim ».

LA DIGESTION*.
Monsieur Legras a trop mangé. « Ca ne passe pas », il a du mal à digérer* ; il va avoir mal à l'estomac, peut-être même une indigestion*. Heureusement qu'il n'a pas pris...

LE DIGESTIF* est une boisson alcoolisée que l'on boit après le repas (cognac, armagnac, calvados, liqueurs diverses.)

Sur la carte du restaurant

Le signe* renvoie aux mini-lexiques (ci-contre et p. 120)

I **LES POTAGES*** (m.), ou soupes (f.) : consommés (m.) ou bouillons* (m.), de viande, de volaille*, veloutés* (m.), de légumes ou bisques* (f.), de crustacés*.

II **LES HORS-D'ŒUVRE** (souvent variés) :

Légumes crus = crudités* (f.), **cuits** : artichauts*, asperges*
Fruits : tomates, melons*. **Poissons** : sardines* à l'huile, filets* de harengs*, saumon* fumé...

Charcuterie (la), faite de porc, de volaille, ou de gibier : les pâtés* (m.), les terrines* (f.), les rillettes* (f.), le saucisson*, le jambon cru (de pays) ou cuit (de Paris)...

III **LES CRUSTACÉS ET LES COQUILLAGES*** Fruits de mer* : crabes*, crevettes*, homards*, langoustes*, huîtres*, moules*...

IV **LES ENTRÉES**

Les cuisses* (pattes) de grenouilles* (à la Provençale) ; les escargots* (de Bourgogne). Tous les poissons, de mer (sole*, turbot*) et d'eau douce (brochet, truite...) ; les tout petits poissons frits (la friture*). La tête de veau, les pieds de porc, les tripes*, les rognons*, le foie...

Les œufs : sur le plat (frits), à la coque ou durs, en omelette* (nature, au jambon, aux champignons*, au fromage...). Les pâtés en croûte*, bouchées à la Reine*, vol-au-vent*...

V **LES VIANDES** grillées, rôties, bouillies, en sauce...

de bœuf (ou de vache) : le bifteck, à point (bien cuit), saignant (peu cuit) ou bleu* (presque cru) ; la côte de bœuf (pour 2), le Chateaubriand*, l'entrecôte*, le contre-filet*...

de mouton ou d'agneau : le gigot (haut de la patte), les côtes (ou les côtelettes*)...

de porc : le rôti, les côtes, la saucisse*, le boudin*.

Les volailles : la poule, le poulet (de grain), le canard (et le caneton*), la dinde* (et le dindonneau*), le pigeon, la pintade*, l'oie*...

Le gibier* (produit de la chasse) : le lapin, le lièvre, le faisan*, le sanglier*, le chevreuil*...

VI **LES LÉGUMES**

Les pommes (de terre) : frites, sautées (à la poêle), en purée (écrasées), en robe des champs (bouillies dans leur peau), vapeur, Dauphine, soufflées*...
Les haricots verts ou secs, les petits pois (à la française), les épinards*, les choux (farcis*), les choux-fleurs... la ratatouille* (niçoise), les tomates, les courgettes*, les aubergines* ; et les pâtes* : nouilles, macaroni, spaghetti, ravioli...

VII **LES DESSERTS**

Les fruits : la pêche (Melba), la prune, le raisin, l'orange, la banane, l'ananas* (au kirsch*, liqueur d'Alsace)...
Les entremets : le soufflé (au Grand Marnier), l'omelette norvégienne (flambée, comme les crêpes*) ; toutes les crèmes, la mousse* au chocolat...

Les glaces (faites avec du lait), parfumées à la vanille*, au café, au chocolat et les sorbets* (faits avec de l'eau), au cassis*, à la framboise*...

les pâtisseries : la tarte aux fraises*, le gâteau du Chef...

VIII **TROIS SAUCES A CONNAITRE**

Béarnaise : mayonnaise* chaude avec des fines herbes.

Bordelaise : avec du vin rouge (de Bordeaux, bien sûr !).

Beurre Blanc : beurre, petits oignons* et vin blanc.

N.B. Les fromages (voir p. 80-81) se servent en France avant le dessert.

Mini-lexique

ail (de l')
ananas (un)
artichaut (un)
asperge (une)
assaisonner
bouchée à la Reine (une)
boudin (du)
brochet (un)
cassis (un)

champignon (un)
concombre (un)
coquillage (un)
cornichon (un)
crabe (un)

crêpe (une)
crevette (une)
- bouquet (un)
crustacé (un)
dinde (une)
dindon (un)
épinards (des)
escargot (un)
faisan (un)
farce (une) farci

fraise (une)
framboise (une)
grenouille (une)
- (cuisse de...)
hareng (un)
homard (un)
huître (une)
langouste (une)
moule (une)

moule (un)
mousse (une)
moutarde (de la)
oie (une)
oignon (un)
omelette (une)
pamplemousse (un)
pâté en croûte (un)

poivre (du)
rognons (des)
sanglier (du)
saucisse (une)
saumon (du)
sole (une)

tripes (des)
truite (une)
turbot (un)
vinaigre (du)
vol-au-vent (un)

garlic	der Knoblauch	el ajo	aglio (l')
pineapple	die Ananas	pina	ananasso (un)
artichoke	die Artischoke	alcachofa	carciofo (un)
asparagus	der Spargel	esparrago	asparago (una)
to season	abschmecken	sazonar	condire
(chicken) pie	die Königinpastete		sfogliatina ripiena di aniemelle funghi ecc.
black sausage	die Blutwurst	morcilla	sanguinaccio
pike	der Hecht	lucio	luccio (un)
blackcurrant	die Schwarz Johannisbeere	grosella negra	ribes nero (un)
mushroom	der Pilz	champinon	fungo (un)
cucumber	die Gurke	pepino	cocomero (un)
shell	die Muscheln	concha, marisco	frutti di mare
ghirkin	die Gewürzgurke	pepinillo	cetriolino sottaceto
crab	der Krebs	cangrejo (de mar)	granchio (un)
pancake	der Pfannkuchen	tortita	fritella (una)
shrimp	die Krabben	camarones	gamberetto (un)
	Krabbenbüschel	gambas	gamberoni
big shrimp	Schalentiere	crustaceo	crostaceo (un)
turkey-hen/cock	der Truthahn	pavo	tacchina (una)
spinach	der Spinat	la espinaca	spinaci (le)
snail	die Schnecke	caracol	lumaca (una)
pheasant	der Fasan	faisan	fagiano (un)
stuffing, stuffed	die Füllung (gefüllt)	relleno	ripieno (un) ripieno
strawberry	die Erdbeere	fresa (ou freson)	fragole (una)
raspberry	die Himbeere	frambuesa	lampone (un)
frog leg	der Frosch der Froschschenkel	ancas de mana	rana (cosce di)
herring	der Hering	arenque	aringa (una)
lobster	der Hummer	bogavante	omaro (un)
oyster	die Auster	ostras	ostrica (una)
spiny lobster	die Languste	langosta	aragosta (una)
mussel	die Miesmuschel	mejillones	cozza (una)
mould	die Form	el molde	tortiera (una)
mousse	die Creme	crema batida	mousse
mustard	der Senf	mostaza	senape (la)
goose	die Gaus	el ganso	oca (una)
onion	die Zwiebel	cebolla	cipolla (una)
omelet	Omlett	tortilla	frittata (una)
grapefruit	die Pampelmuse	pomelo	pompelmo (un)
pie	die Pastete (in Brotteig)	empanada	timballo (un)
pepper	der Pfeffer	pimienta	pepe (un)
kidneys	die Nieren	rinon	rognoni (le)
boar	das Wildschwein	jabali	cinghiale (un)
sausage	die Wurst	salchicha	salsiccio (una)
salmon	der Lachs	salmon	salmone (il)
sole (fish)	die Seezunge	lenguado	sogliola (una)
tripe	die Kutteln	callos	trippe
trout	die Forelle	trucha	trota
turbot	der Steinbutt	el rodaballo	rombo (un)
vinegar	der Essig	vinagre	aceto (il)
puff-pie	die Königinpastete	pastel de carne, volovan	« vol au vent »

La France gastronomique

AU MENU

les fruits de mer
le homard à l'armoricaine
le turbot beurre blanc
le canard nantais
le tout arrosé d'un
***« petit muscadet »** bien frais*

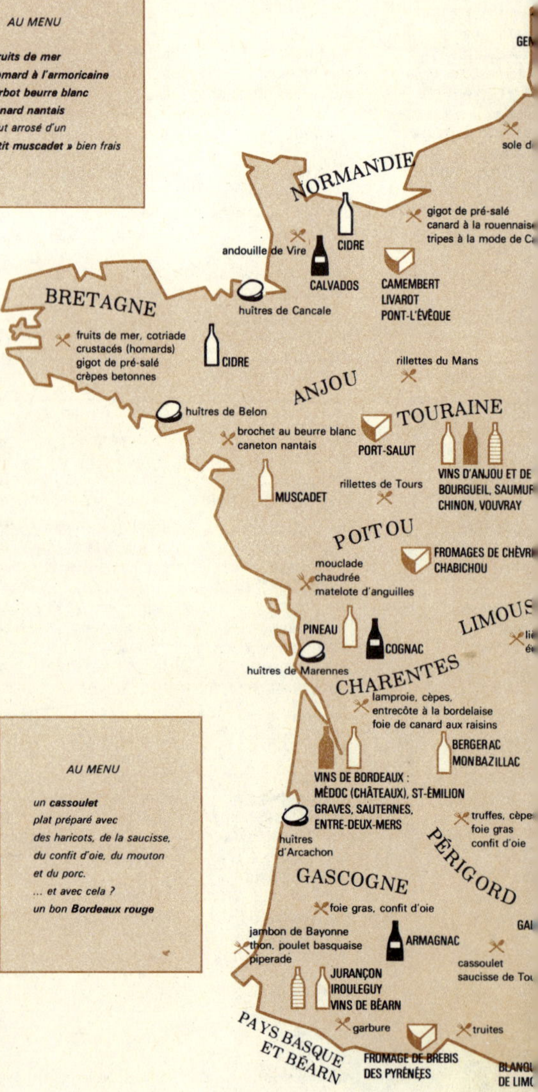

AU MENU

*un **cassoulet***
plat préparé avec
des haricots, de la saucisse,
du confit d'oie, du mouton
et du porc.
... et avec cela ?
*un bon **Bordeaux rouge***

AU MENU

une **choucroute**
plat contenant beaucoup
de chou, mais aussi de
la saucisse, du jambon... etc.,
et comme boisson, du
vin d'Alsace, bien sûr.

AU MENU

une **bouillabaisse**
plat fait de différents
poissons cuits dans de
l'eau et du vin blanc
et pour l'accompagner,
pourquoi pas un
rosé de Provence ?

Dans le ciel de France...

Comme dans tous les pays modernes, l'aviation connaît en France un grand développement. C'est pourquoi on y trouve un grand nombre d'aérodromes* et de nombreux types d'avions.

*Aérodromes**

Ce sont de vastes terrains où les avions décollent* (s'envolent) ou atterrissent* (se posent) sur de grandes pistes* plus larges que des routes. Ceux des grandes villes sont souvent appelés aéroports*; on y trouve de nombreuses installations : hangars, garages, tour de contrôle*, etc...

Attention! Ils ont parfois un nom bien à eux : Marignane pour Marseille, La Californie pour Nice, Bron pour Lyon, Blagnac pour Toulouse, Mérignac pour Bordeaux et, pour Paris : Le Bourget, à 10 km au nord, Orly, à 12 km au sud, Charles-de-Gaulle - Roissy à 25 km au nord.
Ils sont tous reliés à la capitale par des autoroutes; des autobus font la navette* (vont et viennent) entre eux et l'aérogare* des Invalides (on peut dire aussi Terminal), située en plein cœur de Paris.

✻ Paris possède aussi un héliport* à Issy-les-Moulineaux, à la limite sud-ouest de la ville. On peut y voir des hélicoptères civils (Alouette) ou militaires (Frelon, Puma).

Les avions

✻ La plupart des petits appareils - avions-taxis, avions d'affaires ou de tourisme, sont encore équipés de moteurs à hélice*, mais on construit aussi des bi-réacteurs*, comme Corvette, qui peuvent transporter 6 à 12 passagers à 800 km/h.

✻ Les avions de transport ou de ligne sont tous maintenant des avions à réaction* (jets*). L'un des plus connus est Caravelle 12.

Pour les techniciens

- Caravelle 12 est un bi-réacteur* moyen-courrier* qui peut transporter 130 passagers et leurs bagages.
- Son rayon d'action* est d'environ 2 000 km.
- Sa vitesse de croisière* est de 800 km à 7 620 m d'altitude pour un poids moyen de 50 000 kg.

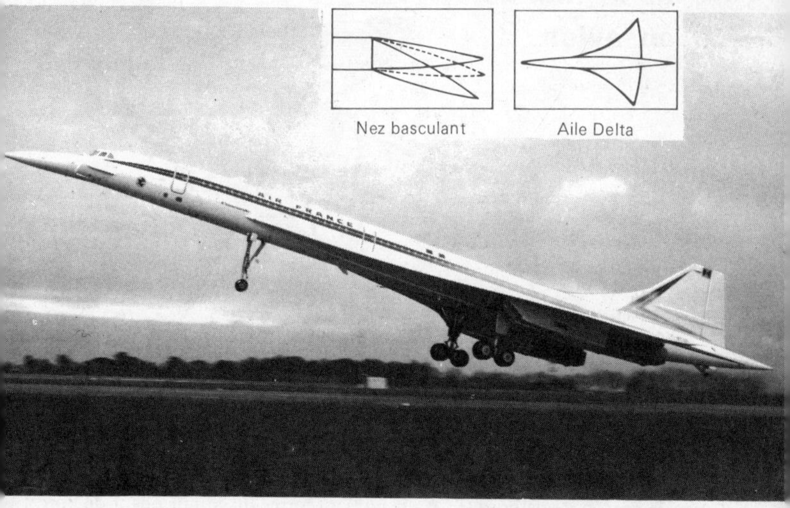

Le Concorde au décollage.

*Les avions géants**

Subsoniques* (moins rapides que le son) comme les Boeing 727 et 747 (américains), les Tupolev (russes) ou l'Airbus A 300 B. Fabriqué par des Allemands, des Anglais, des Français, des Hollandais, ce long-courrier* permet de transporter plus de 300 passagers à plus de 900 km/h, à une altitude de 10 000 m.

Mais l'homme, toujours pressé, veut aller de plus en plus vite. C'est pourquoi nombreux sont ceux qui croient que l'avenir appartient aux

Supersoniques* (plus rapides que le son, SST), comme Concorde. Fabriqué par la British Aircraft Corporation et l'Aérospatiale France, ce long-courrier transporte 128 passagers à mach* 2 (deux fois la vitesse du son, c'est-à-dire environ 2 300 km/h).

Il va de Paris à New-York	en 3 h ½ (7 h pour un subsonique)
à Tokyo	en 9 h (14 h pour un subsonique)
à Johannesbourg	en 6 h (10 h pour un subsonique)

Pour les spécialistes

- Quadri-réacteur* : 4 moteurs Olympus 593 (Rolls Royce-S.N.E.C.M.A.).
- Rayon d'action* : 6 500 km avec un poids au décollage* de 175 tonnes, dont 90 t de carburant*, (fuel*).

✻ Lorsqu'un avion atteint, puis dépasse mach 1, on dit qu'il franchit* (passe) le mur du son. On entend alors une double explosion, c'est le bang* supersonique.

✻ Pour obtenir des renseignements sur l'Aérospatiale Française, on peut écrire et demander la revue que cette compagnie publie en français et en anglais (voir **RG**, avion).

La France et le monde en avion

« j'y vole donc j'y suis »

Les bi-réacteurs d'**Air France** desservent [1] 4 continents*, 10 escales [2] en France, 41 en Europe, 146 en tout dans le monde.
480 000 km de lignes = 12 fois le tour de la terre!

* Des équipages* d'élite [3] :
- le personnel de bord (= équipage*) est formé du commandant de bord*, des pilotes et des copilotes, du navigateur*, du mécanicien, du radio, des hôtesses* (une) et des stewards* (un).

Air Inter : ce sont les lignes aériennes intérieures. Elles relient d'un bout de l'année à l'autre 50 villes françaises ou 50 escales, ce qui veut dire n'importe quel point important en France, car chaque escale d'Air Inter est un carrefour*, une plaque tournante* régionale.

Atar : l'Association des Transporteurs Aériens Régionaux rassemble les treize compagnies aériennes françaises qui assurent des liaisons* de Paris à province, de province à province ou de province à l'étranger : plus de 30 relations sont assurées tous les jours.

* Il est impossible de donner ici la liste des lignes (liaisons, relations*) ou des renseignements complets sur les prix et les nombreuses possibilités de voyager à des prix réduits. Nous vous donnons (RG, AVION) quelques exemples et les adresses des principaux bureaux Air France, Air Inter et Atar en France et dans le monde. Adressez-vous à eux, ils seront heureux de vous fournir leurs brochures où vous trouverez cartes, tarifs, horaires, etc.

1 Desservir* (se conjugue comme servir). Cet avion (ou ce train, ou cet autobus) dessert (= s'arrête à) Nantes, Bordeaux et Toulouse.

2 Escale* (une) : la ville (ou le port, ou l'aéroport) où s'arrête un avion (ou un bateau), par ex. faire escale à Dakar = s'arrêter à Dakar (puis repartir).

3 L'équipage* (un) se compose de toutes les personnes qui travaillent sur un bateau ou un avion : c'est le personnel navigant*. Il y a aussi le personnel non navigant, appelé encore personnel au sol : mécaniciens, contrôleurs de navigation... dans les bureaux et ateliers de l'aéroport* ou dans la tour de contrôle.

Remarquez que naviguer = voyager sur mer, mais beaucoup de mots du vocabulaire de l'aviation viennent de celui de la marine : équipage, à bord, escale, embarquer* (monter à bord).
- d'élite (une) = d'excellente qualité. Cf. l'élite intellectuelle d'un pays = ses savants, ingénieurs, chercheurs, professeurs, penseurs, etc.

450 km à vol d'oiseau [1]

A Orly

Un voyageur - Pardon, Mademoiselle! L'avion pour Lyon, s'il vous plaît?

Hôtesse - Prenez l'escalier roulant* au centre de l'aérogare*, il vous conduira au premier étage. Vous trouverez le numéro de votre porte affiché [2] sur le panneau [2] des départs en face du numéro de votre vol.

V - Et pour mes bagages?

H - Il faudra que vous les fassiez enregistrer au plus tard dix minutes avant le départ.

(bruits divers)

V - J'ai bien peur que ma valise soit trop lourde.

Employé - Non, vous avez de la chance! Elle fait [3] juste vingt kilos...

(ding, ding)

Une voix - Votre attention, s'il vous plaît! Départ à destination [4] de Lyon, vol Air Inter numéro 594, embarquement* porte numéro 6. Nous vous demandons de ne pas fumer et de présenter votre carte d'embarquement* à la sortie de la salle.

A bord de Caravelle

Voix de l'hôtesse : Bonjour Mesdames, bonjour Messieurs. La Compagnie Air Inter, le Commandant* Villedieu et son équipage sont heureux de vous accueillir à bord de cette Caravelle 12. Nous allons décoller dans quelques instants ; veuillez attacher vos ceintures et éteindre vos cigarettes. L'appareil volera à une altitude de 7 000 mètres. L'atterrissage* est prévu pour 18 heures sur l'aérodrome* de Lyon-Bron.

V - Elle paraît très optimiste [5], mais que se passera-t-il s'il y a beaucoup de brouillard sur Lyon?

Deuxième voyageur - N'ayez aucune crainte*. La Caravelle est équipée d'un système d'atterrissage tous temps et... à moins d'un détournement [6]...

V - Ne parlez pas de malheur!

1 En ligne droite.

2 Afficher* = (en général) coller des affiches. Ici, inscrire sur un grand tableau (panneau*).

3 « Elle fait » 20 kg = ici, elle pèse.

4 Destination (une) = l'endroit où l'on va ≠ provenance (*à* destination *de* Lyon, *en* provenance *de* Paris).

5 Optimiste (un, ou une) : personne qui a confiance dans l'avenir ≠ pessimiste.

6 Détournement (un) (ce que les Anglo-Saxons appellent *highjacking*). On peut détourner : un avion (de sa destination), de l'argent (ce n'est pas honnête)... une jeune fille (ce n'est pas moral!).

Les chemins de fer

Leur nom vient des rails d'acier sur lesquels ils roulent*. L'ensemble des rails constitue la voie ferrée*.
Les lignes traversent les vallées sur de grands ponts ou viaducs*, passent sous les montagnes dans des tunnels et coupent les routes à des passages à niveau*.

Un peu d'histoire et quelques chiffres

1830 Premier train de voyageurs en France, de Saint-Étienne à Lyon.

1937 Les chemins de fer sont nationalisés*. La Société Nationale des Chemins de fer français administre cinq *régions* ou *réseaux* (voir carte p. 88).
- Aujourd'hui l'ensemble a 35 000 km de voies, 11 500 trains y transportent tous les ans 610 millions de voyageurs et 250 millions de tonnes de marchandises. Sur les principales lignes la plupart des trains rapides circulent à plus de 120 km/h.

*Le matériel**

* Les trains sont tirés (ou tractés*) par des machines à vapeur ou locomotives*, remplacées de plus en plus par des motrices*
- électriques sur la plus grande partie du réseau,
- diesel*, lorsque la ligne n'est pas électrifiée*.

Des turbo-trains* circulent sur certaines lignes (Paris-Cherbourg / Nantes-Lyon...); ils font des pointes* à (atteignent) plus de 250 km/h.
Des automotrices* appelées autorails* (un) ou michelines* (une) transportent un petit nombre de voyageurs sur des distances plus courtes.

* Les wagons (ou voitures) de voyageurs sont :
- à compartiments* (6 places en 1re classe, 8 en 2e) avec un couloir latéral* (sur un côté);
- à couloir central, sans compartiments.

Il existe de nombreux autres types de wagons :
- des voitures-couchettes* de 1re et 2e classe; on peut y dormir, mais il ne faut pas les confondre* avec les
- wagons-lits* (plus chers) où l'on trouve des compartiments de 1 personne (single*), 2 ou 3 personnes;
- des wagons-restaurants où les repas sont servis par des garçons (menu à prix fixe sauf pour le petit déjeuner);
- des wagons gril-express*, repas et boissons en libre-service*;
- des wagons spéciaux (bar, salon, etc.) sur certains trains.

Voir RG, TRAIN.

La S.N.C.F.

*Les cheminots**

Ce sont les employés et ouvriers de la S.N.C.F.; ils sont plus de 300 000 :

∗ dans les gares, de l'employé du guichet* (qui vous vend votre billet) au Chef de Gare*, en passant par tous les employés de quai. Si vous avez besoin d'un renseignement, adressez-vous de préférence à ceux qui portent une casquette à bande rouge;

∗ dans les trains : les mécaniciens et les chauffeurs* des locomotives à vapeur, les conducteurs* de motrices*, les contrôleurs (qui vérifient vos billets), le chef de train*, etc;

∗ dans les dépôts* (pour les réparations) et sur les voies, des ouvriers, des aiguilleurs* et beaucoup d'autres qui veillent sur votre sécurité.

Les gares

Les plus grandes ont des noms célèbres, Paris (voir p. 88), Lyon-Perrache, Marseille-Saint-Charles, Toulouse-Matabiau, Bordeaux-Saint-Jean, etc.

∗ Vous y trouverez :

- un bureau de renseignements (location de places, etc.),
- (souvent) un bureau de tourisme,
- un buffet* (et parfois même un buffet-hôtel*) : certains offrent un menu touristique à prix fixe qui comprend toujours des spécialités régionales,
- des salles d'attente,
- des kiosques* où vous pourrez acheter livres, journaux, tabacs, etc...
- des toilettes où, pour une petite somme, vous pourrez - après un long voyage - vous laver (prendre une douche même),
- des passages souterrains : « Défense de traverser les voies ! »,
- une consigne*,
- un bureau de contrôle d'où vous pourrez téléphoner ou télégraphier. Vous pourrez même y faire envoyer votre courrier : « Monsieur X, Poste Restante, en Gare de ... »

Les horaires

Ils sont, bien sûr, affichés dans toutes les gares, mais si vous devez voyager beaucoup par le train, achetez le Chaix, indicateur* officiel de la S.N.C.F. (vendu par région, voir carte page 88). Vous y trouverez une vraie mine* de renseignements sur :

- les rapides (comme leur nom l'indique),
- les express (qui ne s'arrêtent que dans les grandes gares),
- les omnibus (qui s'arrêtent partout),
- les distances, les prix, les billets spéciaux... (et tout ce que nous ne pouvons pas vous dire dans ces pages ou dans les RG, TRAIN).

Pour vous aider à lire le Chaix

voici l'explication de quelques signes

◆ Trains particuliers, explication en bas de page

⚒ Tous les jours sauf dimanches et fêtes

✝ Dimanches et fêtes seulement

⋮ Trains à supplément

🛏 Wagons-lits (W-L)

CC Couchettes*

✕ Wagon-restaurant

⊗ Gril-express

⊠ Voiture-bar*

Y Vente de boissons dans le train

🚃 Train automoteur (autorail)

Les grandes communications ferroviaires*

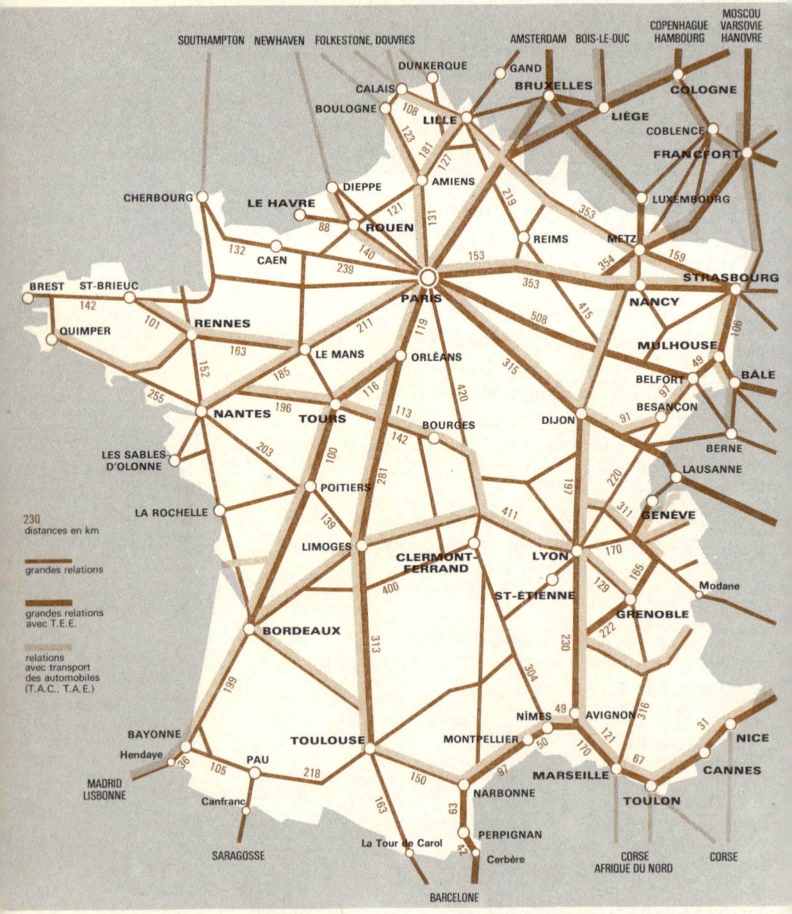

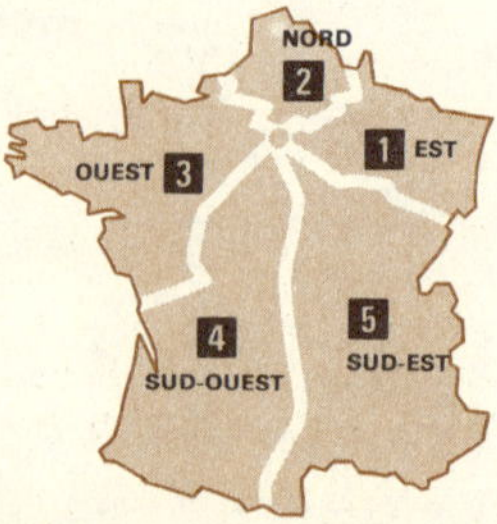

1 **Région Ouest :** Gares Montparnasse et Saint-Lazare *Voir détail p. 90-91.*

2 **Région Sud-Ouest :** Gare d'Austerlitz *Voir détail p. 94-95.*

3 **Région Sud-Est :** Gare de Lyon *Voir détail p. 100-101.*

4 **Région Est :** Gare de l'Est

5 **Région Nord :** Gare du Nord *Voir détail pour ces deux régions, p. 104-107.*

N.B. Voir aussi adresses et numéros de téléphone : **RG**, Train.

Le réseau Trans-Europ-Express, les « T.E.E. » assurent des liaisons rapides entre 172 villes d'Europe avec un maximum de confort. Ils ne comportent que des 1re classe et la réservation* (ouverte deux mois à l'avance) est obligatoire. Il y a un supplément à payer.

Voici quelques T.E.E. : *L'Étoile du Nord*, Paris / Bruxelles / Amsterdam en 5 heures (547 km); *Le Parsifal*, Paris / Liège / Cologne / Dortmund / Hambourg en 9 h 15 (954 km); *Le Cisalpin*, Paris / Lausanne / Milan en 7 h 53 (822 km); *Le Talgo*, Genève / Avignon / Perpignan / Barcelone en 9 h 50 (864 km).

Mettez votre automobile sur le train et... dormez tranquille dans les T.A.C. (Trains Autos Couchettes), admirez le paysage dans les T.A.J.* (Trains Autos Jour), partez avec le train de votre choix (ou à bicyclette), en confiant votre voiture aux S.A.E.* (Services Autos Express). Réservation obligatoire pour tous ces services (voir carte à gauche).

Les billets. Demandez au guichet* : « Un aller deuxième classe (ou première classe) pour ... » ou « Un aller-retour... » et, si vous prenez votre billet à l'avance, n'oubliez pas de préciser la date de votre départ.

Pour louer (ou réserver) **vos places à l'avance :**

- dans toutes les Agences de Voyage, sans augmentation du prix;
- à la gare de départ, par lettre, au plus tôt six mois à l'avance*; par téléphone, au plus tôt une semaine à l'avance;
- dans de très nombreuses grandes gares étrangères.

Attention ! Louez très longtemps à l'avance si vous voulez prendre le train en juillet ou en août et essayez d'éviter les jours fériés (voir p. 108).

Si vous avez des bagages

- Faites enregistrer vos bagages lourds (malles* = grosses valises, vélos, voitures d'enfants*...). Vous avez droit, pour une très petite somme, à 30 kg par personne.
- Sur simple demande (par téléphone ou lettre) la S.N.C.F. viendra chercher vos bagages chez vous (ou à votre hôtel) et, à l'arrivée dans de nombreuses villes, elle vous les livre à domicile (renseignez-vous dans les gares). Vous pouvez même les faire partir avant vous pour être sûr de les trouver en arrivant.

Douane bagages : n'oubliez pas de demander un imprimé de déclaration en douane pour les bagages enregistrés.

La consigne* : c'est un service où vous pouvez laisser vos bagages en toute sécurité pour le temps qui vous conviendra.

Touristes ! Consigne-Transit* : si vous devez changer de gare à Paris et si vous avez une heure ou deux pour visiter la ville, déposez vos bagages à la gare d'arrivée, vous les retrouverez à la gare de départ.

La région Ouest

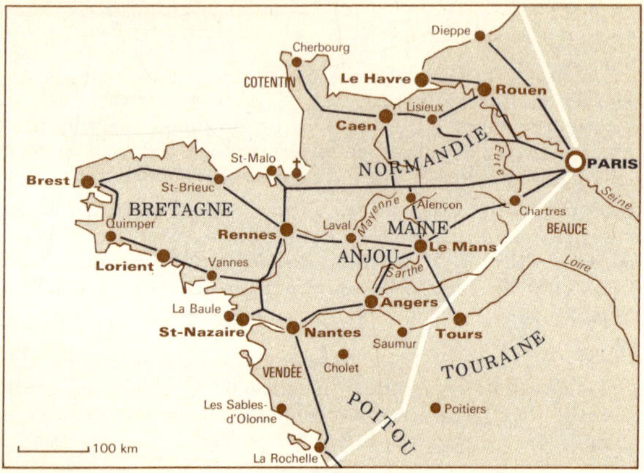

Deux grandes gares parisiennes

SAINT-LAZARE

* En plein cœur de Paris, à deux minutes de l'Opéra, cette très grande gare est entourée de rues qui rappellent de grandes villes européennes (Londres, Liège, Milan, etc.). Sa salle des Pas Perdus* (grand hall*) est un lieu de rendez-vous célèbre.

* C'est de Saint-Lazare que vous partirez pour aller
- voir *Rouen*, où fut brûlée Jeanne d'Arc,
- visiter *Caen*, la ville « aux cent clochers », *Lisieux* et sa Basilique* Sainte-Thérèse.
- vous embarquer au *Havre* sur un grand paquebot* comme « France ».

* Et il vous faudra trois heures à peine, par le turbotrain*, pour traverser les riches pâturages* (prés) de Normandie et atteindre - au bout de la presqu'île* du *Cotentin* le port de *Cherbourg*.

MONTPARNASSE

C'est la plus moderne des gares parisiennes. Vous pourrez
- laisser votre voiture dans un immense parking* souterrain,
- arriver en taxi jusqu'au pied des escaliers mécaniques qui vous emmèneront au niveau des quais.

* Si vous y allez à pied, vous la reconnaîtrez de loin avec sa tour, haute de 209 mètres, qui domine tout le vieux quartier Rive Gauche et, plus près, le vieux « Montparno », où se retrouvaient, dans des cafés comme *La Coupole*, les grands artistes des Années Folles de l'entre-deux-guerres (1918/1925), des peintres surtout : Modigliani, Foujita, Picasso...

* Les trains de banlieue vous emmèneront jusqu'aux châteaux de *Versailles*, de *Rambouillet* ou - à travers la plaine de la *Beauce* - jusqu'à la cathédrale de *Chartres*.

* Sur les grandes lignes, des trains rapides et nombreux permettent d'atteindre en quelques heures : *Brest*, *Rennes*, *Nantes*, *Saint-Nazaire*... et les plages de l'Atlantique. C'est par cette gare que nous vous proposons de partir pour un Tour de France en compagnie de Suzanne Walter et de son frère Raymond. Ils emportent deux vélomoteurs et du matériel* de camping.

A la gare Montparnasse

Raymond - Pardon Mademoiselle! Le train de six heures quarante cinq est-il direct pour La Baule?

Hôtesse* - Non, Monsieur, il ne va que jusqu'à Nantes, c'est un rapide avec supplément.

R - Je sais. Est-ce qu'il y a une correspondance avant midi?

H - A neuf heures cinquante sept, mais pour Saint-Nazaire seulement.

Suzanne - Combien y a-t-il de Saint-Nazaire à La Baule par la route?

H - Pas plus d'une dizaine de kilomètres. Peut-être douze par la côte...

S - C'est formidable! Nous pourrons acheter quelques provisions à Saint-Nazaire, puis nous ferons [1] la côte à vélomoteur.

R - Est-ce qu'on peut louer ses places?

H - Bien sûr, Monsieur! Vous pouvez réserver. Allez d'abord prendre vos billets puis revenez au guichet* qui est juste derrière vous.

R - Mais il y a un monde fou*!

S - Je vais faire la queue [1] pendant que tu prends les billets.

H - N'oubliez pas les suppléments, vous n'aurez rien à payer pour la réservation*.

R - Ça c'est une bonne nouvelle!

(Deux jours plus tard, à bord du « Nantais », en gare de Paris-Montparnasse)

R - Pardon, Monsieur, les deux places de coin* sont sans doute libres?

Voyageur - Je pense qu'elles sont louées.

S - Ce sont bien les nôtres, 72 et 74, voiture 12.

R - Zut! tu as encore oublié d'acheter des sandwiches!

S - Tu as oublié, tu as oublié! *Nous* avons oublié!

R - Bon! J'irai en chercher dès que tu auras fini de t'installer.

V - Vous n'aurez pas le temps. Mais ne vous en faites pas [1], il y a une vente ambulante* et même un gril-express [2] dans ce train.

S - C'est un wagon-restaurant?

V - Non, c'est un libre-service*; vous prenez ce que vous voulez.

S - Tu vois! ce n'est pas encore aujourd'hui que tu mourras de faim!

R - Oh toi, bien sûr, tu ne penses qu'à garder ta ligne!

Les haut-parleurs Attention, attention! A la voie numéro dix, le train rapide à destination* du Mans, Angers et Nantes va partir. Nous vous invitons à monter en voiture. Laissez les portes fermées; ne jetez rien par les fenêtres, vous pourriez blesser des personnes circulant* sur les voies...

1 On peut faire*: une promenade (les Châteaux de la Loire, la Côte), la queue (pour attendre son tour) et beaucoup d'autres choses... On peut se faire « du mauvais sang » ou du souci, c'est-à-dire être très inquiet, ou au contraire ne pas s'en faire (fam. t'en fais pas. Voir F.F.F. inquiet).
2 Voir p. 86.

Bretagne et pays de Loire

La Côte d'Amour

A quatre cents kilomètres de Paris (3 heures par le train, 5 heures par la route), *Nantes* est la capitale de la Bretagne et des pays de Loire. Prenez le temps de visiter la ville - elle en vaut la peine - en particulier le Château de la Duchesse Anne [1], de goûter le brochet* beurre blanc (voir p. 78-79) sur les bords de la Loire et les vins blancs du pays (Muscadet, Gros-Plant). Vous irez ensuite rejoindre Raymond et Suzanne sur la «Côte d'Amour» et admirer

ses plages (ou stations balnéaires*) qui accueillent, en juillet et août, des dizaines de milliers d'estivants [2]. Vous pourrez, sur la plage de *La Baule* (« La plus belle d'Europe »), goûter les plaisirs de tous les âges : châteaux de sable* pour les tout petits, jeux de plage pour les enfants dans de nombreux « Clubs » surveillés et, pour tous, baignades* et bains de soleil* (emportez votre maillot de bain*). Si vous aimez les

sports nautiques* (en rivière ou en mer), vous trouverez des ports de plaisance* très bien équipés (Le Pouliguen, Le Croisic, La Turballe, etc...) pour y pratiquer la voile ou le yachting* léger (sur les bateaux à voile ou à moteur) et le ski nautique*.

La pêche en mer. Vous pourrez pêcher de la côte ou partir au large (en mer) avec des pêcheurs et surtout aller à marée basse [3] sur les rochers de la Côte Sauvage (entre La Baule et Le Croisic) ramasser des fruits de mer.

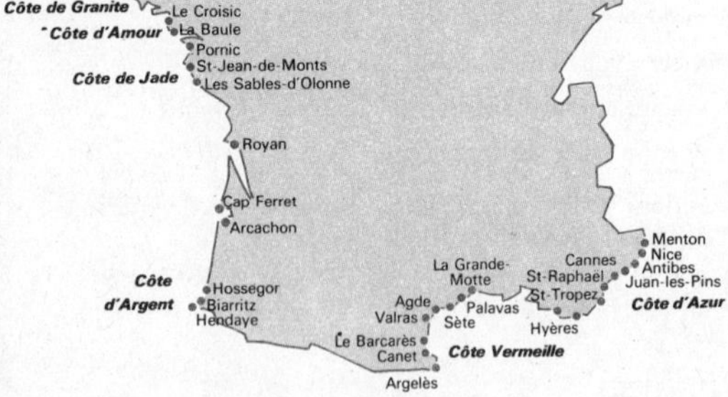

1 Tous les jours sauf mardi.

2 Pour les gens du pays (indigènes*), les estivants* sont les gens qui viennent passer leurs vacances d'été (dits aussi vacanciers*).

3 La marée (voir p. 12). C'est aussi le nom donné au poisson de mer qui vient d'être pêché.

4 Surtout l'*Ile aux Moines*, et *Belle-Ile-en-mer*, qui fait face à la presqu'île* de *Quiberon*.

5 Grandes réunions religieuses, pèlerinages*.

6 Ciel (un) a pour pluriel ciels aux sens techniques (peinture, etc.) et cieux dans tous les autres sens.

« Armor », vieux pays celtique*

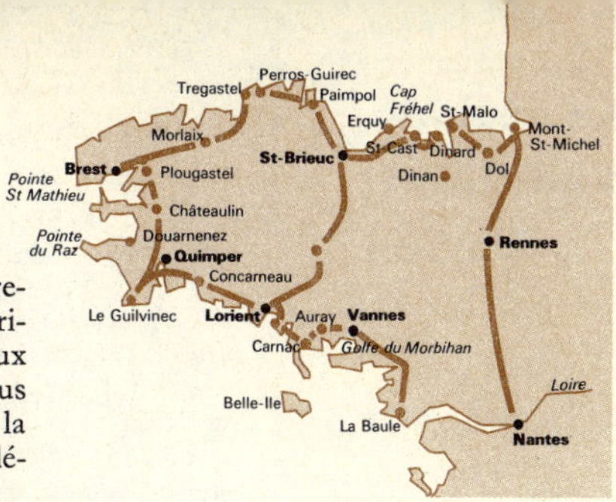

C'est le vieux nom de la Bretagne (ou Péninsule* Armoricaine*). Suivez l'un des deux itinéraires que nous vous proposons (en rouge sur la carte ci-contre) et allez découvrir vous-même :

- *Vannes* et ses vieilles rues,
- le *Golfe du Morbihan*, son climat exceptionnel et ses îles vertes [4],
- *Carnac*, ses dolmens* et ses menhirs* dressés il y a plus de 2 000 ans,
- les admirables paysages sauvages de la *Pointe du Raz*, de la *Cornouaille* et du *Cap Fréhel*, et les célèbres falaises* de *Paimpol*,
- les pardons [5] d'*Auray* et de *Locronan*. Vous y verrez encore des Bretonnes et leurs coiffes* (coiffures) blanches, vous y entendrez de vieux instruments de musique comme les binious* (cousins des « bagpipes » d'Écosse). Arrêtez-vous sur les jolies plages d'*Erquy* et de *Saint-Cast,* bien abritées au fond de leur crique* et surtout à *Dinard,* d'où vous aurez une vue extraordinaire sur *Saint-Malo,* avant d'aller visiter cette vieille cité*.

Mais ne repartez pas vers *Rennes* (qui mérite aussi une visite), sans aller voir la très célèbre *Abbaye du Mont-Saint-Michel.*

« Le jardin de la France » (Val de Loire)

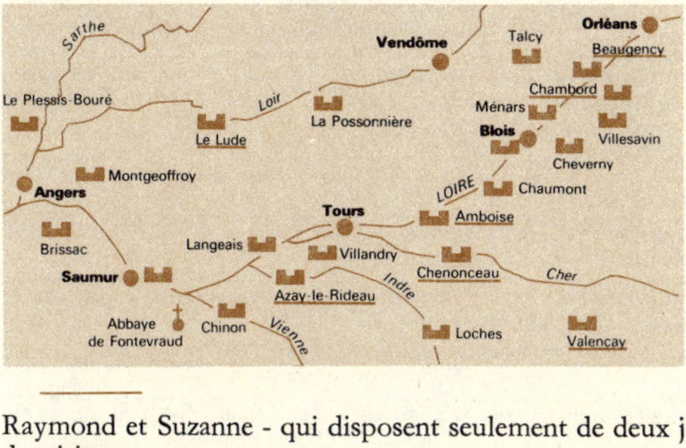

Raymond et Suzanne - qui disposent seulement de deux jours - ont choisi de visiter :

* un Château féodal*, *Langeais* (XVe siècle), dont les murs lourds et puissants abritent un remarquable mobilier* (ensemble de meubles) authentiques* (vraiment « d'époque »). Attention ! « Fermé le lundi ».

* un Château « Renaissance » : *Azay-le-Rideau* (XVIe siècle), serti* dans un parc de verdure* comme une pierre précieuse dans une bague. Ouvert tous les jours.

Après avoir assisté au Spectacle Son et Lumière (voir RG), du château du Lude, ils ont quitté à regret ce Val de Loire fleuri et ses ciels [6] aux couleurs si douces car « C'est ici, peut-être, que se laisse le mieux saisir l'âme de la France ».

La région Sud-Ouest

De Paris (gare d'Austerlitz) à Hendaye ou à Cerbère,

Des provinces et régions	Des villes à visiter Des choses à voir, à boire, à manger...
L'Orléanais, avec la riche plaine de la Beauce (*Chartres*), la Sologne et ses marais* (environs de *Romorantin*, chasse, pêche).	*Orléans*, sa cathédrale et ses environs. *Blois* (hab. : Blésois) et son magnifique château.
La Touraine (hab. Tourangeaux).	*Tours.*
Le Limousin (hab. : Limousins), partie Nord-Ouest du Massif Central.	*Limoges*, capitale de la porcelaine (vaisselle fine).
Le Poitou (hab. : Poitevins) et **Les Charentes,** provinces accueillantes qui s'étendent vers l'Ouest jusqu'à l'Atlantique.	*Poitiers*, église Notre-Dame-la-Grande, baptistère. Saint-Jean. *Angoulême* (cathédrale du XIIe siècle). *Cognac* et son cognac.
Le Périgord (hab. : Périgourdins) Pays du " bien manger ".	*Périgueux*, cathédrale Saint-Front. Foie gras*, truffes* champignons. Toute la vallée de la *Dordogne*, de *Sarlat* (vieux quartier) à *Libourne*, nombreux châteaux,
L'Aquitaine, objet de bien des guerres entre la France et l'Angleterre. **Les Landes.**	sa capitale, *Bordeaux* (hab. : Bordelais), et ses vignobles (voir p. 80), les forêts landaises (de pins).
Le Languedoc (voir pages suivantes) (pays de langue d'oc, oc = oui).	*Toulouse*, la « Ville Rose » (couleur des vieilles maisons) ; un des hauts lieux* du Moyen Age. *Carcassonne* et sa « Cité » moyenâgeuse*, *Albi* et sa cathédrale, *Montauban* et le merveilleux musée *Ingres*.

Du Val de Loire à la Gironde

Après avoir visité les Châteaux de la Loire, Raymond et Suzanne ont pris « l'Étendard » à Saint-Pierre-des-Corps, près de Tours, pour « descendre » vers le Midi [1].

Un voyageur *(fort accent* méridional* [1]*)* - Vous êtes étranger, Monsieur?

Raymond - Oui, ma sœur et moi sommes anglais.

V - C'est que vous parlez si bien notre langue...

Suzanne - Nous sommes anglais par notre père; notre mère était française.

V - Vous m'en direz tant [2]! Au fond, vous parliez presque français en naissant... Qu'est-ce que vous dites de nos trains?

R - Vraiment très confortables et très rapides! 350 km en 2 heures 43, il faut le faire [3]!

S - Et de plus ils sont toujours à l'heure.

Une voix - « Le train arrive en gare de Bordeaux... »

R - Celui-ci est même en avance. Nous devions arriver à midi quinze et il n'est que midi onze!

V - Mais nous ne sommes pas encore tout à fait en gare.

S - Oh! Regarde, Raymond! Nous traversons la Garonne.

V - Oui Mademoiselle, c'est encore la Garonne ici; un peu plus bas elle devient la Gironde [4]...

Les haut-parleurs* de la gare: « Bordeaux Saint-Jean, Bordeaux Saint-Jean. Tout le monde descend de voiture. Correspondance pour Agen, autorail* omnibus, voie numéro 5, départ 12 h 21...

Raymond et Suzanne préfèrent visiter Bordeaux. Nous les retrouvons, quelques heures plus tard, dans l'express 4452, qui quitte Bordeaux à 16 h 17 pour arriver à Toulouse à 18 h 38.

Un voyageur *(accent* de Toulouse)*, Et vous venez de loin comme ça?

Sa femme - Voyons, Romain! Il faut toujours que tu poses des questions! Ça ne te regarde pas.

S - Au contraire, Madame, c'est en bavardant qu'on apprend à connaître les gens. Nous venons de...

R *(qui dormait, se réveille et l'interrompt)* - Il ne te resterait pas un sandwich par hasard?

F - C'est un bon cassoulet* qu'il vous faut, un vrai, avec de la saucisse* de Toulouse.

R - Madame! Vous me mettez l'eau à la bouche [5]...

V - Voyons, Monsieur! Jamais d'eau avec le cassoulet, ce serait un crime dans un pays où nous avons de si bons vins!

1 On « descend » (on va) vers le Midi (le Sud de la France) où habitent les « Méridionaux » (sing. Méridional, nom et adj.) qui parlent avec « l'accent du Midi ». Les Méridionaux disent, eux, qu'ils « montent » à Paris.
2 Maintenant, je comprends mieux.
3 « Il faut le faire » = « Ce n'est pas facile! »
4 ... quand elle rencontre la Dordogne (à Saint-André-de-Cubzac).
5 Quand vous avez faim, la pensée (ou l'odeur) d'un bon plat vous met l'eau à la bouche (vous fait « saliver* »).

La route des cols

routes	Km	étapes	
	0	Saint-Jean-de-Luz	Oui, il y a encore des Pyrénées, et vous n'aurez pas besoin de guide pour découvrir les beautés du *Pays Basque,* avec ses joueurs de pelote*, ses chanteurs et danseurs,
N 618			
	28	Cambo-les-Bains	
	38	Hasparren	
D 10 D 22 D 14			
	67	Saint-Palais	du *Béarn,* l'accueil plein de chaleur des Béarnais, les gaves (rivières rapides) où vous pourrez pêcher la truite* et le saumon*.
D 11			
	90	Mauléon	
D 24 D 25 N 636			
	120	Oloron-Ste-Marie	
N 134			
	152	PAU	Arrêtez-vous à Jurançon, pour goûter son vin blanc (doux) fameux avant de visiter, à *Pau,* le château d'Henri IV (XIIe au XVIe) et admirer, depuis le Boulevard des Pyrénées, un des plus beaux paysages de France. Remontez le Gave de Pau jusqu'à Lourdes où vous verrez la foule devant la basilique et la célèbre grotte de Bernadette.
N 637		Grottes de Bétharram	
	188	Lourdes	
N 21 D 12			
	219	Luz-St-Sauveur (Vous êtes tout près du Cirque de Gavarnie).	
	237	Col du Tourmalet (Alt. 2 115 m)	Avant de repartir, faites vérifier votre moteur et vos freins : la route est excellente, mais il y a beaucoup de virages (klaxonnez* !) et...
		Observatoire* du Pic du Midi de Bigorre : 2 865 m, péage*	...çà grimpe ! (çà monte dur !)
N 618	267	Col d'Aspin	La vue sur la vallée est magnifique. De l'eau qui court, qui saute de rocher en rocher (cascades*).
	280	Arreau	
	300	Col de Peyre sourde	
	312	LUCHON	Inutile d'emporter de l'eau minérale*... il y en a partout, surtout à Luchon et à Super-bagnères.
N 125 D 44			
	358	Portet-d'Aspet	Après ce petit col, redescendez vers
N 618			
	388	SAINT-GIRONS	et vous découvrirez l'Ariège, aussi verte que l'Irlande. Vous suivrez la rivière du même nom
N 20	432	FOIX	après avoir admiré Foix au passage jusqu'à
	448	Tarascon-sur-Ariège	
	474	Ax-les-Thermes	pour attaquer un dernier col, le
	495	Col du Puymorens	Vous trouverez sur votre droite, à mi-col, la Nationale 20 B.

Si vous voulez faire un petit détour hors de France, elle vous mènera par le Pas de la Case (poste frontière*) et le Col d'Envalira (2 400 m) jusqu'à la petite principauté* d'Andorre dont les montagnes, les paysages et... les boutiques attirent des touristes du monde entier.

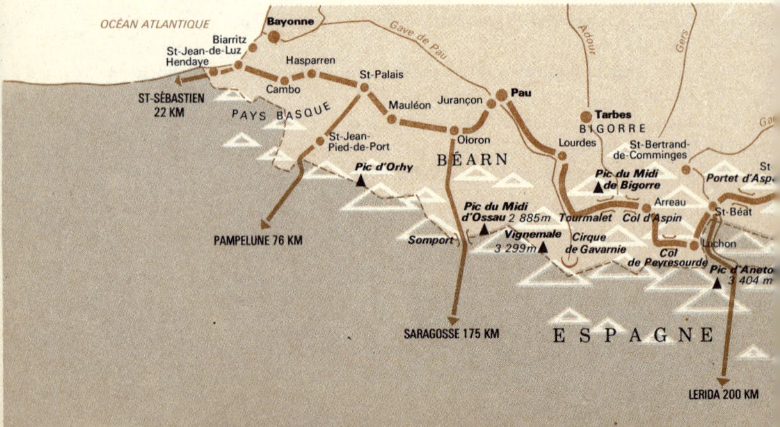

De l'Atlantique... à la Méditerranée

Si vous continuez sur la Nationale 20 jusqu'au sommet du Col de Puymorens, vous aurez devant vous, à plus de 1 200 m d'altitude, le vaste plateau cerdan.

La Cerdagne, qui s'étend de *Bourg-Madame* sur la frontière espagnole (en face la pittoresque ville de Puigcerda) jusqu'à *Mont-Louis.*
Si l'air pur vous a ouvert l'appétit, écartez-vous un peu de la Nationale 116, vous trouverez d'excellentes auberges* dans ces petits villages accrochés à la montagne comme des nids d'aigle (*Err, Llo,* etc.). Vous reviendrez plus tard à *Font-Romeu* si vous aimez la montagne et les sports d'hiver (voir p. 103). Prenez le temps de visiter
- *Villefranche-de-Conflent* et ses remarquables fortifications [1],
- *Vernet-les-Bains* et ses environs,
- *Prades,* petite ville très vivante construite au pied du Canigou (2 785 m) où vous pourrez monter à pied ou... en jeep*. Si vous y passez au mois d'Août vous y entendrez les plus grands musiciens du monde au Festival* Pablo Casals. Les concerts sont souvent donnés dans un cadre admirable car l'art roman* des xie et xiie siècles a laissé dans la région de nombreux chefs-d'œuvre [2] très bien conservés :
- monastères* de *Saint-Martin-du-Canigou* et *Saint-Michel de Cuxa,* prieuré de *Serrabone,*
- églises de *Hix,* de *Villefranche,* de *Corneilla.*

Après *Vinça,* vous pourrez faire un détour par *Thuir* pour visiter les célèbres caves de Byrrh (les plus grandes du monde), avant d'arriver à

Perpignan, capitale du Roussillon (ou Catalogne française), cette « petite Californie » où l'on trouve en été tous les fruits et, toute l'année, des vins pleins de soleil.
Que vous soyez en route pour la Costa Brava ou - comme Suzanne et Raymond - pour le Littoral* (la côte) Languedoc-Roussillon (voir p. 98), tout vous invite à vous arrêter ici...
Allez voir : le Palais des Rois de Majorque, le Castillet, la Cathédrale Saint-Jean, les œuvres de Lurçat à San-Vicens, la Mairie et les statues de Maillol. Allez vous asseoir le soir à la terrasse d'un café sur la Place de la Loge; un orchestre catalan* - appelé cobla* - y joue des sardanes* que jeunes et vieux dansent en rond.

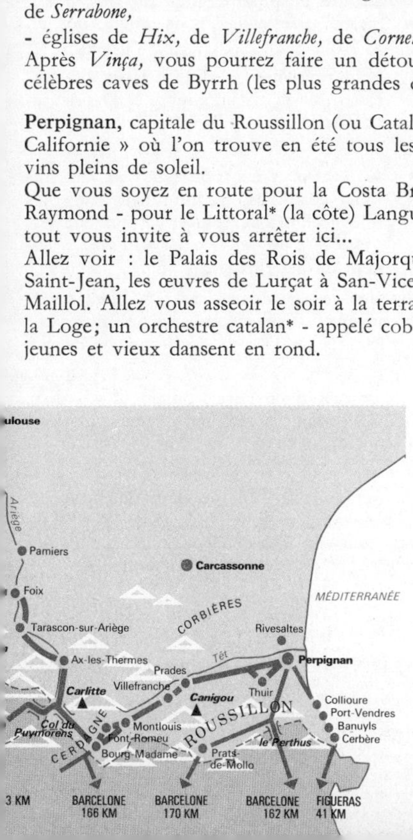

1 Les villes étaient fortifiées*, entourées de remparts* (fortifications*) pour résister aux attaques des ennemis. Vauban (règne de Louis XIV) a laissé des fortifications célèbres (Salses, par ex.).
2 Un chef-d'œuvre* (pl. des chefs-d'œuvre) : ouvrage réalisé par un grand artiste (*la Joconde* de L. de Vinci, *le Penseur* de Rodin, etc.).

Le golfe du Lion

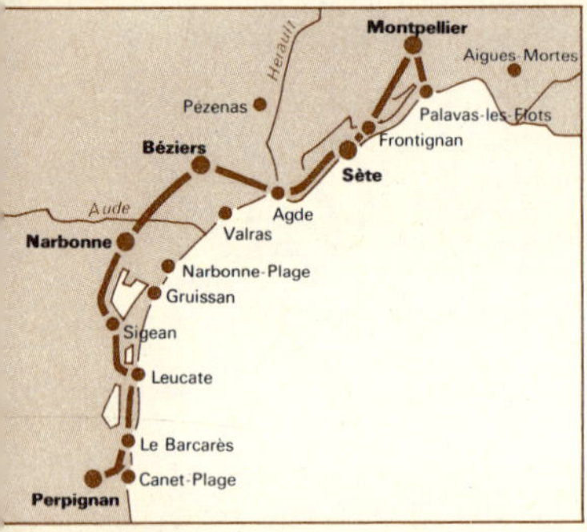

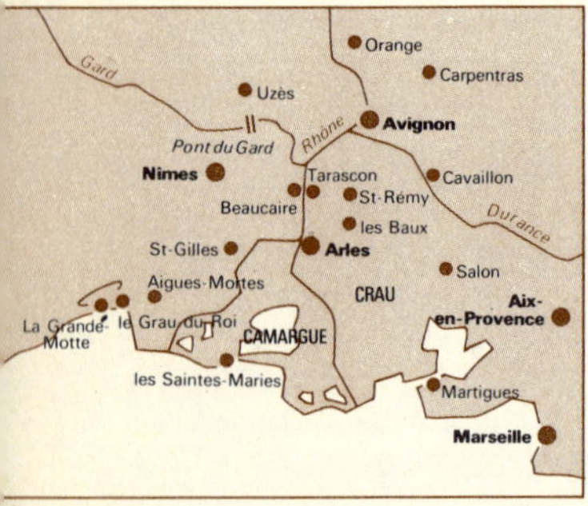

* Si vous êtes en voiture, vous devrez parfois vous éloigner de la côte et suivre pendant quelques kilomètres une autoroute* ou une route nationale;

* si vous êtes à vélomoteur, vous trouverez des petits chemins bien sympathiques qui vous permettront de vous glisser entre la mer et les étangs.

Le littoral* Languedoc-Roussillon vous offrira tout le charme de ses nombreuses plages dont certaines sont en plein développement (le Barcarès, Leucate, etc...). Vous pourrez voir au passage (à Sigean) des animaux sauvages en liberté dans un immense parc naturel, vous arrêter pour déjeuner à Bouzigues sur les bords de l'étang de Thau.

La Provence. Le ciel bleu, la mer, la chaude hospitalité [1] des Provençaux et bien d'autres choses vous retiendront ici.

* C'est le pays de Mireille, l'héroïne [2] de Frédéric Mistral, de Tartarin de Tarascon, le héros [2] d'Alphonse Daudet, et de l'Arlésienne de Bizet, la fiancée « qu'on ne voit jamais »...

* ... mais vous pourrez voir de très jolis costumes traditionnels dans les fêtes folkloriques*, à Arles, aux Saintes-Maries-de-la-Mer, où les Gitans [3] viennent en pèlerinage*.

* En Camargue, vous découvrirez les gardians; ces cow-boys méditerranéens sont les gardiens de chevaux à demi sauvages et des taureaux [4] que vous verrez combattre dans les arènes* d'Arles, de Nîmes, de Béziers ou de Port-Vendres.

* Les Arènes de Nîmes ont été construites par les Romains il y a deux mille ans. Mais ils ont laissé dans le pays d'autres monuments, à Arles, Saint-Rémy, Orange, au Pont du Gard (et, plus au Nord, à Vaison-la-Romaine).

* Et, s'il vous reste un peu de temps, allez voir les Baux-de-Provence, pour entendre chanter les cigales [5] dans les oliviers*. Si vous avez bu un peu trop de rosé de Provence, peut-être chanterez-vous avec elles (en provençal) : *Lou souleü mi fa canta*! (= le soleil me fait chanter).

1 C'est la façon de bien accueillir les gens : les Méridionaux sont très hospitaliers*.
2 Le héros* est un homme qui s'est rendu célèbre par son courage ou le personnage principal d'un livre, d'un film, etc. Le féminin, héroïne*, peut être aussi le nom d'une drogue* dangereuse!
3 Comme les bohémiens* ce sont des nomades* : ils ne vivent jamais au même endroit.
4 En France, les corridas* s'appellent courses de taureaux*.
5 La cigale* (toujours féminin) est un gros insecte des pays chauds.

Il fait trop chaud pour travailler !

Marius - Alors, Monsieur Raymond, comment vous la trouvez notre plage? Vous n'en avez pas d'aussi belles en Angleterre!

Raymond - D'aussi belles si [1], mais il leur manque votre soleil.

M - Té pardi! On m'a dit que pour se baigner à Bournemouth *(il prononce « Bornemousse »)* il fallait mettre le pardessus!

R - Monsieur Marius! Vous ne croyez pas que vous y allez un peu fort?

M - Mais si! On peut pas toujours être sérieux! Et votre sœur? Elle est pas en train de travailler avec cette chaleur?

R - Je crois plutôt qu'elle est en train de faire une petite sieste*. Je vais aller la réveiller, c'est l'heure de la pétanque.

Une partie de pétanque[2]

M - Bon! Vous avez gagné la revanche [2], il n'y a plus qu'à faire la belle [2] en vingt-et-un.

Suzanne - Donnez-moi le cochonnet [2], c'est à moi de le lancer.

R - Pas trop loin, Suzanne, ils ne sont pas si [1] forts de près.

Tintin - Il faut qu'il y ait au moins trois mètres, sans ça on se fait tomber la boule sur les pieds!

(Elle joue. On entend des exclamations : « Bravo ! Bien joué ! pas mal pour une étrangère ! »...)*

S - Hein! Qu'est-ce que vous dites de ça?

M - Pas mal du tout, vous faites des progrès, mais Tintin va faire mieux.

T - Ce n'est pas si [1] facile! Qu'est-ce que je fais, Marius, je pointe [2] ou je tire [2]?

M - Tu vois bien qu'il faut pointer, fada*!

T - Fada, moi? Pas tant que toi! Regarde un peu cette boule!

M - Je crois que ça gagne.

R - Pas si sûr. Il faut mesurer.

T - Eh bé*, non! Le point est à vous. Pas de beaucoup... S'il n'y avait pas eu cette pierre...

M - Avec des si [1]... Avec des si... Laisse-moi tirer, va!

1 Avec des si on peut dire beaucoup de choses :
- affirmer avec force : *Il n'est pas là - mais si!*
- faire une comparaison négative : *Ils ne sont pas si* (= *aussi*) *forts ;*
- introduire une condition : *Je viendrais si je pouvais.*

2 Vous verrez pratiquer ce jeu de boules dans toute la France et vous en connaîtrez bientôt les termes, par ex. le *cochonnet*, petite boule en bois.

****

La langue

Familière :

Comment vous la trouvez?	Il vaut mieux dire et surtout écrire	*Comment la trouvez-vous?*
Vous y allez un peu fort		*Vous exagérez*
On peut pas / Elle est pas...		*On ne peut pas / Elle n'est pas.*

Régionale* (propre à certaines régions : ici méridionale*).
Té pardi ! = *Bien sûr! Fada* = un peu fou (mais c'est plutôt gentil).
Eh bé ! = Eh bien.
Faire une petite sieste (sieste = repos après le repas de midi).

La région Sud-Est

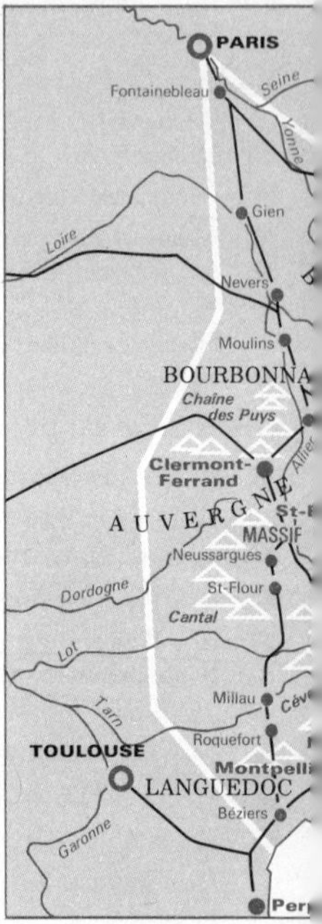

La gare de Lyon. On y prend le train pour la banlieue sud, mais c'est surtout la gare des vacanciers* (voir p. 92).

Le chemin des écoliers [1]. Prenez un train de jour si vous voulez traverser le Massif Central, par exemple « le Bourbonnais », qui quitte Paris à 7 h 50 pour arriver à Clermont-Ferrand (420 km) à 11 h 46.
Vous apercevrez au passage le château de *Fontainebleau* (souvenirs napoléoniens*), vous retrouverez la Loire à Gien (faïences [2] célèbres) pour traverser ensuite le Nivernais (région de Nevers), avant d'entrer en *Auvergne,* pays de vieilles montagnes (volcans éteints, Chaîne des Puys et des *Stations Thermales**, voir p. 136).
Les villes sont noires mais la campagne est très belle.

A Clermont-Ferrand, capitale française du caoutchouc, vous pourrez choisir entre
- la ligne aux cent tunnels qui traverse les Monts du Cantal et, par Neussargues, Saint-Flour, Millau (le plateau du Larzac) et Roquefort (au fromage célèbre) vous conduit jusqu'à Béziers, capitale du vin;
- et la ligne plus rapide qui, après les Monts du Velay et de l'Aubrac (Brioude), les Cévennes et le Pays Noir (mines de charbon), plonge vers Nîmes.

Pour les gens pressés : sur une ligne plus fréquentée, des TEE comme le Mistral ou le Rhodanien vous emporteront à plus de 130 de moyenne vers Dijon, Mâcon, Lyon, Valence, Montélimar (voir p. 89). Vous verrez au passage le barrage de Donzère-Mondragon (qui fournit de l'eau à tout le Midi méditerranéen), Avignon et les raffineries [3] de pétrole sur les bords de l'étang de Berre juste avant d'arriver à

Marseille. Au carrefour du Rhône et de la Méditerranée, *Massilia* fut créée par les Grecs 600 ans avant J.-C. Si vous vous arrêtez ici, montez d'abord à *Notre-Dame-de-la-Garde* (dont la Vierge à l'Enfant semble veiller sur la ville), vous aurez à vos pieds
- la *Canebière* qui est, disent les Marseillais, le plus long boulevard du monde (puisqu'elle va jusqu'en Afrique !),
- le *Vieux-Port* que les pièces et les films de Marcel Pagnol ont rendu célèbre. Descendez y manger une bonne bouillabaisse avant de vous embarquer pour le Château d'If, voir la prison du *Comte de Monte-Cristo* (d'Alexandre Dumas) ou de reprendre le train pour aller vous dorer* au soleil...

1 C'est le chemin des gens qui ne sont pas pressés (jamais le plus court).
2 La faïence* est moins chère et moins fine que la porcelaine*.
3 On raffine* le pétrole brut* dans une raffinerie pour en tirer de l'essence et de nombreux sous-produits*.

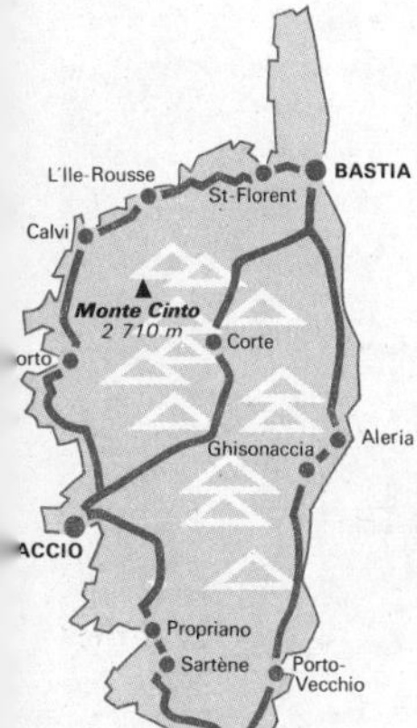

Sur les bords de la Riviera

C'est l'ancien nom de cette Côte d'Azur où nous sommes passés trop rapidement (p. 36). Revoyez-la un peu mieux en prenant l'un des nombreux trains qui vont de Marseille jusqu'à la frontière italienne.

Vous passerez à Toulon, grande ville et base* navale* (port militaire); vous traverserez les Monts des Maures pour arriver à Fréjus. Descendez ici si vous voulez aller à Sainte-Maxime ou Saint-Tropez ou, si vous restez dans le train qui va maintenant suivre la côte de plus près, vous lirez, à chaque gare, un nom célèbre : Saint-Raphaël, Cannes, Juan-les-Pins, Antibes, Nice, Monte-Carlo (capitale de la Principauté de Monaco*), Menton... Dans chacune de ces stations balnéaires* vous trouverez un Casino* où vous pourrez jouer à la boule*, à la roulette*, au baccara*, au chemin de fer*, au trente-et-quarante*.

Mais la France ne s'arrête pas ici; cette mer si bleue cache d'autres beautés :

Des îles au soleil

Prenez le bateau à Hyères ou au Lavandou pour les *Iles d'Hyères : Porquerolles,* aux plages célèbres de sable doré, *Port-Cros,* dont le parc national abrite des quantités d'oiseaux, et *l'Ile du Levant,* qui abrite des gens peu (ou pas du tout) habillés (que l'on appelle naturistes* ou nudistes*, selon le cas). Il n'y a que quelques minutes de Cannes aux *Iles de Lérins : Saint-Honorat* et surtout *Sainte-Marguerite* (où fut prisonnier le « Masque de Fer »).

La Corse

Située à environ 200 km au sud-est de Nice elle forme un département français (20). Sa préfecture* est *Ajaccio,* où Napoléon Bonaparte est né en 1769. Ses côtes, rocheuses* à l'Ouest, sablonneuses* à l'Est, attirent de plus en plus les amoureux de la nature et du climat méditerranéen. Sa lande* s'appelle le maquis*.

Vous pouvez y aller en avion, de Nice à Ajaccio / Bastia / Calvi; de Marseille à Ajaccio ou Bastia; ou en bateau (avec ou sans voiture) de Marseille, Toulon et Nice à Ajaccio / Bastia / Calvi / Propriano.

Par monts* et par vaux [1]

Entre la Méditerranée, le Rhône et la frontière italienne, vous découvrirez sans cesse des paysages nouveaux : villages charmants de l'arrière-pays* niçois (Cagnes, Saint-Paul-de-Vence), villes fleuries (Grasse), « Grand Canyon » du Verdon et, beaucoup plus au Nord, le Parc National* de la Vanoise et le Massif du Mont-Blanc (avec ses neiges éternelles [2] et sa Mer de Glace). Nous vous proposons ici un circuit moins accidenté [3] :

Avignon. C'est la Cité des Papes : vous pourrez visiter leur magnifique château, mais on ne danse plus en rond sur le pont Saint-Bénezet. Prenez la Nationale 542, jusqu'à Carpentras, célèbre pour ses berlingots* (bonbons) et ses melons*. Puis, à travers

la Haute-Provence, par Bollène, Grignan (où vécut Mme de Sévigné), vous atteindrez Vaison-la-Romaine et son admirable cathédrale Notre-Dame, l'un des plus beaux bâtiments romans* de Provence. Continuez vers Nyons, puis montez jusqu'au sommet du Mont Ventoux (1 912 m), d'où vous pourrez voir, si le temps est clair, toute la Vallée du Rhône, les Alpes et la Méditerranée. Enfin, par Forcalquier (voir son cimetière), vous arriverez à Digne, où nous vous proposons de prendre

l'Europabus (voir RG, TRAIN) : un car confortable vous emmènera par une très belle route, le long de la Durance, jusqu'à Sisteron, Gap et Grenoble. (Vous pouvez, si vous êtes en voiture, prendre après Sisteron la Nationale 85, la Route Napoléon [4].)

Grenoble, « ville champignon* » où l'on découvre une montagne au bout de chaque rue (Massif de la Chartreuse, Plateau du Vercors...). Avec ses bâtiments modernes, son architecture d'avant-garde [5], elle est l'une des plus anciennes villes de France (patrie de Stendhal) et, en même temps, l'une des plus jeunes et des plus vivantes grâce à son Université dont le campus* (185 hectares aux portes de la ville) est un modèle du genre, à ses 50 laboratoires de recherche et à son Centre d'Études Nucléaires [6] (2 500 chercheurs : âge moyen, 30 ans).

Les sports d'hiver

* Le patinage* sur glace, le hockey* et le curling* se pratiquent sur une patinoire*.

* La luge* (petit traîneau), le bobsleigh*, et surtout

Le ski sur des pistes* classées selon leur difficulté :

Verte = facile; Rouge = difficile; Bleue = moyenne; Noire = très difficile.

* La saison d'hiver débute vers le 15 Novembre pour les stations* de haute altitude, début Décembre pour les autres. On peut skier dans la plupart des stations jusqu'à fin Avril (et même fin Mai);

* Des bulletins d'enneigement* (hauteur et qualité de la neige) sont publiés tous les jours pendant la saison par la radio et la presse;

* De gros efforts ont été faits pour l'équipement des stations en remontées mécaniques : remonte-pentes*, téléskis*, télésièges* et télécabines, téléphériques*;

* Enfants et adultes trouveront dans les stations :

- un réseau hôtelier* bien adapté aux besoins,
- de nombreuses distractions,
- des écoles de ski avec d'excellents moniteurs* (professeurs),
- tout l'équipement du parfait skieur (skis, chaussures, etc.), qu'ils pourront acheter ou louer sur place.

Renseignez-vous, auprès des organisations spécialisées (voir RG, SKI) et demandez la brochure « Skiez France » si vous voulez une liste des stations plus complète que celle-ci :

Stations	Altitude	Nombre de pistes	Gare SNCF la plus proche
ALPES DU NORD			
Chamonix	1 030 à 3 850 m	59	Chamonix
La Clusaz	1 100 à 2 600 m	34	Annecy
Megève	1 100 à 2 040 m	44	Sallanches
Bourg-Saint-Maurice	1 600 à 3 000 m	32	Bourg-Saint-Maurice
Courchevel	1 850 à 2 700 m	71	Moûtiers
Morzine	1 000 à 2 270 m	36	Thonon
Méribel	1 550 à 2 700 m	20	Moûtiers
La Plagne	2 000 à 2 500 m	55	Aime La Plagne
Tignes	2 100 à 3 350 m	39	Bourg-Saint-Maurice
Val-d'Isère	1 850 à 3 250 m	42	Bourg-Saint-Maurice
Valloire	1 430 à 2 430 m	26	Saint-Michel-Valloire
Alpe d'Huez	1 860 à 3 350 m	41	Grenoble
Chamrousse	1 650 à 2 250 m	25	Grenoble
Les Deux Alpes	1 650 à 3 420 m	23	Grenoble
Villard-de-Lans	1 020 à 1 930 m	24	Grenoble
ALPES DU SUD			
Pra Loup	1 600 à 2 500 m	56	Gap
Serre-Chevalier	1 350 à 2 500 m	39	Briançon
Superdévoluy	1 500 à 2 500 m	29	Veynes
Valberg	1 700 à 1 880 m	29	Nice
Mont-Ventoux	1 440 à 1 800 m	8	Avignon
JURA			
Métabief	1 000 à 1 430 m	34	Frasne
Les Rousses	1 120 à 1 680 m	37	Morez
MASSIF CENTRAL			
Super Lioran	1 160 à 1 820 m	34	Aurillac
Le Mont-Dore	1 050 à 1 850 m	15	Le Mont-Dore
Super-Besse	1 350 à 1 850 m	19	Issoire
PYRÉNÉES			
Ax-les-Thermes	1 400 à 2 300 m	19	Ax-les-Thermes
Superbagnères	1 430 à 2 260 m	19	Luchon
Gourette	1 400 à 2 400 m	21	Pau
Barèges	1 250 à 2 000 m	26	Lourdes
La Mongie	1 750 à 2 360 m	31	Tarbes
Saint-Lary	830 à 2 300 m	27	Arreau
Font-Romeu	1 800 à 2 250 m	20	Latour-de-Carol
VOSGES			
La Bresse	630 à 1 350 m	20	Cornimont
Gérardmer	666 à 1 113 m	12	Gérardmer

1 Les montagnes et les vallées (une vallée = un val). Cf. « Il est toujours par monts et par vaux » = il est toujours en voyage.
2 Qui durent toujours (éternellement), ne fondent jamais.
3 En général, victime d'un accident, ici en parlant d'un terrain, d'une route = difficile.
4 C'est par là qu'il est « monté » vers Paris à son retour de l'Ile d'Elbe pour les « Cent-Jours » (du 20 mars au 22 juin 1815).
5 Très très moderne, avant tout le monde.
6 = recherche atomique.

L'Est et le Nord

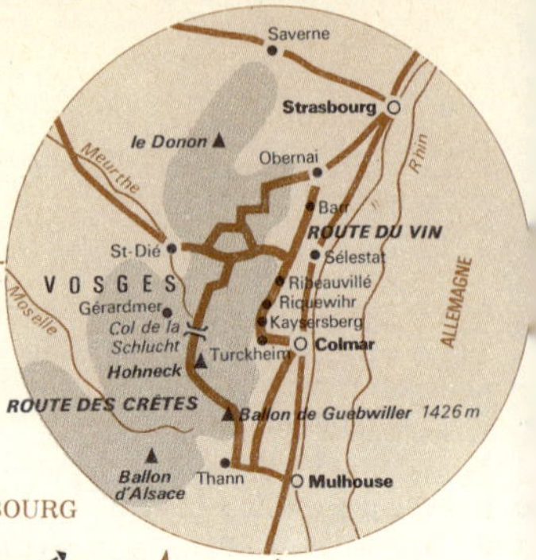

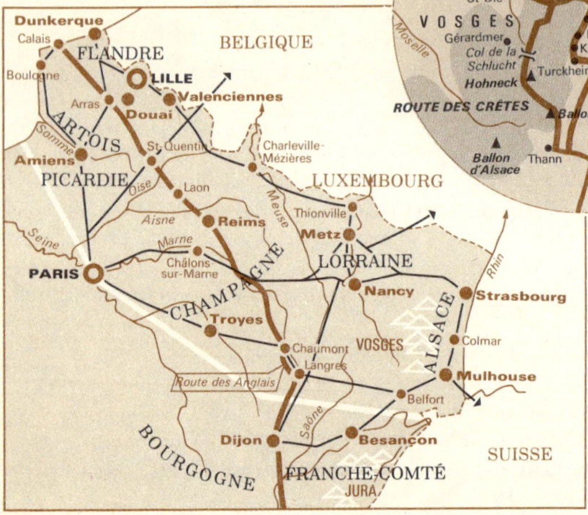

Route des Anglais, route des crêtes [1], route du vin.

De Grenoble à Lyon il n'y a qu'un pas; de là, pour rejoindre les ports de la Manche, vous pourrez prendre la « route des Anglais ». Mais nous vous invitons à passer par l'Alsace, vieille province qui montre sa richesse dans les gros villages aux maisons blanches et dans les beaux costumes de fête des Alsaciens, rouges, verts et noirs. Vous pourrez vous arrêter à Mulhouse ou à Colmar ou, mieux, après avoir suivi la « route des crêtes » à travers les Vosges et ses ballons, dans l'une des petites villes de la « route du vin » d'Alsace : Molsheim, Obernai, Andlau, Ribeauvillé ou Riquewihr.

Strasbourg, capitale de l'Alsace et de l'Europe

Vous apercevrez de loin la cathédrale et sa flèche* de pierre rose (142 m). Car Strasbourg est un grand centre industriel et commercial mais c'est surtout un centre de communications :
- par chemin de fer (Paris à 3 h 50, Bruxelles à 4 h 40);
- par route (Rome, Copenhague, Barcelone à environ 1 000 km);
- par air (Londres à 2 h, Amsterdam à 1 h...);
- par eau : vers l'Europe Centrale et la Mer du Nord par le Rhin, vers la Méditerranée par le Canal du Rhône au Rhin et le Rhône, vers l'Atlantique par le canal de la Marne au Rhin et la Seine).

Ceci explique le rôle important que joue Strasbourg dans la C.E.E. (Communauté Économique Européenne ou Marché Commun) et pourquoi la ville a été choisie comme siège du Parlement Européen.

1 Crête (une) = le sommet (ou cime) d'une montagne. C'est aussi la partie rouge que l'on voit sur la tête des coqs.

Un conflit* dans une usine sidérurgique*

Dans un café d'une ville industrielle de Lorraine, **Émile** *(ouvrier chez Peugeot et actuellement en vacances) est en train de jouer aux cartes lorsqu'arrive son frère Marcel qui, lui, travaille dans une aciérie* locale*.*

Le patron - Tiens! Monsieur Émile, voilà votre frère!

Émile - D'où tu sors, toi, à cette heure-ci? Tu devrais être au boulot [1]?

Marcel - C'est la grève, les amis! Il fallait s'y attendre!

P - Je croyais que les négociations* étaient près d'aboutir?

M - Ce matin la Direction fait marche arrière.

E - C'est pareil chez nous à Montbéliard [2]. Faut pas vous laisser avoir*!

P - Comment se fait-il que les négociations* aient accroché [3]?

E - Ils ont refusé notre revendication principale.

P - L'échelle mobile [4] des salaires?

E - Oui! Et vous savez, pour nous, la paye*...

M - Si elle ne monte pas... c'est la fièvre qui monte [5]!

Dans l'usine de Marcel, paralysée [6] *par la grève, un jeune cadre* [7], **Jean-Pierre B.** *fait visiter les installations à un étudiant de ses amis,* **Michel.**

J.-P.B - On a encore de la chance qu'ils n'occupent pas les locaux!

M - Pourtant, la grève sur le tas [8] c'est beaucoup plus payant! Si j'étais leur délégué syndical*...

J.-P.B - Heureusement, ce n'est pas le cas! Tu sais pourtant tout ce que nous faisons pour eux sur le plan social : cantines [9], terrains de sport...

M - Bien sûr! Tout ce qui les attache un peu plus à l'usine, c'est encore un bon truc pour diminuer les impôts et augmenter les dividendes [10] de l'année prochaine.

J.-P.B - Tu oublies qu'avec la participation* tout le personnel est intéressé aux bénéfices.

M - Pur paternalisme [11]! Vous leur promettez un peu, de peur qu'ils vous prennent tout. Prenez garde! Le jour n'est peut-être pas si loin où le pot de terre brisera le pot de fer [12]!

1 = Moyen. Voir F.F.F. chose.
2 Aux usines automobiles Peugeot.
3 Les discussions ont rencontré de grosses difficultés (Ça accroche = ça ne va pas tout seul).
4 Accord selon lequel les salaires augmentent en même temps que le coût de la vie* (les prix).
5 On dit que « la fièvre monte » lorsqu'une situation devient dangereuse, explosive même.
6 Se dit, au sens propre, d'un malade qui ne peut pas bouger.
7 Voir p. 23. Remarquer que l'on dit un cadre comme on dit un employé, un ouvrier, un patron.
8 La grève « sur le tas » est faite avec occupation des lieux de travail (locaux).
9 Restaurants d'usine à bon marché.
10 Dividendes = bénéfices distribués à la fin de l'année.
11 Attitude du « bon patron » qui est comme un père (latin *pater*) pour ses ouvriers.
12 Dans une célèbre fable* de La Fontaine (Livre 5, fable 2), le « pot de terre » (le faible) est brisé par le « pot de fer » (le fort).

****

La langue familière

« D'où tu sors » pour « d'où sors-tu ? ». « Faut pas vous laisser avoir » pour « il ne faut pas... ».

De Strasbourg à Calais

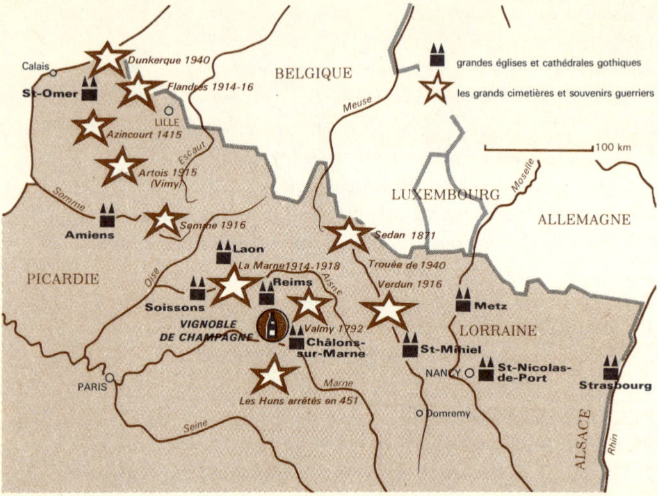

Il y a côtes et côtes[1]

Une fois passées les crêtes* des Vosges, vous ne rencontrerez jusqu'à la côte de la Manche et Calais que des plaines coupées par... des côtes :
- les plaines : la Woëvre (en Lorraine), la Champagne, la Flandre;
- les « côtes » : celles que suivent, du sud au nord, les rivières : côtes de Moselle, côtes de Meuse, Argonne.

Nous vous proposons, de Strasbourg à Calais, trois itinéraires. Vous pourrez choisir celui qui conviendra le mieux à vos goûts, à votre humeur ou à votre âge.

*L'itinéraire gothique**

Vous savez, n'est-ce pas, distinguer une cathédrale gothique d'une église romane*? Celle-ci est de formes pures et simples; elle donne une impression d'équilibre plutôt que d'inquiétude. L'intérieur d'une cathédrale gothique ressemble à une forêt; le long de ses voûtes* qui se croisent (voûtes en croisées d'ogives*) et sur les chapiteaux* de ses colonnes se développe une véritable végétation de pierre. Une cathédrale gothique* est la création d'un esprit plus que d'une technique. Elle monte dans le ciel des plaines comme une prière.

Les grandes époques : après le XIIe siècle, dernier siècle roman, vient le grand siècle gothique (N.-D. de Paris est commencée en 1163, Reims en 1210, Amiens en 1220). Aux XIVe, XVe et XVIe siècles l'architecture s'enrichit de sculptures* et de décorations pour devenir d'une richesse flamboyante*.

Reims et le circuit de Champagne

Après les grands vins blancs d'Alsace et de Moselle, occupons-nous un peu de celui qui, dans le monde entier, est souvent associé à l'idée que donne la France :

le champagne* : savez-vous que

- le vignoble* champenois comporte trois zones : la montagne de Reims, la vallée de la Marne, la côte des blancs;
- la méthode champenoise est longue et compliquée; il faut environ trois ans entre la vendange et la vente pour préparer un vin;
- il existe du brut (léger et vif), du sec, du demi-sec et du doux (sucré);
- le champagne* doit être bu à la température de 6 à 8°C et, d'après les connaisseurs*, en verres ballons* plutôt qu'en coupes* ou en flûtes*.

Les mêmes connaisseurs vous diront quels sont à leur avis les meilleurs crus* (lieux de production) et les grands millésimes* (années). Vous choisirez vous-même parmi les cent cinquante maisons (ou marques). Nous vous proposons seulement... un arrêt à Reims, chez Pommery par exemple ou à Épernay, chez Mercier où vous serez l'un des 200 000 visiteurs annuels. Vous y boirez une flûte (gratuite) avant de prendre le petit train qui tourne le long de 18 km de caves! (Une excursion spéciale est organisée de Paris par la S.N.C.F. et la R.A.T.P. = voir RG, TRAIN, R.A.T.P.)
Faites-en expédier chez vous et n'oubliez pas que le champagne* peut être bu - agréablement - à toute heure du jour : comme apéritif ou avec le dessert et même pour accompagner tout un repas d'un bout à l'autre (surtout le blanc de blancs*).

Verdun et le circuit des champs de bataille

⁎ Savez-vous que

- la bataille de Verdun (de février à décembre 1916) a été une des plus grandes batailles de l'histoire?
- 400 000 Français y sont « morts pour la Patrie » ?

⁎ Les guides que vous pourrez trouver dans la ville vous indiqueront les trois principaux itinéraires :

- sur la rive droite de la Meuse, les forts* de Vaux et de Douaumont;
- sur la rive gauche, le Mort-Homme, la Cote 304, la Voie Sacrée;
- Romagne et son immense cimetière américain aux 15 000 tombes, Varennes, la Forêt d'Argonne, la Haute-Chevauchée, la Vallée de la Biesme.

1 Il y a, bien sûr, les côtes (ou rivages) de la mer, les 12 paires de côtes de l'homme et, ici, des collines ou hauteurs. Il y a aussi la cote qui, sur une carte, indique la hauteur d'un point audessus du niveau de la mer (p. 107 : Cote 304 = 304 m d'altitude).

champs de bataille d'Argonne et de Verdun (1914-1918)

Les fêtes...

*Les fêtes légales [1] ou jours fériés**

Elles sont d'origine civile (**C**) ou religieuse (**R**). Elles sont fixes (**F**), c'est-à-dire à même date, ou au contraire mobiles (**M**).

Le Premier Janvier ou « Jour de l'An » (C F) :
C'est le premier jour de l'année nouvelle.

Pâques (R M) : anniversaire de la résurrection* (retour à la vie) du Christ. Grande fê qui dure deux jours : Dimanche et Lundi.

Premier Mai (C F) : Fête du Travail (jour férié* depuis 1947). C'est aussi la Fête d Muguet*.

L'Ascension (R M) : Sixième Jeudi après Pâques.

Pentecôte (R M) : Septième Dimanche et Lundi après Pâques.

Quatorze Juillet (C F) : C'est le jour de la Fête Nationale. Elle marque l'anniversaire d 14 Juillet 1789. Ce jour-là le peuple de Paris prit la prison de la Bastille : c'était le débu de la Grande Révolution.

L'Assomption (R F) : Le 15 Août, fête de la Vierge et de toutes les Marie.

La Toussaint (R F) : le 1er Novembre, fête de tous les Saints. Le lendemain, c'est « Jour des Morts ».

Le 11 Novembre (C F) : anniversaire de l'Armistice* (fin de la guerre) de 1918.

Noël (R F), le 25 Décembre, marque le début de ce que l'on appelle « les fêtes d fin d'année », qui ne se termineront que le 1er Janvier.

N.B. En France, seuls le 25 Décembre et le 1er Janvier sont des jours fériés légaux Mais attention aux « ponts » (voir page de droite) dans les banques, les postes, etc.

Encore des fêtes... à célébrer

L'Épiphanie ou Fête des Rois (R F) le 6 janvier. C'est la douzième nuit après celle de Noë

La Chandeleur (R F) le 2 Février.

Le Carnaval (environ un mois avant Pâques) mélange les traditions populaires et le anniversaires religieux : Mardi Gras, Mercredi des Cendres, Mi-Carême.

Et des fêtes... à souhaiter

Il y en a une pour chaque saint (ou sainte) du calendrier, donc presque chaque jou Quelques-uns sont célébrés plus spécialement, par ex. :

Saint Valentin, le 14 Février ;

Saint Jean (-Baptiste), le 24 Juin ;

Sainte Catherine le 25 Novembre.

Fêtes de villages et fêtes foraines Voir RG festivals.

Fêtes familiales... Voir page 125.

'n ne travaille pas : ce sont des jours chômés*. Lorsqu'ils « tombent » un Mardi ou un endredi, on ne travaille pas non plus (en général) le Lundi ou le Samedi : on fait le pont.

---

n se souhaite une bonne et heureuse année ; on donne des étrennes* (petits cadeaux u sommes d'argent) au facteur, au concierge, etc.

---

es cloches des églises sonnent « à toute volée ». Dans le Midi on mange l'omelette ambée ; partout on offre aux enfants des œufs en sucre ou en chocolat.

---

es Syndicats [2] organisent des manifestations (réunions, défilés [3]).
)ffrez un brin* de muguet à vos ami(e)s.

'our ces fêtes de Printemps, beaucoup de citadins* vont à la campagne. Soyez prudents ur les routes ; attention aux bouchons* et aux embouteillages* (voir p. 37).

---

ans toutes les villes et villages on décore les fenêtres de drapeaux et de lampions*. On anse le soir dans les bals populaires après le feu d'artifice*. A Paris, on va voir passer ı Revue [3] (grand défilé militaire) sur les Champs-Élysées.

;'est la grande fête de l'été, marquée - dans de nombreuses villes - par des processions [3] eligieuses, des festivals* folkloriques*, etc.

ête du Souvenir : on porte des fleurs (surtout des chrysanthèmes) sur la tombe des arents et amis disparus.

---

es « Anciens Combattants » vont fleurir les Monuments aux Morts.

---

ans la nuit du 24 au 25, c'est la Messe de Minuit* souvent suivie du Réveillon traditionnel es enfants ont mis devant la cheminée les chaussures dans lesquelles le Père Noël (ou aint Nicolas) déposera ses cadeaux pendant la nuit...

---

ouveau réveillon*, le 31 Décembre à minuit, pour accueillir l'année nouvelle. C'est l'époque es vœux* (ou souhaits) : n'oubliez pas d'envoyer une carte à tous vos amis lointains.

---

elles-ci ne sont pas chômées. On mange en famille la galette* des Rois (gâteau plat) elui qui y trouve la fève [4] sera couronné roi ou reine du jour.

'n fait des crêpes* que l'on fait sauter dans la poêle en tenant une pièce de monnaie dans ı main.

;ertaines villes (Nice, en particulier) ont des Carnavals célèbres avec des *bals costumés* on se déguise* ou on se masque*), des défilés de chars* (voitures fleuries), des batailles e fleurs.

;'est aussi la fête de tous les amoureux.

'n saute par dessus les feux de la Saint-Jean.

---

es jeunes filles de 25 ans qui n'ont pas encore trouvé de mari « coiffent Sainte-Catherine », 'est-à-dire mettent un bonnet* (chapeau) vert et jaune.

Légal(e), adj. (plur. : légaux, légales) = autorisé par la loi (≠ illégal).
. Groupements de travailleurs pour défendre leurs intérêts.
3 Défilé (un) = marche en rangs, par exemple de soldats ou de manifestants, dans les ues d'une ville. Un défilé religieux s'appelle une procession*.
4 Ici, petit objet caché à l'intérieur de la galette.

Le folklore...

Depuis que vous avez quitté Paris vous êtes « en province » et vous avez rencontré beaucoup de provinciaux*. Vous avez aussi traversé de nombreuses provinces, de la Bretagne à l'Alsace, en passant par le Roussillon et la Provence.

Ces provinces sont en train de renaître dans la France moderne sous le nom de régions.

En beaucoup d'endroits - et même à Paris où vivent de nombreux groupes folkloriques* - la tradition s'est conservée dans la langue, les costumes, les danses, les chansons : c'est le folklore.

Langues, dialectes, patois**

Au VIIIe siècle on parlait, dans presque toute la Gaule, une langue née du latin : le roman*. Celui-ci s'est ensuite séparé en plusieurs dialectes*. On distinguait, selon la façon de dire « oui » : la langue d'oïl au Nord, la langue d'oc au Sud.

Près des frontières on parlait d'autres langues, comme le flamand*, l'alsacien*, le catalan*, le breton*. On les parle encore, surtout dans les villages et certaines sont enseignées dans les universités.
Dans d'autres provinces on entend (de moins en moins) parler ce mélange de langue et de dialecte qu'on appelle patois*.

Les costumes, les danses, les chansons

⁎ Si vous traversez telle ville ou tel village le jour de la fête du pays - le jour d'un Pardon* en Bretagne par exemple - sortez votre appareil photo ou votre caméra* : vous emporterez de belles images (en couleurs, bien sûr) des costumes provinciaux*.

⁎ Vous apprendrez très vite la bourrée* auvergnate ou la sardane* catalane* et vous pourrez y participer. Il y en a bien d'autres, un peu partout, et il n'est pas de fête, de foire ou de festival* (voir RG, FESTIVALS) qui ne propose à son programme un spectacle de danses folkloriques.

⁎ On dit souvent qu'en France « tout finit par des chansons ». Il est vrai que pendant longtemps elles ont un peu joué le rôle que jouent aujourd'hui les journaux. Certaines racontaient les grands événements et on les chantait au coin des rues.

Le folklore régional est riche en chansons comme « Le P'tit Quinquin » dans le Nord, « En passant par la Lorraine », etc.
Des succès populaires comme « Il pleut, bergère », « Plaisir d'amour », « Le temps des cerises » sont encore chantés aujourd'hui, malgré leur âge.

Mais c'est à la fin d'un bon repas - surtout quand il est un peu trop arrosé* - que tout le monde reprend en chœur* (ensemble) les vieilles chansons à boire comme « Boire un petit coup » ou « Chevaliers de la Table Ronde »...

L'hymne national

« La Marseillaise »

le 1er couplet [1]

Allons, enfants de la patrie,
Le jour de gloire [2] est arrivé !
Contre nous de la tyrannie [3]
L'étendard sanglant [4] est levé ! *(bis)*

le refrain [1]

Aux armes, citoyens !
Formez vos bataillons [5] !
Marchons, marchons !
Qu'un sang impur abreuve nos sillons [6] !

1 Peu de Français connaissent tous les couplets (nous ne donnons ici que la moitié du premier), mais tout le monde connaît le refrain (chanté après chaque couplet).

2 Ce qui vous rend célèbre. Adj. : glorieux, glorieuse.

3 De tyran* = celui qui gouverne seul et durement.

4 (un) = le drapeau couvert de sang.

5 (un) = partie d'un régiment.

6 Que le sang impur de nos ennemis coule sur notre terre.

N.B. La Marseillaise est un chant guerrier écrit (paroles et musique) par Rouget de Lisle en 1792 pour entraîner au combat les armées de la jeune République française.

Un refrain révolutionnaire

« La Carmagnole »

Dansons la Carmagnole,
Vive le son, vive le son,
Dansons la Carmagnole,
Vive le son du canon[1] !

1 Canon = lourde arme de guerre.

Une chanson régionale

En passant par la Lorraine
Avec mes sabots [1] *(bis)*
J'ai rencontré trois capitaines
Avec mes sabots dondaine,
Oh ! Oh ! Oh ! Avec mes sabots.

1 (un) = chaussure en bois des paysans.

Une chanson à boire

Boire un petit coup, c'est agréable !
Boire un petit coup, c'est doux !
Mais il ne faut pas rouler dessous la table,
Boire un petit coup, c'est agréable
Boire un petit coup, c'est doux.

Chez eux : le logement

La maison individuelle

C'est un peu le rêve de tous les Français, mais la moitié seulement l'ont réalisé (4 sur 5 dans le Nord, un sur 5 dans la région parisienne). Cela va du pavillon* de banlieue, avec son petit bout de jardin, à la belle propriété privée cachée au milieu d'un parc entouré de grands murs.

L'appartement

Il va du studio*, c'est-à-dire une grande pièce avec une kitchenette* (petite cuisine) et une salle d'eau*, à l'appartement dit « de grand standing* ». Le plus courant a 3 ou 4 pièces. On trouve les plus modestes dans les H.L.M.* et les plus nombreux dans les résidences*, dans les grands ensembles* construits à la périphérie* (limite extérieure) des grandes villes ou dans des tours de 20 étages et plus.

- Un Français sur deux est locataire de son appartement ; il paie, en moyenne, 12 % de son budget pour le loyer (et tous les suppléments qu'on appelle les charges*). Mais, à Paris, surtout, le loyer peut atteindre - dans un appartement moderne - 25 à 30 % du salaire.
- L'autre Français est propriétaire d'un appartement qu'il achète, en général neuf, à crédit. (Il peut le payer par échéances* mensuelles pendant une période de 10, 15 ou même 20 ans).

Le confort

Il s'est beaucoup amélioré depuis la Deuxième Guerre Mondiale. Les taudis* (vieux immeubles sales) et les bidonvilles* (qui étaient la honte de certaines banlieues) ont presque disparu.

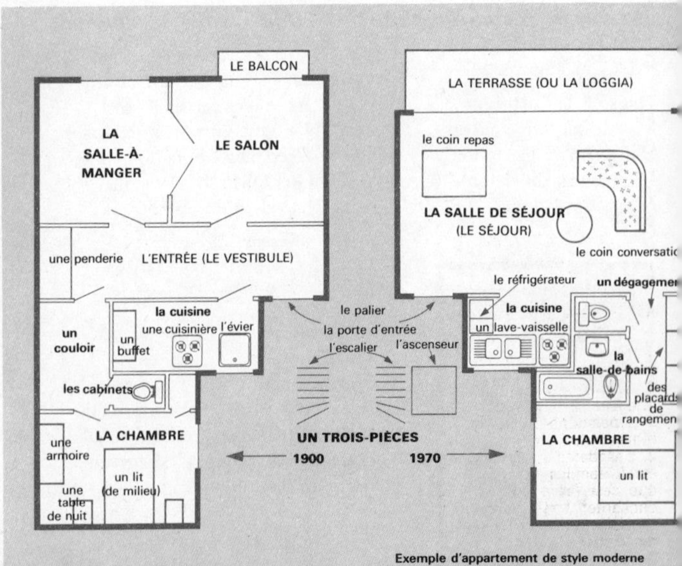

Exemple d'appartement bourgeois de type ancien à Paris et dans les grandes villes.

Exemple d'appartement de style moderne dans un ensemble immobilier d'une grande ville ou dans la banlieue parisienne.

Les présentations

Vous êtes présenté à M. et Mme Tout-le-Monde par votre ami Jean, qui est aussi un ami de la famille. Voici ce qu'ils vous diront peut-être et ce que vous pourriez leur répondre.

Jean - Permettez-moi de vous présenter mon ami Raymond [1]...

Raymond - Madame, Monsieur [2].

Madame - Soyez le bienvenu*, Monsieur, Jean nous a beaucoup parlé de vous.

Monsieur - Très heureux, jeune homme. Les amis de nos amis sont nos amis! Et... comment trouvez-vous notre capitale?

R - Tout ce que j'ai vu depuis mon arrivée m'a beaucoup plu.

Mme - On dit pourtant que Paris n'est plus la « Ville Lumière ».

J - *(Il chantonne*)* Paris sera toujours Paris...

Mme - Je crois que la chanson dit vrai. Pour rien au monde je ne quitterais mon quartier.

R - Comme je vous comprends, Madame [2]!

Mme - Nous ferez-vous le plaisir de rester dîner avec nous?

R - Je vous remercie, Madame [2], ce serait avec joie, mais nous sommes attendus...

M. - Alors disons demain, même heure?

R - C'est entendu, vous êtes vraiment très gentils.

J - D'accord pour demain. Maintenant, si vous voulez bien nous excuser...

M. - Allez, filez [3]! Et amusez-vous bien, c'est de votre âge!

(Le même dialogue aurait pu avoir un tout autre ton).*

Jean - Permettez-moi de vous présenter mes amis, **Gontran** et **Isabelle.**

G - Madame, mes hommages [4].

I - Salut! Ça va [5]?

M. - Vous êtes contents de votre séjour à Paris?

G - Votre capitale est la huitième merveille du monde!

I - Ah oui alors! Paris, c'est chouette [3]!

Mme - Voulez-vous partager très simplement notre repas?

G - Votre offre* me touche jusqu'au fond du cœur, mais... nous sommes déjà engagés...

I - C'est vraiment sympa [3], mais ce soir y a pas moyen [3].

M. - Eh bien, ce sera pour une autre fois. Donnez-nous un petit coup de fil [6] quand vous serez libres...

1 On présente toujours, dans l'ordre : un inférieur à un supérieur, un jeune à une personne âgée, un homme à une femme, etc.
2 « Madame » suivi du nom de famille, serait familier. On pourrait dire (bien que cela fasse un peu vieux) : je suis enchanté* / très heureux / très honoré*, de faire votre connaissance / de vous rencontrer.
3 Tous ces termes et façons de parler font partie de la langue des jeunes, p. 133 et F.F.F. p. 154.
4 Gontran est de ceux qui pratiquent encore le baise-main*.
5 Ceci, bien sûr, est beaucoup trop familier.
6 Téléphonez (voir p. 70-71) : la formule est une façon élégante de ne pas s'engager pour l'avenir... Il est peu probable que ce monsieur et cette demoiselle soient invités à nouveau.

Chez eux

Les choses

∗ Les meubles (l'ameublement*) sont de style [1], ou modernes ou encore rustiques*, c'est-à-dire venus d'une tradition provinciale authentique* ou imitée.
Les objets (ou bibelots*) ont souvent un aspect ancien ou exotique* - les vacances à l'étranger sont de plus en plus nombreuses. Ici on collectionne des objets d'art* ou des *gadgets* [2], là on recherche tout ce qui est *design* [2].

∗ Mais il y a des objets que vous verrez partout ou presque : le téléviseur*, par exemple, dans plus de 80 % des foyers [3], neuf fois sur dix un réfrigérateur, deux fois sur trois une machine à laver* (ou lave-linge*) moins souvent un lave-vaisselle*, mais presque toujours un aspirateur*.

∗ C'est sans doute la cuisine qui, dans les vingt dernières années, s'est le plus transformée. Reprenez les plans de la p. 112 et comparez : la ménagère dispose maintenant d'un (ou plusieurs) plan de travail*. La cuisinière à gaz est devenue électrique avant de se séparer en plaque chauffante et en four (avec ou sans rôtissoire*). L'évier en pierre ou en émail* a fait place à un évier en acier inox (inoxydable*).

Les gens

Rares sont les foyers* où l'on trouve encore du personnel domestique*. Seules les familles très aisées* ont encore une bonne, un valet de chambre* ou une nurse* pour les enfants. Parfois une femme de ménage* vient, quelques heures par jour, « donner un coup de main » à la maîtresse de maison. Regardez la famille elle-même. Vous aurez peut-être quelques difficultés à saisir les liens* (ou rapports) de parenté* dans une famille nombreuse, d'autant plus que la façon d'appeler les uns ou les autres varie selon le milieu social et avec les générations*. Voyons comment les choses se passent chez les Untel [4] et les Machin [4], deux familles alliées* (parentes) de la petite bourgeoisie* :

> Jean et Marie Untel ont deux enfants : Gilbert et Micheline. Gilbert n'est pas encore marié, il est célibataire* (on dit même qu'il veut rester vieux garçon*). Micheline a épousé, voici dix ans, Georges Machin, fils unique et orphelin* (les beaux-parents de Micheline sont morts dans un accident) ; ils ont trois enfants : Jean-Paul, 9 ans, est l'aîné ; Claudine, la cadette, en a 8 et on fête aujourd'hui le troisième anniversaire de Rémi, le benjamin* (voir p. 115).

1 Les styles les plus connus sont : le Louis XV, l'Empire, le 1900 et le style Arts Déco (1925).

2 Voir franglais, p. 156.

3 Le foyer, c'est d'abord l'endroit où l'on fait du feu. C'est devenu la maison, puis les gens qui l'habitent (cf. la femme au foyer).

4 On appelle ainsi quelqu'un dont on ne se rappelle pas le nom.

En famille

Mme Untel - Bonjour les enfants! Vous voilà enfin! Je commençais à trouver le temps long (**a**)!

Georges (son gendre) - Vous aviez peur pour nous ou pour votre rosbif [1], belle-maman?

Jean-Paul - De toute façon tonton Gilbert n'est pas encore là.

M. Untel - Il a fait la grasse matinée (**b**) comme tous les Dimanches. Il doit être en train de finir de se raser...

Mme Untel - Je l'espère! Il sait que mon déjeuner ne peut pas attendre.

Claudine - Chic [2] alors! Je suis sûre que grand-maman a fait un soufflé au fromage.

Mme Untel - Veux-tu bien te taire, petite chipie [2]? Et Rémi n'a pas encore fait un bisou [2] à Mamie*!

Micheline - Maman! Rémi est un petit homme maintenant. Tu ne vas pas continuer à lui parler comme à un bébé!

M. Untel - Laisse un peu ta mère tranquille, Micheline! Elle t'a parlé comme ça jusqu'à l'âge de cinq ans et ça ne t'a pas empêchée d'avoir la langue bien pendue (**c**).

Micheline - Tu aurais peut-être préféré que je sois muette?

Georges - Pour ça, il n'y avait pas de danger!

Gilbert - Eh bien, maman, on peut dire qu'aujourd'hui tu avais mis les petits plats dans les grands (**d**)!

Mme Untel - Ce n'est pas tous les jours que l'on célèbre en même temps ses noces d'argent* et l'anniversaire d'un petit-fils...

Micheline - C'est pourtant vrai! 25 ans aujourd'hui que vous êtes mariés...

M. Untel - Eh oui! 25 ans de vie commune, je peux même dire de lune de miel [3].

Mme Untel - Comme tu es gentil, mon chéri*! Mais ce n'est pas fini. Nous oublions le principal...

Rémi - J'ai pas oublié, moi, Mamie! J'ai vu deux gros gâteaux à la cuisine avec... avec des bougies* dessus.

Mme Untel - Alors, puisqu'il n'y a plus de secret, allons les chercher. Viens m'aider, Claudine, et fermer les rideaux...

M. Untel - Et toi, Gilbert, si tu n'es pas trop fatigué, va voir si tu trouves quelque chose dans le réfrigérateur pour arroser* ça (**e**).

1 et **3** Voir mini-lexique gastronomique, p. 78-79 et 120-121.

2 Ces mots appartiennent à la langue familière, au langage des enfants ou à l'argot. Par ex. « faire un bisou » (ou une bise) pour embrasser est un mot du vocabulaire enfantin passé dans la langue des adultes. Voyez F.F.F. p. 154-156.

3 Le miel est l'aliment sucré que nous donnent les abeilles* (voir p. 120-121). On appelle « lune de miel » la période (généralement) heureuse - et plus ou moins longue - qui suit le mariage.

a = être fatigué d'attendre.

b = dormir très tard (très longtemps).

c = parler beaucoup/être bavard.

d = préparer un grand repas pour une grande occasion.

e On arrose les jardins, bien sûr, mais les Français aiment aussi arroser un bon repas avec de bons vins.

A table !

*Un repas de réception**

C'est un peu comme au théâtre... On annonce : « Madame est servie ! » Les maîtres de maison s'assoient l'un en face de l'autre; l'hôte* invite l'invitée la plus importante à s'asseoir à sa droite; sa femme prend à sa droite l'invité le plus important; tout le monde s'assoit après eux.

Les plats sont présentés aux invités sur leur gauche, dans l'ordre de leur importance ou de leur âge. Tous les plats doivent être présentés à nouveau (sauf la salade, le fromage et les fruits). Les assiettes seront changées après chaque plat et les couverts au moins après le plat de poisson.

Voici ce que vous verrez sur la nappe, souvent blanche, devant chaque personne (chaque convive*).

Les serviettes sont assorties* à la nappe (de la même couleur). Sur la table il y aura aussi des salières* (pour le sel), des dessous-de-plat et de bouteilles, des saladiers*.
On a sorti pour cette occasion le service*, toute l'argenterie* et le cristal*.

1 un grand verre pour l'eau
2 un verre à vin rouge
3 un verre à vin blanc
4 une flûte à champagne
5 une fourche à poisson
6 une fourchette de table
7 un couteau de table
8 un couteau à poisson
9 une fourchette à huîtres
10 une cuillère à soupe

Une invitation à la fortune du pot

Si vous avez été invité sans façons - on dit aussi à la bonne franquette* - vous vous sentirez sans doute plus à votre aise* (moins gêné).

La table sera beaucoup plus simplement mise (ou dressée*) : une seule assiette (sauf s'il y a de la soupe), quatre couverts en comptant la petite cuiller, un verre, la bouteille de vin et une carafe* d'eau. C'est la maîtresse - ou le maître de maison - qui apportera les plats et servira tout le monde, ou bien on se passera le plat autour de la table.

20X

Les bonnes manières

Il vaut mieux :

- ramener la soupe vers soi avec la cuillère (sans jamais pencher l'assiette pour la finir);
- tenir le couteau dans la main droite pour couper la viande, et éviter de reprendre la fourchette dans la main droite pour porter le morceau à sa bouche;
- ne pas saucer*, c'est-à-dire essuyer la sauce avec un morceau de pain;
- poser les mains (et non les coudes) sur le bord de la table;
- rompre (casser) son morceau de pain; ne pas le couper au couteau;
- s'essuyer la bouche (avec sa serviette!) avant de boire;
- ne pas parler la bouche pleine;

et, si l'on vous offre de vous servir une deuxième fois, savoir répondre :

- « s'il vous plaît! » qui veut dire oui (ou Avec plaisir/Volontiers!);
- « merci! » qui veut dire « non » (C'était très bon, mais...)

N'oubliez pas de remercier la maîtresse de maison pour son « excellent dîner » et, si vous n'êtes pas arrivé avec des fleurs, faites-lui porter un bouquet dès le lendemain, sauf si vous avez l'intention de rendre l'invitation.

Notre « pain quotidien »

* **Le petit déjeuner** se prend souvent très tôt puisque la journée de travail commence en général entre 8 et 9 heures : une tasse de café noir ou un bol de café au lait avec une ou deux tartines* de pain beurré, la confiture et le miel* étant plutôt réservés aux enfants.

* **Le déjeuner** est pris entre midi et 13 heures. Mais, avec le système de la journée continue*, beaucoup de gens mangent dans une cantine* (ou restaurant d'entreprise) ou dans un libre-service* (voir p. 75). Beaucoup d'ouvriers emportent un léger repas froid (un casse-croûte*) et quelques-uns un plat à réchauffer dans une gamelle*.

* **Le goûter,** de 16 à 17 heures, est de plus en plus rare, mais les enfants demandent toujours leur « quatre-heures » (pain et confiture ou chocolat) et les dames se réunissent parfois pour prendre le thé.

* **Le dîner** est servi en général autour de 20 heures.
Déjeuners et dîners habituels sont semblables à ceux que servent les restaurants moyens, le repas de midi étant généralement plus copieux* (important). Il comprend presque toujours : quelque chose pour commencer - hors-d'œuvre, melon*, etc. -, un plat de viande (ou de poisson), accompagné de légumes verts ou secs, (souvent) une salade verte (laitue*, chicorée*, etc.), un fromage, un dessert et / ou des fruits.

On vous offrira sans doute, pour finir, une tasse de café, mais après un grand repas on vous demandera de passer au salon* pour le prendre et on vous offrira ensuite des liqueurs* (le pousse-café*).

Cordons bleus [1]

Un certain savoir-faire (... la cuisine)*

Si les Françaises, et assez souvent les Français, sont de bons cuisiniers, c'est que la bonne marchandise ne leur manque pas et qu'ils savent faire leur marché (voir p. 61). C'est aussi parce que chacune ou chacun a son tour de main (sa façon personnelle) pour

- battre une omelette*, faire rôtir un poulet,
- accommoder* de cent manières la viande ou le poisson,
- préparer - dans la tradition de Vatel [1] - une sauce onctueuse*, veloutée* (un vrai velours),
- préparer en un tournemain* (très vite) une mousse* au chocolat ou pétrir* et rouler la pâte d'une tarte.

Les recettes « de grand-mère »

On les trouve, bien sûr, dans tous les livres de cuisine, mais on se les passe aussi de bouche à oreille.
En voici de très simples et de très connues :

∗ **La sauce béchamel*** : faire fondre un morceau de beurre gros comme un œuf dans une casserole. Mélanger (sur le feu) avec une cuillerée de farine sans laisser roussir*. Ajouter un verre de lait en tournant pendant deux ou trois minutes pour faire épaissir la sauce. Saler et poivrer*.
On sert cette sauce avec la volaille*, le poisson ou les légumes. En ajoutant, en fin de cuisson*, du gruyère* râpé*, vous obtiendrez une sauce Mornay.

∗ **La poule au pot** : prendre une poule, la vider, la brider* et la mettre - farcie* ou non - dans deux litres d'eau froide avec sel, poivre*, bouquet garni* et un oignon* piqué de clous de girofle*. Faire bouillir à feu doux pendant une heure et demie environ puis ajouter : poireaux* (liés en botte), carottes, navets*, pommes de terre, une branche de céleri*. Faire cuire encore une bonne heure. Servir la poule entourée des légumes sur le même plat.
On peut servir le bouillon* (eau de cuisson) en consommé* nature (sans rien) ou avec du vermicelle*, ou en velouté*.

N.B. La recette du pot-au-feu* est la même. Il suffit de remplacer la poule par un morceau de bœuf.

∗ **La mayonnaise***, voir dialogue ci-contre.

Quelques autres plats « bien de chez nous »

la salade niçoise
la soupe aux légumes
la soupe aux choux

le bœuf mode
le rôti de bœuf
le bifteck frites
le rôti de veau
les escalopes* de veau

la blanquette* de veau
les côtelettes* de mouton
le gigot de mouton
le ragoût* de mouton
le rôti de porc
les côtes de porc

la poule au riz
le coq au vin

le canard aux navets*
le civet* de lapin (ou de lièvre)

le hachis* Parmentier
le gratin* dauphinois
la potée*

la crème renversée
le riz au lait (gâteau de riz).

1 Le " cordon bleu " récompensait les bons cuisiniers comme Vatel, célèbre maître d'hôtel (et cuisinier) du XVIIe siècle.

N.B. Pour les mots avec *, voir les mini-lexiques gastronomiques p. 78-79 et 120-121, ou l'index.

Dans la cuisine avec madame Untel

Madame Untel - Voulez-vous m'aider, Ingrid, à préparer le repas d'aujourd'hui ?

Ingrid - Avec plaisir, Madame, qu'est-ce que vous pensez leur faire ?

U - Voyons... avec les langoustines*, je vais leur servir une mayonnaise*.

I - Oh, chic*! Je note la recette ; il paraît qu'on ne la réussit pas toujours... Et comme plat de résistance [1] ?

U - Un rôti de bœuf. Il ne faudra pas oublier de le mettre au four à midi moins le quart. Un quart d'heure par livre, ça ira.

I - Je crois que tout le monde le préfère saignant [2].

U - Comme il me reste beaucoup de pain rassis*, pour le dessert nous allons faire du pain perdu.

I - Le pain n'est pas perdu, Madame, il est là.

U - Mais non, voyons, c'est le nom d'un gâteau.

I - Excusez *ma* erreur, je vous prie.

U - *Mon* [3] erreur, Ingrid!

I - Vous allez vous servir d'une batteuse [4] pour la mayonnaise?

U - Vous voulez dire un batteur [4]! Non, je la tourne toujours à la main comme maman m'a appris. Il faut un œuf très frais ; je sépare le jaune du blanc et je mets le jaune dans un bol avec un peu de sel et de poivre*.

I - Vous ne mettez pas de moutarde* ?

U - On dit que ça l'empêche de tourner [5], mais moi je mets simplement quelques gouttes de jus de citron ou de vinaigre*. Allez-y ! Commencez à verser l'huile, mais tout doucement... un fil, pas plus!

I - C'est formidable! Elle commence déjà à prendre*!

U - Continuez! Ce n'est pas le moment de vous interrompre. Voilà, versez un peu plus vite, je crois que c'est bien parti... J'ai peur d'avoir pris un bol trop petit...

I - En effet, il y en a déjà ras le bol [6].

U - Voyons, Ingrid, n'utilisez pas cette expression! Vous savez qu'elle a un tout autre sens!

Voir les mini-lexiques gastronomiques, p. 78-79 et 120-121.

1 On appelle ainsi (familièrement) le grand plat (plat principal).

2 Rappelez-vous : « bleu », « saignant », « à point » (ou revoyez, p. 78).

3 Attention ! Ne faites pas la même faute qu'Ingrid :
Devant un nom féminin singulier commençant par une voyelle, il faut employer l'adjectif possessif masculin singulier : par ex. **mon** erreur (et non **ma** erreur) ; **son** amie (et non **sa** amie).

4 Une batteuse* sert aux agriculteurs pour battre le blé ; un batteur* (ou *mixer*) est très employé dans une cuisine (pour battre, mêler, écraser, etc.).

5 On tourne la mayonnaise (de préférence avec une cuiller en bois). Si l'on ne tourne pas régulièrement, il arrive que la mayonnaise tourne ; elle est « ratée » (manquée).

6 Voir F.F.F., assez.

Mini-lexique gastronomique et culinaire

abricot (un)	apricot	die Aprikose	un albaricoque
anguille (une)	eel	der Aal	anguila
betterave (une)	beetroot	die Rübe	remolacha
biscuit (un)	cake (small)	die Torte oder Kasten-kuchen-Rührkuchen	galleta
brugnon (un)	nectarine		durazno (o necta
cacahuètes (des)	peanuts	die Erdnuss	cacahuete
céleri (le)	celeri	die Zellerie	apio
cervelle (la)	brains	das Hirn	sesos
chou-fleur (un)	cauliflower	der Blumenkohl	coliflor
compote (la)	stewed fruit	der Mus	compota
consommé (le)	clear soup	die Brühe	consomé
couvert (le)	fork and spoon	das Gedeck	el cubierto
(mettre le)	to lay the table	decken	poner la mesa
écrevisse (une)	crayfish (fresh water)	Süsswasserkrebs	cangrejo (de rio)
épices (les)	spice	das Gewürz	especias
cannelle (la)	cinnamon	der Zimt	canela
girofle (un clou de)	clove	die Nelke	cantarela
muscade (noix)	nutmeg	die Muskatnuss	moscada
poivre (le)	pepper	der Pfeffer	pimienta
safran (le)	saffron	der Safran	azafran
fours (des petits)	small pastry	das Kleingebäck	pastas
fromage blanc (du)	cream cheese	der Quark	requeson
herbes (des fines)	herbs for seasoning	Küchenkräuter	finas hierbas
estragon (de l')	tarragon	der Estragon	estragon
laurier (du)	laurel	das Lorbeer	laurel
persil (du)	parsley	die Petersilie	perejil
thym (du)	thyme	Thymian	tomillo
langoustine (une)	big prawn	die Langustine	cigala
lentilles (des)	lentils	die Linsen	lentejas
potage Esaü	lentil soup	Linsensuppe	
miel (le)	honey	der Honig	miel
mijoter	to cook slowly	fortkochen - garen	cocer a fuego len
navet (un)	parsnip/turnip	die weisse Rübe	nabo
noisette (une)	hazel-nut	die Haselnuss	una avellana
noix (une)	nut	die Walnuss	una nuez
nouilles (des)	noodles	Nudeln	tallarines
œufs à la coque	soft boiled eggs	weich gekochte Eier	huevos pasados por agua
œufs durs	hard boiled eggs	hart gekochte Eier	huevos duros
œufs brouillés	scrambled eggs	Rühreier	huevos revueltos
œufs pochés	poached eggs	verlorene Eier	huevos escalfados
pétrir	to knead	kneten	amasar
poireau(x) (un, des)	leek	der Lauch	un puerro
une botte de...	a bundle of...	ein Bund Lauch	un manojo de pu
pruneau(x) (un, des)	prune	die Zwetschge (n)	ciruelas pasas
radis (un)	radish	ein Rettich	un ràbano
râpé (carottes, fromage, etc.)	grated (carrots, cheese)	Geriebene Karotten, Käse	rallado
rosbif (un)	roast beef	der Rostbraten	asado
roussir	to singe	anschwitzen	hacer dorar
table (mettre la)	to lay the table	den Tisch decken	poner la mesa
(débarrasser)	to clear...	den Tisch abdecken	quitar la mesa
(se mettre à)	to sit down at...	Zu Tisch gehen	sentarse en la me
vaisselle (faire la)	to wash up	abwaschen	fregar
velouté (un)	thick gravey soup	gebundene Suppe	
vermicelle (du)	vermicelli	Suppennudeln	fideos

albicocca (un')
anguilla (un')
barbatietola (una)
biscotto (un)

nocepesca (una)
arachidi (le)
sedano (il)
cervella (la)
cavolfiore (il)
composta (la)
brodo (il)

posate (le)
apparecchiare
gambero (un)
spezie (le)
cannella (la)
garofano (un chiodo di)
moscata (noce)
pepe (il)
zafferano (il)
pasticcini
formaggio fresco

erbe aromatiche
estragone (l')
lauro (il)
prezzemolo (il)
timo (il)
scampo (uno)
lenticchie (le)
minestra di...
miele (il)
far cuocere a fuoco lento
rapa (una)

nocciola (una)
noce (una)
pasta (la)
uova al guscio

uova sode
uova strapazzate
uova in camicia
impastare
porri
un mazzo di

prugna(e) (una le)
ravanello (un)
grattugiato (carote, formaggio, ecc)
« rosbif »
far rosolare
tavola (mettere la)
sparecchiare
(mettersi a)
stoviglie (lavare i piatti)
vellutata (una)
vermicello

Quelques mots qui prennent un sens nouveau en cuisine

*Bain-marie** (faire chauffer au) : c'est placer un récipient dans un autre qui contient de l'eau chaude.

Blanchir :* c'est laisser bouillir quelques minutes légumes, poisson, viande, etc.

Dorer : c'est étendre du jaune d'œuf sur une pâtisserie avant de la mettre au four ou, simplement, prendre une couleur dorée.

Piquer :* c'est introduire dans un rôti : clous de girofle, morceaux de lard, etc.

*Réduire** (faire) : c'est laisser bouillir (un liquide, une sauce, un jus) pour qu'il devienne de plus en plus épais.

*Revenir** (faire) : chauffer au beurre.

Saisir :* c'est mettre une viande dans une casserole ou une poêle très chaude pour qu'elle soit cuite seulement à l'extérieur.

*Sauter** (faire) : faire cuire à la poêle dans du beurre très chaud en faisant sauter le contenu de temps en temps (pour qu'il « n'attache pas »).

... vous rencontrerez, bien sûr, des plats au nom mystérieux (vous pourrez en noter la recette ci-dessous... si on vous la donne). Et maintenant : « bon appétit ».

Sur le memento [1] de la ménagère [2]

LUNDI Aller à « Carrefour »

... ou à Mammouth, Euromarché, Record, ou à quelque autre magasin à grande surface. Installés en dehors des villes, ils prétendent « écraser les prix » (vendre à très bon marché). Il semble que les jeunes ménages [2] y vont plus que les autres. Il leur est facile - une ou deux fois par semaine - d'amener jusqu'à leur voiture leur chariot* chargé de marchandises de toutes sortes. Ils ont été tentés d'acheter « l'article du jour », un produit sacrifié* ou soldé*.

MARDI Téléphoner au plombier [3]

... ou peut-être à l'électricien ou au serrurier - si le maître de maison n'est pas bricoleur* ou n'a pas le temps. Le plombier réparera un robinet ou une fuite d'eau, l'électricien remettra en état une prise de courant* ou un interrupteur*; le serrurier pourra ouvrir cette armoire dont vous avez perdu la clé et même vous refaire une clé minute*.

Passer chez le teinturier et à la blanchisserie

... Pensez-y aussi si vous avez une tache qu'aucun détachant* n'a encore réussi à enlever (demandez « un nettoyage à sec ») ou un pantalon à faire repasser (si vous êtes pressé, donnez-le à un... pressing [4] rapide. Vous pouvez faire blanchir votre linge à la blanchisserie, ou aller le laver vous-même dans une laverie* en libre-service*.

Donner les chaussures des enfants à ressemeler*

... Il peut s'agir, comme ici, de refaire la semelle. Mais, si le talon seul est abîmé, le cordonnier - ou un service talon minute* - le réparera pendant que vous attendez.

MERCREDI Prendre un rendez-vous chez le coiffeur pour

un colorant	tinting	ein Färbmittel	un colorante	un colorante
une mise en plis	set	ein Haarlegen	marcar (las ondas)	una messa in piega
une permanente	perm	eine Daverwelle Formwelle	una permanente	una permanente

JEUDI Payer les impôts

avant Samedi... Ceci est beaucoup plus important et demande une plus longue explication. Nous vous la donnons p. 124.

1 Un memento (on dit aussi un agenda*) est un petit carnet sur lequel on inscrit « au jour le jour » tout ce que l'on a à faire.
2 Ne confondez* pas cette ménagère* qui est la « maîtresse de maison » et la femme de ménage* (voir p. 114) ; une « ménagère », c'est aussi l'ensemble des couverts de table.
Un ménage, c'est un couple*, un homme et une femme - mariés ou non - qui vivent ensemble. Cf. une scène de ménage* = une dispute entre mari et femme ; monter son ménage* = acheter tout ce qui est nécessaire à la vie en commun ; faire bon ou mauvais ménage = bien ou mal s'accorder avec quelqu'un.
3 Le plombier, le serrurier, l'électricien, le coiffeur, etc., sont des artisans. N'oubliez pas que la plupart d'entre eux ne travaillent pas le lundi.
4. Voir franglais, p. 157.

Les fonds sont en baisse [1]

Claudine - Maman! Est-ce que je peux prendre rendez-vous chez « Mario » pour une permanente* ?

Madame Untel - Ce n'est vraiment pas le moment! Je ne sais pas comment je vais m'en tirer [1] pour finir le mois.

Claudine - On a quand même les moyens [1], non?

Mme Untel - Tu as vu la flambée [2] des prix! Et moi je dois faire avec [1] ce que ton père me donne.

Claudine - Tu n'es quand même pas à un sou près [1].

Mme Untel - Un sou peut-être, mais chez ton « Mario », une permanente ça n'est pas donné. Moi, je ne peux pas me permettre un coiffeur à ce prix-là.

Claudine - Tu n'as qu'à m'avancer* l'argent que tu comptais me donner pour mes dix-huit ans...

Mme Untel - Tes dix-huit ans, c'est dans six mois! D'ici là on a le temps de voir venir. Et puis, tu me casses la tête. Si tu n'as plus d'argent de poche, demande à ton père...

Les portes claquent [7]

...(le père arrive)

Mme Untel - Ah! Te voilà, toi, tu tombes bien!

M. Untel - Oh... vous deux, je vous vois venir. Vous ne pouvez pas laver votre linge sale [3] entre vous?

Mme Untel - Ça te concerne aussi, c'est une question de budget.

M. Untel - Je croyais qu'on avait réglé ça une fois pour toutes...

Mme Untel - Oui, bien sûr, tout est prévu : la maison, les assurances, les impôts, les échéances [4] du mois. Tout, sauf... l'imprévu*.

M. Untel - Qu'est-ce que tu vas encore m'annoncer comme tuile [5]?

Mme Untel - Ne t'énerve pas! Il n'y a rien de cassé, mais ta fille a besoin d'argent et ce mois-ci, j'ai bien peur...

M. Untel - Tu n'as qu'à freiner un peu sur la nourriture. Ça ne nous ferait pas de mal de manger moins de viande [6].

Mme Untel - Si on parlait un peu de tes cigarettes, de ta voiture, de tes disques...

(il sort en claquant [7] la porte).

1 S'en tirer, s'en sortir, y arriver, c'est - en général - se débrouiller, ici, réussir à équilibrer* son budget, à joindre* les deux bouts. Lorsque « les fonds sont en baisse », « on n'a pas les moyens » d'acheter certaines choses, on est « à un sou près », il faut « faire avec » ce que l'on a.

2 Faire une flambée, c'est faire brûler quelque chose rapidement. Dans le vocabulaire de l'économie, la « flambée des prix », c'est leur montée brutale en période d'inflation*.

3 On dit en général « laver son linge sale en famille », c'est-à-dire éviter de se disputer en public.

4 Voir p. 124.

5 Voir F.F.F., Malheur.

6 D'après les statistiques, le Français est le plus gros mangeur de viande en Europe.

7 Claquer, ici, c'est fermer brutalement. Ce peut être aussi donner une gifle*, c'est-à-dire un coup sur la joue.

Les soucis...

Lorsque les Français ont l'air soucieux, préoccupés*, lorsqu'ils paraissent se faire du souci, du mauvais sang, de la bile*, c'est le plus souvent à cause de leur santé (ou de celle de leurs proches*), de l'avenir de leurs enfants, de leurs affaires, etc., etc. Il y a en France - dirait aujourd'hui le journaliste Charles de Rochefort - « cinquante-deux millions de sujets [1], sans compter les sujets de... mécontentement [2] ». Il faut que vous sachiez qu'il y a au moins :

les impôts

L'impôt est certainement plus impopulaire* en France que dans tout autre pays. Les percepteurs*, qui sont chargés de faire rentrer dans les caisses publiques l'argent des impôts, ont toujours été les victimes préférées des chansonniers [3].

les échéances, les emprunts

On achète de plus en plus à crédit (ou à tempérament*) : on paie plus cher que lorsqu'on paie comptant et surtout on doit prévoir les échéances*, c'est-à-dire le paiement, généralement mensuel et à date fixe, des traites*. Il y a aussi, tous les mois, les factures [4] des fournisseurs, les relevés* du gaz, de l'électricité, du téléphone.
Pour ceux qui pensent à l'avenir, qui sont prévoyants*, il faut aussi penser aux primes* d'assurances... Le Français s'assure contre l'incendie, le vol, les accidents, contre tout ce que vous voudrez, mais a-t-il bien compris tous les termes de sa police* d'assurance, surtout s'il s'agit d'une assurance sur la vie, élégante manière de dire assurance contre la mort.

les malheurs

S'il n'a pas pu faire face à ses échéances, un huissier* vient saisir* son mobilier, c'est la faillite [5] ! Il part à l'étranger... Tout le monde le croira mort, décédé*, défunt*, on dira en parlant de lui « ce pauvre Monsieur Tartempion ». On enverra des faire-part [6] à ses amis qui viendront assister à son enterrement (ses obsèques*, ses funérailles*) et présenter des condoléances* à sa famille en deuil [7].

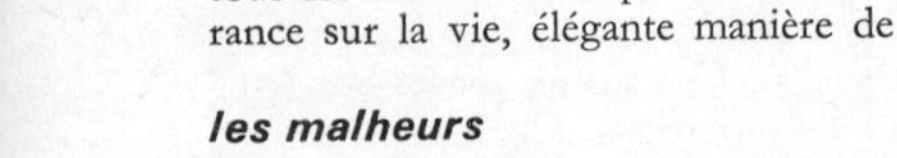

- Qu'est-ce qu'on fait? On joue aux dames, on regarde la télé, on va faire un tour ou on se dispute?

1 Un sujet est une personne soumise à un souverain, mais c'est aussi une cause, une raison, d'où ce jeu de mots.
2 Content, contentement (un) ≠ mécontent*, mécontentement*.
3 Voir p. 138, note 3.
4 La facture* (ou la note) indique la somme (le montant*) à payer.
5 Un commerçant est « déclaré en faillite » lorsqu'il ne peut pas faire face à ses engagements* (payer ses dettes). Ses biens sont mis en vente (liquidés*).
6 Un faire-part annonce un événement familial (joie ou deuil).
7 Dans les campagnes (surtout dans le midi) les parents du défunt portent encore le deuil (s'habillent en noir). Mais de plus en plus on se contente de porter (pendant quelque temps) une cravate noire ou un *crêpe** (morceau de tissu noir au revers* d'une veste ou d'un manteau).

... et les joies

Dieu merci ! Tout cela n'était qu'un mauvais rêve, un cauchemar*, il reste bien des joies familiales :

le baptême [1]

Dans presque toutes les familles qui se disent catholiques, il est de tradition de faire baptiser* le nouveau-né. Un parrain* et une marraine* ont été choisis. A la sortie de l'église - dont les cloches sonnent à toute volée - on jette des dragées [2] aux enfants.

la communion solennelle** *ou première communion**

L'enfant a maintenant une douzaine d'années. Il a terminé sa première instruction religieuse (son catéchisme*); il va communier* pour la première fois, en compagnie de nombreux autres enfants.

le mariage

Le mariage civil (le seul valable devant la loi) est célébré* par Monsieur le Maire (ou son adjoint*) en présence de deux témoins. Il précède le plus souvent le mariage religieux [1], célébré par Monsieur le Curé. Le faire-part* que vous avez reçu - et auquel il faudra répondre - vous a invité à assister à la cérémonie* (simple bénédiction* ou messe chantée). Ne la manquez pas !

Le jeune homme, au bras de sa mère, entre le premier, suivi par les couples d'invités. La jeune fille en robe blanche, conduite par son père, aussi ému [3] qu'elle, entrera la dernière. A la sortie de la messe, les jeunes mariés, l'alliance* au doigt, seront en tête du cortège*, précédés des garçons et demoiselles d'honneur. « Vive la mariée ! »

Tous ceux qui ont reçu un carton spécial se retrouveront au repas de noces [4] ou - c'est de plus en plus courant - dans les salons* d'un hôtel, d'une auberge*, ou ceux d'un traiteur*, pour un lunch* (buffet* froid). On cause*, on félicite* le nouveau couple, on boit, on danse jusqu'à l'aube [5]. Les jeunes époux* sont impatients de partir en voyage de noces* et de commencer leur lune de miel*. Ils trouveront au retour tous les cadeaux choisis par leurs amis sur une liste de mariage déposée dans un grand magasin.
Souhaitons-leur d'être très heureux et d'avoir beaucoup d'enfants...

avant de célébrer tous les ans :

- le dernier dimanche de Mai, la Fête des mères
- le troisième dimanche de Juin, la Fête des pères

dans vingt-cinq ans leurs « noces d'argent », dans cinquante ans leurs « noces d'or » (voir p. 115).

1 Plus de 90 % des jeunes Français sont baptisés. Plus de 70 % en moyenne demandent le mariage religieux (à Paris 40 % seulement).

2 Dragée* (une) c'est un bonbon en sucre dur qui contient une amande*.

3 Ému, participe passé d'émouvoir. Revoyez ce verbe difficile.

4 Les noces* *(pl.)*, c'est le mariage.

5 L'aube* (*f*) (blanche) ou l'aurore* (*f*) (rose), se suivent au lever du soleil; ≠ le crépuscule*, la tombée de la nuit.

Un week-end

La chasse ou la pêche

Plus de deux millions de Français demandent chaque année un permis* de chasse.

Le jour de l'ouverture (en automne), chacun a astiqué* (nettoyé) son fusil de chasse, sifflé son chien (de chasse) et espère bien rapporter un peu de gibier [1] pour éviter la honte de revenir bredouille*, c'est-à-dire la gibecière* vide.

Les pêcheurs sont au moins quatre millions - et nous ne parlons pas des pêcheurs en mer et des adeptes* de la pêche sous-marine! Il leur faut un permis national pour pêcher à la ligne [2] dans les rivières ou les lacs.

La campagne (loin de la pollution des villes)*

Sans pêcher ni chasser (à propos, essayez donc de dire très vite: un chasseur sachant chasser sans son chien!...), on peut trouver du plaisir à aller simplement se « mettre au vert », surtout si l'on possède une maison à soi, une résidence secondaire* où l'on peut, comme le *Candide* de Voltaire, « cultiver son jardin ». Un Français sur dix seulement a assez d'argent pour acheter une fermette* ou un vieux moulin pour l'aménager*. Les autres ont toujours la possibilité d'aller chez un parent ou un ami... Si vous êtes de ceux-là, proposez au moins à votre hôte de l'aider à tondre* (couper) sa pelouse* (l'herbe, le gazon*) et profitez de ce séjour à la campagne pour apprendre (ou réapprendre) les noms des fleurs, des insectes, des oiseaux, que nous ne pouvons pas vous donner ici, faute de place.

*Le bricolage**

Deux chiffres encore. D'après *Le Monde* (voir p. 144), il y a cinq millions de Français qui bricolent* (font des tas de choses eux-mêmes) et la moitié sont des femmes. Tous les grands magasins ont maintenant un rayon spécial pour eux et un Salon annuel du bricolage a été créé.

Allez y mettre au point votre vocabulaire de l'outillage* : vous connaissez le marteau et la pince, les clous et les vis, mais savez-vous distinguer un clé anglaise* d'une paire de tenailles*, une lime* (à fer) d'une râpe* (à bois), un ciseau* d'un tournevis*? Si vous savez clouer*, visser*, scier, si vous savez utiliser le ciment ou le plâtre* et... si vous le faites savoir, croyez-nous, vous serez souvent invité pour le week-end!

Mais peut-être vous laissera-t-on un peu de temps pour aller, après une averse, ramasser des escargots* ou chercher des champignons* dans les bois. Mais attention! Si tous les escargots (ou presque) sont comestibles [3], certains champignons sont vénéneux* ou même mortels.

1 Du gibier à poil* : lapins, lièvres, etc., ou à plumes : canards, faisans*, oiseaux divers (voir p. 78-79).

2 Il leur faut aussi un matériel assez compliqué, mais surtout : une canne à pêche, des lignes avec un bouchon* (ou flotteur*), des plombs* et un hameçon*, où le poisson viendra (peut-être) mordre. Si ça ne mord pas, qu'importe? L'essentiel n'est-il pas d'avoir trouvé un petit coin de pêche bien tranquille?

3 Comestible* (adj.) = qui peut se manger sans risque. Comestibles* (m. pl.) est un synonyme de produits alimentaires.

Les religions

L'Église Catholique

84 % des Français se déclarent catholiques. Un tiers seulement sont pratiquants*, c'est-à-dire assistent aux offices [1], reçoivent les sacrements [2].

Le clergé* séculier* :

- Le Pape, ou Souverain Pontife; on l'appelle « Sa Sainteté »,
- Les Cardinaux*; on dit : « Son Éminence le Cardinal Mazarin »;
- Les archevêques* et évêques*; on les appelle « Monseigneur* »...
- L'évêque est à la tête d'un diocèse* qui comprend de nombreuses paroisses* (chacune correspondant « en gros » à un village).

Chaque paroisse compte un ou plusieurs prêtres : un curé, des vicaires* (adjoints au curé). On les appelle « Monsieur le Curé » ou « Mon Père ». Ils ont fait des études dans des séminaires* avant d'être ordonnés [3] prêtres. Ils peuvent s'habiller en civil (la soutane* n'est plus obligatoire) et habitent dans des presbytères* ou cures*.

Le clergé régulier comprend :

- Des religieuses (ou sœurs) qui vivent parfois en communauté (ensemble) dans des couvents*;
- des religieux (moines* ou frères) dans des monastères.

Ils appartiennent à des ordres [3], certains très connus :
pour les hommes : Bénédictins, Trappistes, Dominicains, Jésuites, etc.
pour les femmes : Carmélites, Petites Sœurs des Pauvres, Clarisses, etc.

Les autres cultes

On trouve aussi en France des protestants qui assistent, dans des temples, à des offices célébrés par des pasteurs.

Les israélites (ou juifs) pratiquent leur culte dans des synagogues*, les musulmans dans des mosquées.

N.B. Pour toutes les religions, voir RG, CULTES.

Trois vertus chrétiennes : la foi, la charité, la tolérance**

* avoir la foi, c'est croire *en* Dieu (ou en quelque chose) ;

* la charité, c'est l'amour de Dieu et du prochain* (les autres). Faire la charité à un mendiant, c'est lui donner une aumône* (par ex. de l'argent);

* la tolérance, c'est la vertu d'admettre (tolérer*) les opinions de tous ($\neq$ intolérance).

1 Le prêtre dit (ou célèbre*) la messe (ou office*) sur l'autel*, face aux fidèles*; il monte parfois en chaire* pour prononcer un discours appelé sermon*. La grand'messe* est généralement célébrée vers 11 heures, mais vous trouverez - à l'entrée de toutes les villes - un panneau* qui vous donnera les heures des offices.

2 Le baptême, la communion, le mariage, etc.

3 Entrer dans les ordres*, c'est choisir d'abandonner la vie laïque* pour devenir prêtre.

Le jeu et les jeux

Jeux d'enfants

Poupée et marelle* - pour les petites filles -, trains électriques, cache-cache* et billes* - pour les garçons - font vite place à des jeux d'adresse ou de force que l'on appelle aujourd'hui des Sports (voir p. 130-131). Dans la langue familière, « c'est un jeu d'enfant » signifie c'est une chose facile. Le Français adulte aime bien les...

Jeux de hasard

Beaucoup prennent chaque semaine un billet (ou un dixième*) de la Loterie Nationale, dans l'espoir de gagner le gros lot*.
D'autres, en compagnie de nombreux étrangers, jouent dans les Casinos à la boule*, à la roulette*, au baccara*, etc. (voir p. 101). Mais pour des milliers de Français le grand espoir est de « toucher »...
le TIERCÉ*. Tous les dimanches matins ils font la queue dans les P.M.U.* (Pari Mutuel Urbain*) pour parier*, c'est-à-dire jouer (ou mettre en jeu* de l'argent (un enjeu*) sur les chevaux d'une course qui a lieu l'après-midi. S'ils ont deviné les trois premiers dans l'ordre d'arrivée, ils toucheront un gros rapport (moins s'ils les ont devinés dans le désordre).
Les turfistes* (amateurs de courses de chevaux), eux, vont à Auteuil, Longchamp, Vincennes, Chantilly, etc. (ou sur d'autres hippodromes* en province) assister à des courses de plat* (galop*), de trot* ou d'**obstacles*** (steeple-chase). Voir RG, HIPPODROMES.

Jeux de société

Pour ne pas vous sembler vieux jeu, nous ne vous parlerons pas des jeux de salon* que la radio, l'électrophone et surtout la télévision ont fait disparaître. Qui joue encore aux dominos*, au loto* (le « bingo » des Anglais) ou au jacquet*? Les dés* qui servaient à ce dernier jeu (et à bien d'autres) se voient surtout dans les bars où l'on joue ses consommations (la tournée*) au 421 ou au *poker dice*.

Mais l'on joue encore à des jeux plus sérieux :

- le jeu de dames*, sur un damier*, avec des pions*,
- les échecs*, sur un échiquier, avec - pour chaque joueur - 8 pions et 8 pièces : 1 Roi, 1 Reine, 2 Tours, 2 Chevaux et 2 Fous*. Il faut, pour gagner, essayer de mettre le Roi de l'adversaire* en échec (Échec au Roi) et, surtout, Échec et mat*.

Dans certaines familles, enfants et adultes font encore des parties de Monopoly ou, de plus en plus, de scrabble (un parent des mots croisés*). Mais, de tous les jeux d'intérieur, les plus populaires restent sans doute :

Les jeux de cartes

le bridge*, longtemps considéré comme l'aristocrate* des jeux de cartes, semble devenir plus populaire, surtout chez les étudiants, qui participent à de nombreux tournois* (concours) ; il en est de même pour

les tarots*, dont les cartes sont assez semblables à celles qu'utilisent les cartomanciennes* pour vous tirer* les cartes (y lire votre avenir). Mais le jeu le plus populaire reste

la belote*. On la pratique dans de nombreux foyers et elle fait parfois - au bistrot* du coin - l'objet de concours très disputés. S'il y en a un dans votre quartier, allez voir ça ! le jeu en vaut la chandelle* (en vaut la peine).

On fait un' petit' belote

Pierre - Tu fais une belote avec nous, Jean? Il nous manque un quatrième.

Jean - D'accord! Mais, une seule, en quinze cents. Qu'est-ce qu'on joue?

Pierre - Tiens, parbleu [1]! La tournée [2] d'apéritifs, comme d'habitude.

Ils tirent une carte chacun. Je suis avec Paul et c'est à Léon de donner.

Léon *(en distribuant les cartes)* - Ça ne va pas durer longtemps! Je sens que c'est mon jour de chance.

Paul - C'est ce qu'on va voir; je vous conseille de bien vous tenir. Pour l'instant, je passe...

Jean - Moi aussi...

Pierre - Je passe... Alors Léon! Tu dors ou tu réfléchis? C'est à toi de parler.

Léon - Oh pardon! J'étais dans les nuages [3]. Je passe.

Paul - Je prends à pique* et c'est à moi d'entamer*. *Léon distribue le reste des cartes.* Atout... encore atout*... et trèfle*.

Léon - Cache ton jeu, Jean! Pierre n'a même pas besoin de se pencher pour le voir.

Pierre - Dis tout de suite que je triche [4] ! Si c'est comme ça j'aime mieux m'en aller...

Léon - Mais non! Je dis simplement que tu as une bonne vue, comme tous les aviateurs. Assieds-toi, ne fais pas ta mauvaise tête [5].

Pierre - D'accord! Mais à l'avenir mesure tes paroles [6]. De toute façon je n'avais pas besoin de regarder son jeu pour faire le reste : trois trèfles* maîtres, As et Dix de Carreau* et le dernier atout*.

Paul - Et voilà! Vous êtes capot [7]; deux cent cinquante pour nous. Léon avait raison; ça ne va pas traîner.

Léon - Tu causes*, tu causes, au lieu de donner les cartes. Tu devrais savoir qu'il n'y a que la fin qui est triste...

Jean - Et que la première est toujours pour les enfants. *(Paul finit de distribuer)* Qu'est-ce qui tourne? Le valet* de trèfle? Donne-le-moi! Vous allez voir ce que vous allez voir [8]! J'ai un carré[9] de valets servi.

1 Exclamation courante = bien sûr (pour ne pas dire par Dieu). Dans le Midi on dit pardi*.
2 Les jeux d'argent étant (en principe) interdits dans les cafés, la tournée* - ce que chacun boit - est souvent l'enjeu* de la partie.
3 Je pensais à autre chose, je rêvais. On dit aussi être « dans la lune » pour être distrait.
4 Un tricheur est un joueur qui, pour gagner, ne respecte pas les règles du jeu; il ne joue pas le jeu.
5 Faire preuve de mauvais caractère. Cf. faire la tête = être de mauvaise humeur.
6 Fais attention à ce que tu dis.
7 Mettre l'adversaire capot*, c'est faire toutes les levées*. Au bridge*, cela s'appelle un grand chelem*.
8 Très courant comme promesse (ou menace) amicale. Celui qui le dit ne sait d'ailleurs pas toujours ce qu'on va voir.
9 Les quatre valets.

As* de cœur

Roi de pique

Dame de carreau

Valet* de trèfle

Les sports

Les « trois grands »

Ceux qui comptent le plus d'adeptes* (pratiquants) en France sont sans aucun doute :

- le *football*, dans tout le pays (voir page de droite);

- le *rugby à quinze*, surtout au Sud de la Loire. Le championnat* national donne lieu à des luttes sévères entre les équipes des petites villes du Midi. Mais la foule s'enthousiasme* surtout pour le quinze national (l'équipe de France) et les matches qu'il dispute dans le Tournoi* des cinq Nations contre les « quinze » anglais, écossais, gallois et irlandais;

- le *cyclisme*. Même avec la vogue* (la folie) de la moto, le vélo (voir p. 40-41) reste très populaire et, depuis quelques années, on revoit - avec plaisir - de nombreux jeunes utiliser cet agréable moyen de voir du pays.

Et les autres

- l'*alpinisme** (m.) et la *spéléologie** : escalade* de montagnes et exploration* de grottes*, cavernes* et gouffres* souterrains;

- l'*aviron** (m.), que l'on appelle aussi : *rowing* « de *to row* : ramer »;

- l'*automobile*. Sur les routes, le Français se prend souvent pour un as* du volant (un très bon conducteur), ce qui explique peut-être pourquoi les Grands Prix Automobiles (Pau, Monaco, etc.) en Formule* 1 ou Formule 2 et surtout les 24 Heures du Mans (début Juin) attirent tant de spectateurs;

- la *boxe**, le *catch**, le *judo**, le *karaté**, sont des sports de combat qui se pratiquent en salle ou sur un ring*;

- l'*équitation** (f.). Pour monter à cheval, c'est-à-dire faire simplement du trot* ou du galop* et, à plus forte raison, pour faire du jumping* ou participer à un concours hippique*, il faut un équipement spécial : des bottes, une culotte de cheval et, sur la tête, une bombe*;

- l'*escrime**(f.). Bien que les duels* (combat de deux personnes) soient interdits depuis longtemps, de nombreux amateurs pratiquent le fleuret* ou le sabre*;

- la *natation**. On construit de plus en plus de piscines* où les jeunes apprennent très tôt à nager. Les meilleurs feront de la compétition* en nage libre*, en brasse*, en dos ou en plongeons*.
(Voir aussi : Sports nautiques, p. 92 et Sports d'hiver, p. 103.)

Un sport, enfin, attire de plus en plus de jeunes sur les stades :

- l'*athlétisme**. De nombreux champions en herbe* (très jeunes) s'entraînent avec régularité* (régulièrement) dans l'espoir de porter un jour le maillot* national et de représenter leur pays aux Jeux Olympiques. Les meilleurs monteront sur le podium* pour y recevoir une médaille* (d'or, d'argent ou de bronze*) dans l'une des épreuves : *course à pied* (et relais* par équipe), *saut en longueur*, *en hauteur*, *à la perche** ou *lancer du poids*, *du disque*, *du javelot**, etc.

Une erreur d'arbitrage

Émission O.R.T.F. « Sports et Musique » du 17 juin 1973.

Extraits du *commentaire* de Bernard PEYRE et Thierry ROLAND sur
La finale* de la coupe* de France de football. Elle opposait les équipes professionnelles du FOOTBALL-CLUB DE NANTES et de l'OLYMPIQUE LYONNAIS.
Arbitre [1] : Monsieur Wurtz.

Le match a lieu au Parc des Princes (Porte de Saint-Cloud à Paris). Le stade est archicomble (50 000 spectateurs pour une recette de plus de 1 000 000 de F). Nous sommes à la 63e minute du match. Le score* est de 1 à 0 en faveur de Lyon. Nantes fait le forcing* pour égaliser*.*
Le demi nantais Pech vient de recevoir la balle dégagée (renvoyée) par son gardien de but, Bertrand Demanes... Écoutez le commentateur* :*

Pech... Pech pour Couëcou, mais Cacchioni a repris la balle... a donné à Lacombe qui a donné à Di Nallo qui donne à Trivic. Trivic... une passe pour Lacombe... l'arbitre ?... le deuxième but !... Que dit l'arbitre ?... tout le monde a regardé, tout le monde s'est arrêté, c'est incroyable [2]! C'est la main de Lacombe, oui! Osman s'est arrêté ; tous les défenseurs nantais se sont arrêtés car Lacombe s'est aidé de la main pour contrôler le ballon - tout le monde a cru au hors-jeu. Monsieur Wurtz était pour une fois très très loin de l'action - et pour ma part je m'étonne qu'il accorde ce but car Lacombe a contrôlé le ballon de la main. Il donne un avertissement [3] à Bargas, Bargas qui doit lui dire en argentin [4] des choses fort [5] désagréables... et là c'est une erreur d'arbitrage*!...

Lacombe l'a donc fait en pleine course. Il a contrôlé cette balle de la main et se l'est posée sur le pied? Les Nantais se sont arrêtés pensant que monsieur Wurtz allait siffler. Et puis, ma foi, il n'a pas sifflé, monsieur Wurtz, et le deuxième but a été validé [6] pour les Lyonnais. Ça incontestablement, c'est un coup dur pour Nantes, mais c'est - j'en ai peur pour les Nantais - la deuxième anse [7] de la Coupe de France qui part à Lyon et c'est dans une coupe lyonnaise, ce soir, que les joueurs sableront [8] très vraisemblablement le champagne...

1 L'arbitre dirige et contrôle la partie.
2 Impossible (ou difficile) à croire.
3 Il l'avertit qu'il sera puni s'il recommence.
4 La langue de la République Argentine, pays de Bargas.
5 Fort est ici adverbe = très (emploi courant).
6 Valider, ici, accorder.
7 Une anse : la coupe a deux anses.
8 On *sable* (boit entre amis) le champagne pour fêter un événement important, ici, le succès de l'équipe de Lyon.

Les jeunes

De plus en plus ils ont conscience d'appartenir à un groupe séparé, mais dans le monde des jeunes aussi, les origines sociales, la nature des études (voir p. 148 à 150), l'environnement* (le milieu*) expliquent des attitudes différentes. Les enquêtes montrent que ce sont, souvent, les fils de bourgeois, les nantis* (c'est-à-dire ceux qui possèdent), qui adoptent les positions les plus extrémistes* (révolutionnaires) depuis les gauchistes* jusqu'aux ultra-nationalistes*. Il semble qu'un tiers des jeunes, à peine, soit politisés*.

* De l'opposition entre le monde des jeunes et celui des adultes naît, en France comme ailleurs, un conflit* de générations : les positions des parents, des professeurs, des patrons, etc., sont mises en question, contestées, dans tous les domaines. Nous ne considérerons ici que celui des loisirs.

La musique. Il y a encore de nombreux mélomanes* (amateurs de musique classique). Le jazz* a toujours ses connaisseurs, mais il a beaucoup moins de fanas* (fanatiques*, c'est-à-dire grands admirateurs) que le Pop*. Il est joué surtout par des groupes dans lesquels les guitares* et la batterie* dominent et où la sonorisation* (la sono* : micros*, amplis* (amplificateurs), haut-parleurs*) joue un rôle très important.

Mais les plus jeunes - comme le grand public - préfèrent peut-être les variétés*, c'est-à-dire la chanson. Les airs* qui ont le plus de succès deviennent des « tubes » (pour un temps très bref); les chanteurs les plus connus (vedettes* du tour de chant*, idoles*) emplissent les grands music-halls* (voir p. 138) où ils « font (parfois) un malheur » - étrange façon de dire qu'ils ont un succès fou.

Les disques. Plus de la moitié des jeunes possèdent un électrophone (ou tourne-disques*). Les plus favorisés ont même une chaîne Hi-Fi* (Haute Fidélité). On se passe entre amis des disques que l'on enregistre sur magnétophone* ou mini-cassette*.

La danse. Dans les grandes villes les jeunes fréquentent les boîtes*, qui sont plus souvent des discothèques* que des night-clubs*, mais ils préfèrent se réunir entre amis pour une fête (qu'ils appellent aussi - comme leurs aînés - une boum*).

Dans certaines banlieues et la plupart des villages, le samedi soir, la fête locale ou la foire sont l'occasion de bals qui attirent les jeunes des environs. La java*, la valse* et le tango* ont du mal à résister aux danses d'importation. La plupart de celles-ci ne durent qu'un temps, sauf peut-être le rock* et le jerk* et surtout le slow* qui permet aux jeunes (comme aux moins jeunes) de danser de temps en temps joue contre joue...

L'amour

Quels que soient leurs soucis, leurs inquiétudes, leurs idées politiques, les jeunes restent plus sentimentaux*, plus romantiques* même qu'on le croit généralement.

Une enquête récente montre que le désir de vivre un grand amour vient avant celui de gagner beaucoup d'argent. Même si les rapports entre les sexes deviennent de plus en plus libres, le mariage, le désir de fonder* (créer) une famille, semble rester le but de la plupart des jeunes. Cette jeunesse souvent inquiète, parfois pessimiste*, n'a-t-elle pas adopté - par soif d'affection sans doute - le slogan* « faites l'amour... pas la guerre ».

Comme chien et chat

Noëlle - Maman! Jean-Paul m'a piqué* mon transistor*!

Maman - Laisse-moi tranquille! Va finir ton devoir de maths* et apprendre ta leçon d'histoire...

N - Mon devoir est fini depuis longtemps et on n'a pas histoire demain, le prof* est malade.

M - Alors viens m'aider à mettre le couvert, ton père va arriver d'une minute à l'autre.

N - Et voilà! C'est toujours sur moi que ça tombe! Tu pourrais pas demander à Jean-Paul de temps en temps?

Jean-Paul - Ça, c'est la meilleure! Avec tout le boulot* que j'ai. D'abord, c'est pas un travail d'homme.

M - Arrêtez un peu de vous chamailler* comme chien et chat! Vous me cassez les oreilles!

J.-P - Elle est toujours en train de râler*! Pour une fois qu'on lui demande quelque chose...

M - Tiens! descends donc chercher une bouteille de vin à la cave. Ça, c'est un travail d'homme!

Des goûts et des couleurs (il ne faut pas discuter)

André - Je viens d'acheter un trente-trois tours extra*!

Charles - Je parie que c'est le dernier des « Gorilles »? Il y a des trucs* terribles*! Ça, c'est du pop*!

Denis - Tu parles*! Y a pas* plus commercial que ces gars*-là.

François - Denis a raison. A part deux airs qu'ils ont piqués* aux « Lazy Bones », tout le reste c'est du vent*!

A - Ça va comme ça*, vous les snobs*! Vous en êtes encore aux Beattles et aux Rolling Stones...

C - Ça c'est bien vrai. Je parie que les « Gorilles » vont faire un malheur à l'Olympia le mois prochain.

D - Bien sûr! On va vous les passer dix fois par jour sur France-Inter, R.T.L. et Europe 1, et toutes les minettes* iront les écouter.

F - Laisse tomber*, Charles! Tu perds ton temps. La publicité, il faut bien que ça serve à quelque chose...

La langue des jeunes

Nous vous en donnons ci-dessus quelques échantillons*, c'est-à-dire de petits exemples. En voici, dans l'ordre du texte, la « traduction » en français fondamental : **piquer* (ou chiper*)** = voler, prendre; **les maths*** = les mathématiques (la gym* = la gymnastique); **le prof** = le professeur; **se chamailler*** = se disputer ; **râler*** (ou **rouspéter***) = protester; **extra*-terrible*-sensas*-génial*** = formidable, très beau, etc.; **tu parles!** = ce n'est pas vrai; **Y a pas** = il n'y a pas; **gars*** (ou **type**) = garçon; **c'est du vent** = ça ne vaut rien; **minettes*** = (très) jeunes filles habillées à la dernière mode (un minet* est un jeune homme (trop) élégant); **laisse tomber*** = abandonne.

Vous aurez parfois du mal à les comprendre, par exemple s'ils vous disent : **Cette nana* est vachement* bien roulée*** pour « cette jeune fille est vraiment bien faite », etc. Nous vous faisons confiance pour vous mettre rapidement **dans le coup*** (au courant) car nous ne pouvons pas vous donner ici tout un vocabulaire qui risque de ne durer que... ce que durent les roses. Voir aussi F.F.F. p. 154-156.

La santé

Les Français parlent beaucoup de la leur (parfois trop!). Ne les imitez pas dans ce domaine, mais sachez au moins répondre à une question amicale : « Ça va? — Pas mal, et vous?/ Très bien, merci!... ça peut aller, ça pourrait aller mieux... » « Comment vous sentez-vous? - Je ne suis pas dans mon assiette* aujourd'hui... Pas bien du tout... Beaucoup mieux, merci! Ce n'était qu'un petit malaise* »... etc.

Attention! Se trouver mal ou « s'évanouir* » c'est perdre connaissance. Il suffit souvent d'un peu d'air (ou d'eau fraîche) pour « revenir à soi ».

*Les petits malaises**

S'il s'agit d'un léger mal à la tête, d'une migraine* ou d'une douleur passagère* (qui ne dure pas, par ex. une névralgie*), il suffira le plus souvent d'un ou deux comprimés ou cachets* d'aspirine*. Si vous n'en avez pas sur vous, demandez-en à la réception* de l'hôtel, au garçon de café ou de restaurant « avec un verre d'eau, s'il vous plaît » ou, mieux, entrez dans une pharmacie. Le pharmacien pourra vous conseiller utilement et, s'il pense que c'est sérieux (assez grave), il vous enverra chez

Le médecin.

Le généraliste* - celui qui soigne toutes les maladies - reçoit le plus souvent l'après-midi et sur rendez-vous. Si vous allez chez lui, ce sera une consultation*; mais, si vous êtes trop mal en point pour vous déplacer, faites-en appeler un (voir RG, SANTÉ); il viendra vous voir chez vous ou à l'hôtel : ce sera alors une visite. Dans les deux cas il vous examinera, c'est-à-dire qu'il regardera votre gorge, votre langue, écoutera (auscultera*) votre cœur et vos poumons avec un stéthoscope*, palpera* votre pouls* à l'artère du poignet, etc.

Il fera un diagnostic*, prescrira* des médicaments par une ordonnance et, au besoin, conseillera un régime. Vous serez vite « sur pied » (guéri).

Dans certains cas plus compliqués le généraliste* fera faire d'autres examens : analyse* de sang, d'urine, radio, etc. Il vous conseillera peut-être d'aller voir un spécialiste*. Peut-être même serez-vous hospitalisé*, « mis en observation » pendant quelques jours.

Les hôpitaux

Ils dépendent du ministère de la Santé Publique. Le personnel hospitalier* compte des chirurgiens, des médecins (externes* et internes*), des infirmier(e)s*, etc. A Paris, la plupart ont conservé leur nom d'autrefois (*l'Hôtel-Dieu, la Pitié,* etc.); certains sont spécialisés (*les Quinze-Vingts* pour les yeux, *Trousseau* pour les enfants, etc.).

On les appelle aussi C.H.U. (Centre Hospitalier Universitaire) ou C.H.R. (Centre Hospitalier Régional). Pour les cas urgents (accidents, opérations, etc.), voir RG, SANTÉ.

une épidémie

la coqueluche
les oreillons
la rougeole
la rubéole
la scarlatine
la typhoïde
la varicelle
la variole

Dans votre trouss de premiers soins

un calmant
du coton hydrophile
de la gaze
de l'eau oxygénée
une seringue
un pansement adhés

Quelques mots util

une articulation
un bouton
un furoncle
un coup de soleil
un comprimé
une foulure
la constipation
avoir mal au cœur
un point de suture

une civière
la diarrhée
un torticolis
un lumbago
un abcès
une hémorragie
une transfusion
le groupe sanguin

Les cliniques, parfois appelées maisons de santé sont des hôpitaux privés. Il existe aussi des dispensaires*, des Centres de médecine préventive et des Centres Médicaux pour les étudiants. Certaines de ces consultations (hôpitaux et dispensaires) sont gratuites.

La sécurité sociale

Si vous faites un long séjour en France (plus de trois mois), comme étudiant ou comme salarié, vous serez automatiquement pris en charge* par la Sécurité Sociale. Ceci signifie que tous vos frais médicaux et pharmaceutiques vous seront remboursés à environ 80 %.

N.B. Les chirurgiens opèrent dans les hôpitaux ou les cliniques. Le malade qui doit subir une opération est placé sur une table d'opération (familièrement « sur le billard* ») où il est d'abord endormi (anesthésié*). Après une grave opération (ou une longue maladie) la convalescence[e] (période qui précède la guérison*) peut être très longue. Si vous avez mal aux dents c'est à un chirurgien-dentiste que vous ferez confiance.

epidemic	die Epidemie (die Seuche)	una epidemia	un'epidemia
ooping cough	der Keuchhusten	la tos ferina	la pertosse
mps	der Mumps	adenitis	gli orecchioni
sles	die Masern	el sarampion	il morbillo
man measles	die Röteln	la rubéola	la rosolia
let fever	der Scharlach	la escarlatina	la scarlattina
hoid	das Typhoidfieber	el tifus	la tifoide
cken pox	die Wasserpocken	viruelas locas	la varicella
ll pox	die Pocken	las viruelas	il vaiolo
our first-aid kit :	**Der Verbandkasten :**	**estuche de primera assistencia :**	**nel vostro astuccio di prime cure :**
killer	ein Schmerzmittel	un calmante	un calmante
on wool	die Verbandwatte	algodon hidrofilo	l'ovatta
ze	Verbandmull	gasa	la garza
oxide	Wasserstoffsuperoxyd	agua oxigenada	l'acqua ossigenata
nge	die Spritze (n)	una jeringa	una siringa
esive dressing	Hansaplast	esparadrapo	un cerotto
t	das Gelenk (e)	las coyunturas	un'articolozione
ple	eine Eiterpustel (n)	un grano	un foruncolino
	der Furunkel (-)	un divieso	un foruncolo
nstroke	der Sonnenbrand (e)	una insolacion	un'insolazione
let	die Tablette (n)	una tableta	una compressa
rained...	die Verstauchung	un esguince	una slogatura
stipation	die Verstopfung	estrenimiento	la stitichezza
eel sick	die Ubelkeit	estar mareado	aver la nausea
itch	der Stich (e)	grapa, pinza	un punto di sutura
tcher	die Bahre	una parihuela	una barella
rrhoea	der Durchfall	diarrea	la diarrea
iff neck	der steife Hals	un torticolis	un torcicollo
ackache	der Hexenschuss	un lumbago	una lombaggine
cess	der Abszess	un absceso	un accesso
eding	die Ausblutung	una hemorragia	un emorragia
sfusion	das Blutübertragung	una transfusion	una trasfusione
od group	die Blutgruppe	grupo sanguineo	il gruppo sanguigno

Les cures* thermales*

Certaines maladies chroniques [1] peuvent être guéries par un séjour dans une station thermale [2]. On dit que le malade « fait une cure* ». Celle-ci dure normalement trois semaines pendant lesquelles le curiste* boit des eaux minérales* (à leur température naturelle), prend des bains, etc.

Il y a en France de très nombreuses stations thermales; on y trouve le plus souvent - comme dans les stations balnéaires (voir p. 92) ou climatiques (voir p. 103) - un Casino et des possibilités d'hébergement* qui vont de la petite pension de famille au Palace (voir RG, HOTELS).

Voici quelques-unes des plus connues parmi ces stations :

Pour 1	2	3	4	5	6	7	8	Vous irez à	Code Postal [3]
					●			Divonne	01220
	●							Vichy	03200
	●							Vals-les-Bains	07600
		●	●					Ax-les-Thermes	09110
		●					●	Luchon	31110
					●			Lamalou-les-Bains	34240
							●	Dax	40100
		●						La Bourboule	63150
	●							Châtelguyon	63140
		●						Le Mont-Dore	63240
●							●	Royat	63130
						●		Salies de Béarn	64270
				●		●		La Preste	66230
			●					Molitg-les-Bains	66500
		●					●	Vernet-les-Bains	66500
							●	Aix-les-Bains	73100
	●			●				Évian-les-Bains	74500
	●			●				Contrexéville	88140
	●			●				Vittel	88800
		●					●	Enghien-les-Bains	95880

1 La circulation (du sang).
2 Les voies* digestives*.
3 Les voies respiratoires* (poumons).
4 La peau.
5 Les reins*
6 Le système nerveux.
7 Les maladies de la femme.
8 Les rhumatismes*.

Pour plus de renseignements, voyez RG, THERMALISME ou écrivez au Syndicat d'Initiative* de la ville (au moins 3 mois à l'avance).

1 Qui durent et sont difficiles à guérir, par ex. une bronchite*.

2 Du grec thermos = chaud. Cf. une bouteille thermos* garde les liquides chauds.

3 Revoyez la carte (p. 4-5-6) : (les deux premiers chiffres du code postal indiquent le département.

Cherchez l'aiguille [1]...

- Allô? Le C.H.U.*?
- Oui, Madame.
- Passez-moi les urgences [2], s'il vous plaît.
- Voilà.
- Allô? Les urgences? Allô...
- Oui Madame?
- Allô, Monsieur, c'est terrible! Ma petite fille vient d'avaler [3] une aiguille! Que faut-il faire?
- Le mieux serait de l'amener ici le plus vite possible.
- Mais je n'ai pas de voiture et il n'y a jamais de taxi dans mon quartier.
- Téléphonez à un service d'ambulance* privé ou appelez les prompts* secours [4].
- A quel numéro?
- le 18, Madame, ce sont les pompiers.
- Ah... Merci... Croyez-vous qu'il va falloir l'opérer?
- Je ne sais pas Madame. Il faudra d'abord la radiographier* pour savoir où est l'aiguille. Mais ne perdez pas de temps...

Docteur! Venez vite...

- Allô? le 318.22.22?
- Oui, Madame, le cabinet [5] du Docteur No. C'est pour un rendez-vous?
- Non, Mademoiselle! Je voudrais parler au docteur. C'est très urgent.
- C'est de la part de qui?
- Madame Untel.
- Ne quittez pas...
- Allô, bonjour madame Untel, qu'est-ce qu'il y a de cassé [6]?
- Venez vite, Docteur! Je suis très inquiète pour mon petit Michel, il a de la fièvre depuis ce matin et il a refusé tous ses biberons*.
- Ne nous affolons [7] pas! Vous avez pris sa température?
- Il avait 38 ce matin, 38.8 maintenant.
- Ce n'est pas alarmant [8] chez un bébé. Amenez-le à ma consultation* cet après-midi.
- Croyez-vous que ce soit prudent? Je serais plus tranquille si vous passiez ce matin...
- Je vais faire tout mon possible. Mais patientez [9] au moins jusqu'à midi. Avec cette épidémie* de grippe, j'ai encore sept ou huit patients [9] à voir.

1 « Chercher une aiguille dans un tas de foin* », c'est chercher quelque chose de très difficile à trouver.
2 Urgent = très pressé. Cf. une lettre urgente. Le service des urgences, dans un hôpital, est celui où l'on transporte d'abord les blessés avant de les diriger sur le service qui convient.
3 Avaler = faire passer la nourriture de la bouche dans l'estomac.
4 Une personne en danger crie: « Au secours! » (A l'aide!). Les prompts (rapides) secours interviennent dans de nombreux cas : un accident de la circulation, une explosion, une tentative (un essai) de suicide par le gaz (asphyxie*), une noyade* (lorsque quelqu'un se noie).
5 On appelle cabinet (au singulier) le bureau d'un docteur, d'un homme de loi, d'un administrateur, etc.
6 Familièrement = que se passe-t-il?
7 S'affoler, c'est perdre la tête... au sens figuré, bien sûr!
8 Alarmant* = qui donne beaucoup d'inquiétude.
9 Un patient (c'est-à-dire un malade) n'est pas toujours très... patient. On a parfois du mal à le faire patienter*.

Les spectacles

A PARIS [1]

	où?	quoi?
THÉÂTRE	**dans 55 salles environ** - sur les Grands Boulevards (entre République et Madeleine) - sur la Rive Gauche (Montparnasse, Quartier Latin) - à Pigalle, à Montmartre, autour du Faubourg Montmartre, des Champs-Élysées, du Bois de Boulogne et un peu partout [1] - des salles subventionnées [4]	du théâtre de boulevard*, des comédies matiques*, quelques pièces d'avant-ga (théâtre d'essai - cafés-théâtres*), des one-shows [2]. du music-hall (Folies-Bergère, Casino Paris, Lido, Olympia...), des Cabarets* variétés (dîners-spectacles*), de strip-teas de Chansonniers [3] dans le répertoire* classique [5]
MUSIQUE	**dans des salles spécialisées (Pleyel, Gaveau) et - de plus en plus - dans certaines églises** - à l'Opéra et à l'Opéra-Comique - au Châtelet, à Mogador	des concerts, dirigés par de grands c d'orchestre*, des récitals donnés par des tuoses [6] du piano, du violon, de l'orgu des spectacles lyriques* (grand opéra, o comique), de la danse classique (ballets*), opérettes* classiques, des comédies music modernes.
CINÉMA	- sur les Champs-Élysées et les Grands Boulevards - au Quartier Latin (beaucoup) - dans des cinémas d'essai et des ciné-clubs*	des films en exclusivité* qui passent ens (sont projetés*) dans les salles de quartier e banlieue (moins chères), des classiques ou des films d'avant-garde*

EN PROVINCE [7]

Vous pourrez voir au Théâtre Municipal certains spectacles de Paris en tournée* (théâ opéra, ballets*, etc.), souvent avec les créateurs* des principaux rôles - des troupes* et orchestres régionaux (certains très réputés [8]).

Il existe aussi dans de nombreuses villes des Maisons de la Culture qui font preuve d'une gra activité sur le plan artistique (Grenoble, Reims, etc.). Ne manquez pas d'aller encourager troupes* d'amateurs qui s'y produisent.

---

1 Voir **RG**, spectacles.
2 Voir franglais.
3 Au *Théâtre de Dix Heures*, ou au *Caveau de la République*, par exemple, les chansonniers font - sur des airs (chansons) faciles - la critique des vedettes* de l'actualité politique, artistique, etc.
4 Une subvention* est une aide de l'État ou d'un organisme* quelconque.
5 Le plus ancien de ces théâtres subventionnés*, la Comédie-Française, fut créé sous Louis XIV (en 1680). Les acteurs interprètent* surtout les pièces des grands auteurs classiques, c'est-à-dire le répertoire* où figurent aussi quelques pièces d'auteurs contemporains* (d'aujourd'hui).

6 Des interprètes* fameux, de grands chefs d'orchestre*.

7 Voyez le journal local pour plus de détails ou écoutez à la radio et à la télé les actualités régionales.

8 Réputé* = très connu. Cf. avoir bonne/ou mauvaise réputation.

FESTIVALS - MUSÉES - SON ET LUMIÈRE (voir RG)

comment?

* Soit en louant ou réservant vos places à l'avance, au théâtre ou dans une agence, soit - si vous avez de la chance - en arrivant une demi-heure avant le début du spectacle. Le « rideau se lève » en général à 21 heures [1] (parfois à 20 h 30) et la plupart des spectacles se terminent avant le dernier métro - sauf certains cabarets* où vous pourrez rester jusqu'à l'aube*.

* Le prix des places, à l'orchestre* et au premier balcon* (voir plan ci-dessous) est à peu près celui d'un repas dans un restaurant moyen. Vous trouverez des fauteuils moins chers dans les loges*, au parterre*, aux 2e et 3e balcons* et, tout en haut, à la galerie* (le poulailler*).

* Vous pouvez - si vous avez des relations - essayer d'obtenir un billet de faveur pour la générale* ou la première [2]; vous risquez d'y voir le Tout-Paris, l'auteur, des critiques célèbres. Si vous restez longtemps dans la ville, prenez un abonnement* pour la saison.

* N'oubliez pas les autres petites dépenses : le pourboire à l'ouvreuse* (qui vous conduit à votre place et vous offre le programme), le vestiaire* (où vous laisserez votre manteau), les bonbons ou les chocolats glacés* à l'entr'acte*, etc.

* Vous pourrez, comme beaucoup de Parisiens noctambules [3] - si le suspense [4] de la pièce vous a creusé l'estomac - aller, après le spectacle, manger la soupe au fromage ou une douzaine d'huîtres ou, tout simplement, un sandwich dans un snack [4].

---

* à Paris (et en Province, le Samedi et le Dimanche) la plupart des cinémas sont souvent permanents jusqu'à une heure avancée de la nuit. L'heure des séances est affichée à l'entrée, ainsi que l'heure de début du grand film.

* Vous pouvez voir à chaque séance (en général) : un court métrage (documentaire*, dessin animé*, etc.), les actualités et le grand film ou long métrage (sans parler des petits films commerciaux à l'entr'acte*).

* Certains films (vous voyez lesquels !) sont interdits aux moins de 13 ans ou aux moins de 18 ans. Si vous n'êtes pas... très grand, ayez toujours vos papiers* sur vous.

---

1 Essayez d'arriver avant que l'on frappe les trois coups, surtout s'il s'agit d'une pièce policière*.

2 Si la pièce est « un four » on ne donnera que quelques représentations. Si c'est un succès, au contraire, elle ira jusqu'à la centième, peut-être même la millième.

3 Ne confondez pas ces promeneurs de la nuit (ces « fêtards* ») avec un somnambule* qui, lui, se promène pendant son sommeil.

4 Voir franglais, p. 158.

1 La scène.
2 Le rideau.
3 Un acteur, une actrice.
4 Le public.
5 L'orchestre.
6 Les fauteuils d'orchestre.
7 Les baignoires.
8 La corbeille ou premier balcon
9 Le deuxième balcon.
10 La galerie (fam. le poulailler)
11 Les loges d'avant-scène.
12 Les coulisses.

Le théâtre et le cinéma

L'amateur de théâtre

n'a, à Paris, que l'embarras du choix. Il peut applaudir (ou siffler) les plus grands acteurs, auteurs et metteurs en scène. Son rêve est d'aller derrière la scène (dans les coulisses*) où les machinistes*, dirigés par un régisseur*, préparent les décors - parfois brossés* par de grands artistes.
Il assiste à toutes les créations*, souvent aux reprises* et cite, de mémoire, les meilleurs mots d'auteur.
Il vous dira quelle pièce se joue à bureaux fermés [1], qui a fait la mise en scène* de telle autre, qui va monter* la prochaine pièce de Marcel Achard (de l'Académie Française...) et quelle en sera la distribution [2]. Ce n'est pas lui qui vous emmènera un jour de relâche [3] voir la pièce qui fait courir tout Paris.

*Le cinéphile**

Ce passionné de cinéma, fidèle des ciné-clubs* et des cinémathèques* du Palais de Chaillot et de la rue d'Ulm (voir RG, CINÉMA), connaît tous les chefs-d'œuvre du muet* et du parlant. Il ne veut voir les films étrangers qu'en V.O. (version* originale).
Spécialiste de tous les genres, du documentaire* au film à grand spectacle, en passant par les films d'épouvante* (comme *Frankenstein*), les comédies musicales *(Les Parapluies de Cherbourg)*, les Western* et même les films érotiques* (ou sexy*), il s'attache surtout à la technique : qualité du son, de l'image, angles de prise de vues, flash-backs [4], etc., et aux mouvements de la caméra.
Il ne se laisse pas impressionner par un Grand Prix d'Interprétation* au Festival de Cannes ou une Palme d'Or à la Biennale de Venise. Son jugement est plus sûr que celui de tous les producteurs, scénaristes [5] et critiques réunis. L'essentiel n'est-il pas qu'il le croie?

*Le mélomane**

A (presque toujours) chez lui une chaîne hi-fi* et peut écouter dans son fauteuil les sonates* ou les concertos* de ses compositeurs* préférés (Brahms, Mozart...); mais il préfère l'atmosphère* (l'ambiance*) d'une salle de concert pour entendre, par exemple, la *Cinquième Symphonie** de Beethoven.

∗ L'amateur de *bel canto** se déplacera pour entendre à l'Opéra une grande cantatrice* chanter Carmen, un grand ténor* dans le rôle de Faust, un baryton* dans celui de Figaro. Mais le Grand Opéra n'a plus la même popularité* qu'à la Belle Époque [6]. L'opérette* classique (comme *La Mascotte* ou *Véronique*) est aussi en baisse et la comédie musicale à l'américaine a bien du mal à prendre en France.

∗ La danse classique, elle, a toujours ses fidèles, qu'elle soit moderne ou traditionnelle (le Corps de Ballet* de l'Opéra [7] par exemple).

1 Lorsque le théâtre est complet.
2 La distribution* (des rôles) = les noms des acteurs.
3 Un jour par semaine, le théâtre est fermé, il fait relâche.
4 Voir franglais, p. 156.
5 Le producteur fournit les fonds, le scénariste* a préparé le scénario*, le réalisateur* a fait la mise en scène*, le dialoguiste* a écrit les dialogues (contrôlés par la scripte*). Vous verrez leur nom dans le générique* au début des films, suivi de ceux des membres de l'équipe technique : opérateurs*, cameramen*, monteurs*, etc.
6 Les années 1900-1910.
7 Le Corps de Ballet comprend (entre autres) : le chorégraphe*, le maître de ballet, les danseuses étoiles, les petits rats*, etc.

« Rodrigue, as-tu du cœur? »

On joue « Le Cid », de Pierre Corneille, au Théâtre de la Ville. A l'entracte, Suzanne discute avec une amie.*

L'amie - Alors? Qu'est-ce que tu en penses?

Suzanne - Moi, j'aime beaucoup. J'avais peur de m'ennuyer mais j'ai trouvé cette mise en scène extraordinaire!...

A - Je me demande si on a le droit de toucher à certains classiques*, si à la Comédie-Française...

S - Moi, je trouve qu'il faut les... rajeunir.

A - Tiens, par exemple, le personnage de l'Infante...

S - Justement! Je l'avais oublié, parce que depuis longtemps, je crois, on avait coupé le rôle. Mais je trouve qu'il fait très moderne et il aide à comprendre le caractère de Chimène.

A - C'est vraiment une pièce d'action...

S - ... et d'amour! J'ai envie de crier comme... euh... je ne sais plus qui : « Qu'il est joli garçon, l'assassin* de papa [1]! »

Deux auteurs sur la sellette [2]

Extraits d'une interview* *de* **MM. Barillet** *et* **Grédy** *par le critique* **Paul-Louis Mignon** *au cours de l'émission Inter-Actualité Magazine (O.R.T.F., 14-9-73, 13 h 30).*

Yves Maurouzi - Et nous allons parler théâtre maintenant, Paul-Louis Mignon... un théâtre que les Parisiens apprécient, celui de Barillet et Grédy.

P.-L.M - Oui, aux Bouffes-Parisiens, ce soir, c'est la première* de la nouvelle comédie de Barillet et Grédy intitulée* *Une rose au petit déjeuner*, mise en scène* par René Clermont, dans un décor* de Fiorella Magnani, avec Francis Perrin... N'est-il pas difficile pour des aînés* - que vous êtes par rapport à ces jeunes, - il ne faut pas le cacher -... euh... de parler justement, de faire parler les jeunes d'aujourd'hui en particulier?

B - Non, ça nous a semblé extrêmement facile, je crois que c'est le dialogue que nous avons écrit le plus spontanément [3]... Les thèmes [4] de la pièce sont ceux de l'amitié et de l'amour... l'amitié, qui tient une grande place dans la vie des jeunes...

P.-L.M. - Le titre, *Une rose au petit déjeuner*, qu'indique-t-il?

B - La couleur de la pièce... euh...

P.-L.M - Anouilh dit : une pièce rose, une pièce noire...

B - Oui, oui, un peu. Nous avons pensé à cela, et puis aussi un gag [5] final, voilà, c'est tout, je ne révèlerai pas [6]... si vous permettez...

1 Cet alexandrin* (vers de 12 syllabes* ou pieds) n'est pas de Corneille, bien sûr, mais d'un humoriste*.

2 Vous êtes sur la sellette* quand on parle de vous.

3 Ici, facilement.

4 Ici, le sujet, les idées principales

5 Voir franglais, p. 156.

6 Les auteurs ne veulent pas révéler l'intrigue*, c'est-à-dire la façon dont les choses se passent, et surtout son dénouement*, c'est-à-dire la fin.

La presse

Les Français lisent deux fois moins de journaux quotidiens que les Anglais, les Suédois ou les Japonais, un peu moins que les Allemands, les Américains ou les Hollandais, un peu plus que les Russes ou les Canadiens. Les pessimistes* affirment que dans quelques années il ne restera à Paris que quatre quotidiens* : deux du matin et deux du soir.

La grande presse

Les grands quotidiens ont en effet perdu, dans ces dernières années, un peu de leur importance au profit de ces autres mass media* - plus rapides et plus vivants - que sont la radio et la télévision (voir p. 146 et 147).
Mais les hebdomadaires, par contre, ont de plus en plus de lecteurs (plus d'un million pour certains), en particulier ceux qui font appel au goût du public pour le sensationnel [1] et pour le scandale [2].

La presse de province

Le tirage [3] total des quotidiens* de province est supérieur aujourd'hui à celui des quotidiens parisiens. Les grands régionaux* ont su en effet sortir du cadre provincial, développer les grands reportages [4], donner plus de place à la politique étrangère, tout en multipliant les éditions* locales avec des pages spéciales. Au moins deux tirent à plus de 500 000, sept ou huit entre 300 et 500 000; viennent ensuite une douzaine d'organes* qui tournent autour de 100 000 exemplaires* et dont la zone de diffusion* ne dépasse pas un ou deux départements. Il existe enfin de nombreux quotidiens* locaux* à faible tirage*.

La presse « spécialisée »

A côté des quotidiens et des périodiques [5] d'information et d'opinion, il existe de très nombreuses autres publications* :

- la presse féminine vient en tête avec une trentaine de titres et des tirages* entre 80 000 et 1 800 000;
- les magazines* familiaux ont les plus forts tirages;
- les autres font partie de ce qu'on nomme « la presse du cœur »;
- les journaux de jeunes offrent plus de cent titres à une douzaine de millions de lecteurs;
- les hebdomadaires* politiques, souvent d'opposition ou satiriques [6], atteignent aussi de gros tirages.

La presse et le public

> *« La presse écrite a pour elle la permanence et le volume. Sait-on qu'un journal télévisé de vingt minutes tiendrait dans trois colonnes d'un quotidien, et peut-on comprendre ou même connaître son époque en ne lisant qu'une demi-page de journal? Sait-on que l'on peut lire 25 000 mots à l'heure, mais qu'on ne peut en entendre que 9 000? On reçoit donc plus d'informations en lisant qu'en écoutant! »* Jacques FAUVET, *Le Monde*, 5-5-72.

L'intérêt pour la presse augmente avec le niveau de vie, celui des études, la catégorie sociale.
Pour les quotidiens et même pour les périodiques de grande vente, c'est l'achat au numéro qui est la règle. On va chercher son journal au kiosque* ou au Tabac voisin car on le porte rarement à domicile. Pour les hebdomadaires* et les mensuels*, l'abonnement* est plus fréquent.
L'attitude du public est faite à la fois de confiance et de méfiance. On dit aussi bien : « C'est vrai, puisque c'est dans le journal » que « Vous y croyez, vous, à ce qu'il y a dans le journal? » et, dans la langue populaire, le mot canard* signifie à la fois journal et fausse nouvelle.
Malgré la radio et la télévision, la presse garde son rôle : la première annonce, la seconde montre, la presse, elle, explique.

La liberté de la presse et la publicité

La liberté d'expression est inscrite dans la Constitution et dans la Déclaration des Droits de l'Homme, tout comme la liberté de pensée. Il est difficile, dans le cadre de cet ouvrage, de déterminer si la presse française est vraiment libre, s'il existe une censure [7] ou des fonds secrets destinés à aider les journaux gouvernementaux; si les messageries* - qui distribuent les journaux - dépendent ou non des grands trusts*. Mais une chose est certaine : les recettes publicitaires* sont indispensables à la vie d'un journal. Les uns affirment que c'est là une garantie d'indépendance et de qualité (mieux un journal est fait, plus il se vend, plus il a de publicité); pour les autres au contraire, la crainte de déplaire aux annonceurs* empêcherait certains journalistes d'écrire tout ce qu'ils pensent. Nous vous laissons juges...

Prix et tirages Voir RG, PRESSE.

1 Les nouvelles extraordinaires.

2 « Malheur à celui par qui le scandale arrive » Matthieu 18,7.

3 Nombre d'exemplaires* (ou numéros) imprimés; ce nombre est évidemment supérieur à la vente, car il y a des invendus*.

4 Récits d'enquêtes sur les grands événements (cf. un reporter* = un journaliste chargé d'un reportage*.)

5 Parmi ces périodiques* : des hebdomadaires* (publiés une fois par semaine), des mensuels* (une fois par mois), etc.

6 De satire*, écrit qui s'attaque - souvent avec esprit - à quelque chose ou quelqu'un.

7 La censure* est un organisme* d'État, chargé de contrôler la presse écrite, parlée, le cinéma, etc.

Quoi de neuf dans... Le Monde

C'est le journal français le plus largement diffusé* à l'étranger. Est-il un journal aussi objectif [1] que ses lecteurs l'affirment?

- Ce n'est pas le journal d'un parti politique, c'est vrai, mais c'est tout de même un journal d'opinion qui veut garder l'esprit critique.

- Pour cela la rédaction* distingue d'abord la dépêche d'agence [2] - qui donne l'information - du commentaire* - qui juge l'événement. Le commentaire est toujours signé (sauf le bulletin de l'étranger) et placé dans la première colonne de « la une* » (la première page).

- Le service de la politique extérieure est sans doute le plus admiré. *Le Monde* a en effet une vingtaine de rédacteurs à l'étranger (correspondants*). Ce réseau est un des plus importants de toute la presse mondiale.

- Mais d'autres rubriques* sont très suivies : scientifique, médicale, vie économique et sociale (par ex. les cours de la Bourse). Chaque jour de la semaine un certain nombre de pages spéciales portent sur un sujet particulier (par ex. le mercredi, *Le Monde du Tourisme*).

- Les lecteurs du *Monde* - plutôt jeunes - sont en majorité des intellectuels : cadres*, professeurs, étudiants, etc.

LE FIGARO

« Sans la liberté de blâmer, il n'est pas d'éloge flatteur [3] ».

Le Figaro est, avec *Le Monde*, le seul journal à annoncer régulièrement son tirage (en dernière page). On y trouve :

- « à la une* », de plus gros titres que dans *Le Monde* - mais moins gros que dans *France-Soir* qui met en énorme manchette* la grande nouvelle du jour;

- en première page aussi, le billet*, petit commentaire sur un événement d'actualité (semblable à la chronique* « Au jour le jour » du *Monde*);

- deux larges colonnes, à droite et en bas de cette même première page, offertes à des chroniqueurs* connus;

- toujours « à la une » : la liste des rubriques* (sujets).

A remarquer surtout, dans le journal :

- le Carnet du Jour qui annonce naissances, fiançailles, mariages et deuils (comme le *Carnet du Monde*);

- l'importance donnée aux faits divers* et petites nouvelles;

- les Petites Annonces Classées - offres* et demandes d'emploi et surtout (cela peut vous intéresser) des offres d'appartements vides ou meublés;

- en été, et en dernière page, la rubrique* en anglais.

1 Qui ne subit aucune influence ($\neq$ subjectif*).

2 Une dépêche, c'est l'ancien nom d'un télégramme. Les Agences de Presse jouent un rôle important dans l'information (A.F.P.* = Agence Française de Presse, Havas, etc.).

3 = (à peu près) « si l'on ne peut pas critiquer les gens il vaut mieux ne pas parler d'eux du tout ». Voilà une devise* qui pourrait introduire une longue discussion sur la liberté de la presse. La phrase est de Beaumarchais, auteur du *Barbier de Séville* et du *Mariage de Figaro*.

Il y a « canard » et « canard »...

Raymond - Quoi de neuf dans le canard [1] ce matin?

Suzanne - Tu vois bien que je ne lis pas *le Canard*, je lis *le Figaro*...

R - Oui, ce n'est pas la même chose. Fais-moi donc un petit résumé des nouvelles.

S - Ça sera vite fait : ni catastrophe [2] ni coup d'État [3].

R - Pauvres journalistes! Ils vont bientôt nous reparler du monstre* du Loch Ness...

S - Mais voilà une petite annonce qui pourrait t'intéresser... si tu gagnes à la Loterie Nationale!

R - Fais voir un peu... *(il lit)* « Saint-Tropez : dame louerait belle chambre, appartement standing*, à personne seule, excellent milieu [4]. Vue mer. Téléphoner heures des repas 333-33-33 ». Mais, pourquoi souris-tu? Je ne suis pas « d'excellent milieu » peut-être?

S - Ça se discute... Mais par téléphone tu as quand même une chance...

Sous le signe du Scorpion

S - C'est *Femmes à la page* [5] qui te passionne à ce point? Tu lis le courrier* du cœur maintenant?

R - Mais non, je regarde les romans-photos*, c'est plus reposant!

S - Mais ça risque de te donner des idées... Lis-moi plutôt mon horoscope [6].

R - C'est une idée! Qu'est-ce que tu es déjà?

S - Tu le sais bien, horrible Scorpion, je suis Lion.

R - Eh bien, ma lionne, va vite jouer nos derniers francs au Tiercé [7], c'est ta semaine de chance.

S - Pas question! On a juste ce qu'il faut pour téléphoner à papa de nous envoyer un mandat* télégraphique*. Tu y vas?

R - Je ne bouge pas d'ici. Madame Lune [6] affirme que les Scorpions risquent des accidents aujourd'hui.

S - Sois un peu charitable*! Pense à ces pauvres journalistes... Ça leur fera une nouvelle rubrique* : « les Scorpions écrasés [8]! »

1 « Le Canard Enchaîné » est un hebdomadaire satirique, mais un canard c'est aussi, familièrement, un journal.
2 Une catastrophe est un terrible accident (par exemple un tremblement de terre).
3 Prise du pouvoir par la force.
4 Ici, niveau social.
5 « Être à la page » c'est être au courant de tout ce qui se passe.
6 Les astrologues* (comme Madame Lune) établissent votre horoscope, prévoient votre avenir d'après les signes du Zodiaque.
7 Voir p. 128.
8 On appelle familièrement les faits divers la rubrique des chiens écrasés.

Les signes du zodiaque

1 Le Bélier **2** Le Taureau **3** les Gémeaux **4** le Cancer **5** le Lion **6** la Vierge **7** la Balance **8** le Scorpion **9** le Sagittaire **10** le Capricorne **11** le Verseau **12** les Poissons

2 3 4 5 6 7 8 9 10 11 12

La radio et la télévision

Elles vous permettront de « joindre* (réunir) l'utile à l'agréable », tout en apprenant à mieux comprendre et aimer notre langue.

La télévision

Elle dépend de l'O.R.T.F.* (Office de Radiodiffusion Télévision Française). C'est un « établissement public à caractère commercial » placé sous la tutelle* (le contrôle) du Ministère de l'Information. Ses ressources sont : la publicité et la redevance* (taxe) annuelle payée par les auditeurs et les téléspectateurs*.
La « télé » diffuse* ses programmes sur trois chaînes* en couleurs ou en noir et blanc.
Vous ne pouvez regarder la « télé » qu'à l'occasion d'un séjour en France, sauf si vous habitez tout près de nos frontières. Dans ce cas vous connaissez déjà le sourire de nos speakerines* (voir franglais, p. 157) et la plupart de nos émissions : Magazines*, Variétés*, Dramatiques* (théâtre), Feuilletons [1], journaux télévisés, etc. Certaines émissions sont d'ailleurs diffusées parfois en Eurovision, d'autres retransmises* (ou relayées*) par satellites*. Vous trouverez les programmes dans de nombreuses revues spécialisées. Voir RG, RADIO ET TÉLÉVISION.

La radio

Émetteurs* contrôlés par l'ORTF

* Sur ondes* courtes, des émetteurs très puissants permettent de capter* dans le monde entier des émissions culturelles [2], des variétés*, des bulletins d'information, des commentaires et même des cours de français, d'anglais, d'espagnol, etc. (Voir RG, RADIO ET TÉLÉVISION).

* Sur ondes* moyennes et grandes ondes*.
FRANCE-INTER diffuse*, jour et nuit, de la musique (surtout de variétés*), du théâtre (assez peu), de nombreux journaux et magazines.

INTER-VARIÉTÉS diffuse surtout... ce que son nom indique et retransmet aussi France-Inter.

* En modulation* de fréquence* (F.M.) :
FRANCE-MUSIQUE se consacre surtout à la musique classique ou moderne et au jazz.

FRANCE-CULTURE essaye de mériter son nom (et y réussit souvent) en diffusant* des causeries*, des entretiens avec des personnages célèbres, des débats* (discussions)...

FRANCE-INTER sur F.M. relaie souvent son homonyme* cité plus haut, mais diffuse* aussi les émissions scolaires et universitaires.

Postes périphériques*

Ces postes, privés, offrent à leurs auditeurs des variétés, des jeux radiophoniques*, des journaux, des flashes [3] d'information, le tout souvent coupé de spots [3] publicitaires.

Sur les ondes

Vous trouverez le nom des postes, leurs longueurs d'onde et les programmes détaillés dans les journaux spécialisés (voir RG, PRESSE). Nous vous donnons ci-dessous quelques échantillons de ce que l'on peut entendre sur les postes les plus écoutés.

FRANCE-INTER (1829 m - 164 KHz)

(Indicatif) « Bulletin de la Météorologie Nationale. Au cours des trente six heures à venir le beau temps dominera encore sur la France ; il y aura du brouillard la nuit près de la Manche et de la Mer du Nord ; des orages sont possibles demain au voisinage* de l'Atlantique... »
(Indicatif) « Inter Actualités Magazine, Yves Maurouzi... Bonjour! » *(Musique)* « Les titres de cette émission de 13 heures : la rentrée scolaire... »

FRANCE-CULTURE (sur FM)

(Indicatif) « France-Culture. Il est 7 heures et notre programme est à présent relayé* par nos émetteurs* à modulation de fréquence*. Les grands titres de l'actualité, Guy Laval... Bonjour! Toujours la chaleur et un week-end* chargé pour les sportifs français [4]... »

FRANCE-MUSIQUE (sur FM)

(Indicatif) « France-Musique. C'est en stéréophonie [5] que nous allons écouter « La Musique et ses Classiques », une émission préparée par Françoise Malettra qui débute avec le Concerto* N° 4 en Mi bémol majeur, K 495, de Mozart. Il est interprété* par Barry Tuckwell et l'Académie de Saint-Martin-des-Champs sous la direction de Neville Mariner... »

EUROPE N° I (1 647 m - 162 KHz)

(Indicatif) « Sept heures! Europe Matin, Jean-Claude Dassier... Pompidou en Chine, départ ce soir - Giscard, l'impôt mensuel pour tous, probablement d'ici deux ans... et puis, alors que les accidents de la route ont encore fait des dizaines* de victimes ce week-end [3], voilà que l'on reparle de la sécurité... »

RADIO TÉLÉ-LUXEMBOURG (R.T.L.) (1 293 m - 232 KHz)

(Indicatif) « Laissez-moi vous parler de la Timex électrique. On la trouve dans les tabacs, papeteries, grands magasins, drugstores [3]... ticking, ticking... Timex électrique. R.T.L. et les montres Timex électrique vous donnent l'heure: il est 19 heures et 35 secondes. » *(Indicatif)* « R.T.L. onzième, le journal, Alain Krauss... »

1 Diffusés (ou publiés) en plusieurs épisodes* (morceaux).
2 Revoyez dans un dictionnaire tous les sens du mot culture.
3 Voir franglais, p. 156-157.
4 Voir pages 130-131 (sports).
5 Il y a des programmes (et des disques) « mono* » ou « stéréo* ».

L'enseignement en France

(Dans ce chapitre - un peu plus technique - nous sommes obligés de sortir du cadre du Français Fondamental. Veuillez nous en excuser. Vous trouverez (RG, ENSEIGNEMENT) des renseignements complémentaires : écoles pour étrangers en France, écoles bilingues, inscriptions dans les universités, etc.).

L'enseignement primaire (ou élémentaire ou du premier degré)

- écoles maternelles, de 2 à 6 ans environ (facultatif),
- écoles primaires, obligatoires à partir de 6 ans.

Cinq années d'études. L'enfant passe ensuite (en principe à 11 ans) dans :

L'enseignement secondaire (ou du second degré)

Le Premier Cycle (classes de sixième, cinquième, quatrième, troisième) se fait dans un C.E.S. *(Collège d'Enseignement Secondaire)*. Examen possible en fin de troisième : le B.E.P.C. (Brevet d'Enseignement du Premier Cycle). Les élèves sont ensuite orientés vers la vie active (un petit nombre) ou vers

Le Second Cycle

* court, dans un C.E.T. *(Collège d'Enseignement Technique)*. Ils y prépareront un des nombreux B.E.P. (Brevet d'Enseignement Professionnel) ou C.A.P. (Certificat d'Aptitude Professionnelle - celui-ci après une période d'apprentissage);

* long, dans un *Lycée* (Classique, Moderne, Technique ou Polyvalent). Après trois ans (classes de Seconde, Première et Terminale) ils essayeront soit de passer le *Bac* (le Baccalauréat) littéraire, scientifique ou technique, soit d'obtenir un B.T. (Brevet de Technicien en Électronique, Hôtellerie, Métallurgie, etc.) qui peut les mener ensuite à un B.T.S. (Brevet de Technicien Supérieur).

Environ 65 % des candidats sont admis (ou reçus) aux différents baccalauréats. Ce diplôme leur ouvre, dans certaines conditions, les portes de l'enseignement supérieur (voir plus loin).

Du « jardin d'enfants » au « BAC »

* 20 % environ des écoliers et lycéens fréquentent des établissements « libres » (ou « privés »), la plupart religieux (ou « confessionnels »). Beaucoup de ces établissements sont placés par contrat sous le contrôle de l'État.

* Par opposition, l'*enseignement public* est souvent appelé *laïque*.
Les enseignants : dans les écoles maternelles et primaires, des *instituteurs* et *institutrices;* dans les C.E.S., les C.E.T. et les Lycées, des *professeurs*.

L'administration : les lycées ont à leur tête un *Proviseur* assisté par un *Censeur* (des Études) et des *Conseillers d'Éducation*. Les problèmes matériels et financiers sont confiés à un *Intendant*.

Le régime : le plus grand nombre d'élèves sont des *externes*, qui ne viennent que pour les cours, ou des *demi-pensionnaires*, qui prennent leur repas de midi au réfectoire. Mais de nombreux établissements scolaires possèdent un internat; les *pensionnaires* (ou *internes*) prennent tous leurs repas au Lycée et y couchent dans des dortoirs. Les plus jeunes sont sous la surveillance de *Maîtres d'Internat;* les autres sont généralement en autodiscipline.

La plupart des établissements sont mixtes, c'est-à-dire admettent ensemble filles et garçons.

L'emploi du temps

Les *écoliers* et les *lycéens* ont - en moyenne - une trentaine d'heures de cours par semaine et environ 32 semaines de cours par an.

Le Mercredi est un jour de congé dans les Enseignements Primaire et Secondaire (depuis 1972 seulement; c'était autrefois le Jeudi). La plupart des établissements vaquent* aussi (n'ont pas de cours) le Samedi après-midi.

Parmi les matières (ou disciplines) enseignées, certaines sont obligatoires, d'autres sont facultatives. Par exemple, l'étude d'une première langue vivante est obligatoire dès la sixième; celle d'une deuxième langue vivante ou morte (latin/grec), obligatoire dans la plupart des classes de quatrième, devient facultative dans certaines sections (ou divisions) dès la seconde.

L'enseignement supérieur

Environ 60 bacheliers sur 100 poursuivent des études universitaires; ils entrent, pour la plupart, dans une U.E.R. (Unité d'Enseignement et de Recherche) où ils prépareront - en trois ans minimum - une *Licence :* en Droit, ès-Lettres ou ès-Sciences (Économiques, Humaines, Naturelles, Physiques...). Ils pourront ensuite rédiger un *Mémoire* pour obtenir une *Maîtrise* ou un *Doctorat*. Ceux qui se destinent à l'Enseignement présenteront le CAPES (Certificat d'Aptitude au Professorat de l'Enseignement Secondaire), l'*Agrégation* ou divers concours.

Les études de Médecine et de Pharmacie ont un régime particulier. Après une année d'études dans une *Faculté* (la Fac) les étudiants en Médecine, par exemple, seront successivement *externes*, puis *internes* dans un hôpital (un C.H.U. : Centre Hospitalier Universitaire) au cours des six ou sept années d'études qui les mèneront au Doctorat et ensuite à une spécialisation.

Un nombre de plus en plus important de Bacheliers se dirigent vers les I.U.T. (Instituts Universitaires de Technologie) qui dispensent - en deux ans - une formation professionnelle spécialisée.

Les étudiants sont parfois logés dans des *Cités Universitaires;* ils peuvent prendre leurs repas dans des *Restaurants Universitaires*.

Les enseignants au niveau universitaire sont des *Assistants*, *Maîtres-Assistants*, *Maîtres de Conférences* et *Professeurs;* ils élisent parmi eux les

Directeurs d'U.E.R. et le Président de l'Université (que beaucoup appellent encore Monsieur le Doyen).
Un quart environ des bacheliers (certains disent l'élite = les meilleurs) vont rester encore deux ou trois ans dans un grand lycée pour y préparer les concours d'entrée aux

Grandes écoles

Celles où l'État recrute ses hauts fonctionnaires (les grands commis, les technocrates) :

* l'É.N.A. (École Nationale d'Administration), l'École Polytechnique (l'X), l'École Centrale des Arts et Manufactures (Centrale), l'École des Ponts et Chaussées (les Ponts), les Écoles des Mines (de Paris, de Lyon, de Saint-Étienne), l'Institut des Sciences Politiques (Sciences Po) et toutes les Écoles Nationales Supérieures d'Ingénieurs (les E.N.S.I.)...

* celles d'où sortiront les cadres de l'Armée (Saint-Cyr, Navale, École de l'Air) ou du Commerce (H.E.C., ESSEC,... Sup. de Co.);

* les Écoles Normales Supérieurs (Normale Sup) qui préparent aux carrières de l'enseignement et de la recherche : les filles (E.N.S. de Sèvres et de Fontenay-aux-Roses) et les garçons (E.N.S. de la rue d'Ulm et de Saint-Cloud).

Les Bourses

Pour les écoliers et les étudiants les moins fortunés, il existe des bourses données par l'État et, parfois, par les Municipalités. Le boursier reçoit une aide financière qui varie selon la situation de ses parents.

Le ministère de l'Éducation Nationale

Le Ministre, Grand Maître de l'Université, est assisté :
- au niveau ministériel, par les Directeurs des Enseignements du Premier, du Second Degré, de l'Enseignement technique, Supérieur, etc.;
- sur le plan national, par des Inspecteurs : Généraux et Pédagogiques Régionaux;
- en province, il est représenté dans chaque Académie par un Recteur et dans chaque département par un Inspecteur d'Académie.

En somme, c'est tout ce que vous savez sur Napoléon?

Le « savoir écrire »

Sachez d'abord rédiger* (écrire) clairement une adresse :

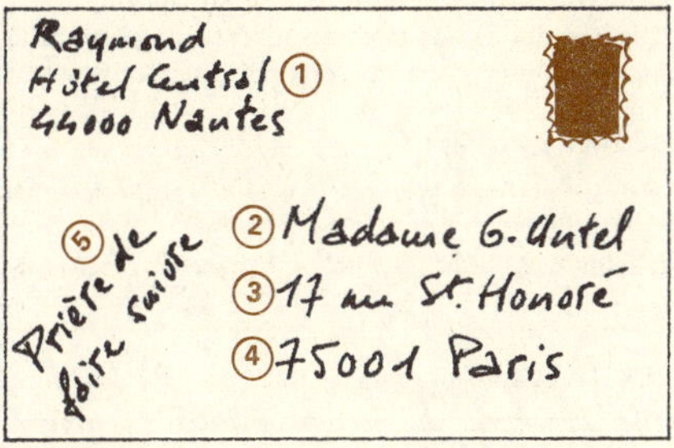

1 Nom et adresse de l'expéditeur (vous-même).
2 Nom du destinataire (la personne à qui vous écrivez).
3 Numéro et rue.
4 Nom de la ville précédé du code postal.
5 Si vous croyez que votre destinataire a déménagé.

La lettre

On écrit de plus en plus simplement, mais on respecte encore certaines traditions :

en haut de la page,
le lieu, la date puis, plus bas, un peu à gauche du milieu de la page :
« *Monsieur / Madame / Mademoiselle* » (à quelqu'un que l'on ne connaît pas).
« *Monsieur le Président / Madame la Directrice...* » (lorsqu'on s'adresse à un supérieur),
« *Cher Monsieur / Chère Madame, Chère Mademoiselle* » (à une personne que l'on connaît bien),
« *Cher ami / Chère amie* » ou, plus familier, « *Mon cher Gilbert / Ma chère Micheline* ».
Attention : « *Mon cher ami / Ma chère amie* » marqueraient une supériorité.

pour commencer

- si vous répondez : « *J'ai bien reçu votre lettre du... et vous en remercie.* » ou : « *En réponse à votre lettre du... j'ai le plaisir de vous annoncer / de vous faire savoir* »,
- si vous demandez quelque chose : « *J'ai l'honneur de solliciter* (demander) un emploi / un poste de... dans votre entreprise / votre établissement...* »

pour finir (la formule de politesse)

- à une personne que vous ne connaissez pas (ou peu) : « *Veuillez agréer, Madame / Monsieur, mes salutations distinguées* »,
- à quelqu'un que vous connaissez déjà : « *Veuillez croire, chère Madame / cher Monsieur, à mes meilleurs sentiments* »,
- a un supérieur : « *Veuillez agréer, Monsieur le Directeur, l'expression de mes sentiments respectueux et dévoués* »,
- à une personne que vous estimez : « *Je vous prie de croire, cher Monsieur, à mes sentiments bien sincèrement dévoués* », ou (si vous le connaissez mieux) « *Bien sincèrement à vous / vôtre* »,
- à un ami vous direz simplement : « *Bien amicalement à vous* (ou *à toi*) » et, à quelqu'un qui vous sera cher, « *Je t'embrasse bien affectueusement* ». (Vous pourrez, bien sûr, modifier ce dernier adverbe en fonction de... votre affection !)

La carte de visite

Si vous n'en avez pas, vous pourrez utiliser un simple « bristol* » blanc sur lequel vous porterez (en haut et à gauche) vos nom et adresse mais aucune formule de début ou de politesse. Vous vous en servirez pour envoyer :

∗ **Des vœux*** (de bonne année par exemple) :

« Raymond X *est heureux de vous adresser ses vœux les plus sincères à l'occasion de la Nouvelle Année.* »
« Suzanne Y *adresse à Pierre, Marie et Joëlle ses meilleurs vœux de Noël et de Nouvel An.* »

∗ **Des félicitations** (pour un mariage, etc.) :

« Raymond X *apprend avec joie la nouvelle du mariage de Paul et Virginie. Il vous adresse à cette occasion ses félicitations les plus sincères / amicales / cordiales avec tous ses vœux de bonheur pour les (jeunes) époux.* »

∗ **Des condoléances*** (pour un décès) :

« Suzanne Y *vous adresse l'expression de toute sa sympathie et ses condoléances les plus sincères pour le deuil cruel qui vous frappe.* »

∗ **Une réponse à une invitation [1] :**

« Raymond X *a bien reçu votre invitation et vous en remercie vivement. C'est avec joie qu'il assistera au lunch* que vous donnez le vendredi 13 juin.* »

1 La formule R.S.V.P. au bas d'une invitation signifie : « Répondez, s'il vous plaît (aussi vite que possible). »

Une lettre officielle

John SMITH
à Monsieur le Recteur
de l'Académie de Nantes,

s/c [1] de Monsieur le Proviseur du Lycée...
Objet : demande d'autorisation d'absence.

Monsieur le Recteur,

J'ai l'honneur de solliciter de votre bienveillance* une autorisation d'absence du 14 au 23 mars pour me rendre en Angleterre soutenir ma thèse* de doctorat.*

Veuillez agréer, Monsieur le Recteur, l'expression de mes sentiments respectueusement dévoués.

A Nantes, le 28 février 19..
J.A. Smith

1 S/C = sous couvert, sous la responsabilité. C'est ce qu'on appelle écrire « par la voie hiérarchique*. »

Une lettre pour vous annoncer

Chicago, le 6 juin 19..

Madame [1],

Notre ami commun, Monsieur [2] *Lemercier, m'a fait savoir que vous acceptiez de m'accueillir une huitaine* [3] *de jours le mois prochain. Je vous en suis très reconnaissant* [4] *et ferai de mon mieux pour que ma présence ne semble trop lourde ni à la maîtresse de maison ni à tous les siens.*

Il est inutile de me présenter, je pense, puisque Monsieur Lemercier a eu la gentillesse de le faire pour moi. Je vous adresserai bientôt des précisions sur le jour et l'heure de mon arrivée.

Je vous prie d'agréer, Madame, l'expression de mes sentiments distingués.*

Charlie Brown.

1 Ne pas utiliser le nom de famille (voir page précédente).
2 Mieux vaut, ici, écrire « monsieur » en toutes lettres.
3 Rappelez-vous que pour les Français huit jours (une huitaine) signifie généralement une semaine et quinze jours (une quinzaine), deux semaines.
4 On n'exprime jamais assez sa reconnaissance, sa gratitude*.

La lettre de remerciements

Chicago, le 20 juillet 19..

Chère Madame, cher Monsieur,

Je suis heureux de pouvoir vous dire que, grâce à Air France, mon voyage de retour s'est effectué dans d'excellentes conditions.

C'est avec une certaine tristesse que je pense à ces trop courtes journées passées parmi vous. Je me souviendrai longtemps en particulier de ce magnifique feu d'artifice [1] *auquel vous m'avez permis d'assister et de nos parties de belote* [2]. *Je vais essayer d'enseigner ce jeu à mes amis...*

Veuillez transmettre mon cordial [3] *souvenir à Rémi et Noëlle et croyez-moi, chers amis - si vous me permettez de vous appeler ainsi -, bien sincèrement vôtre,*

Charlie [4].

1 Du 14 Juillet, voir p. 108.
2 Voir p. 128-129.
3 Ce mot, qui vient de « cœur », convient pour s'adresser à des amis (sentiments cordiaux).
4 Le prénom suffit maintenant puisque vous êtes amis. Vous vous en êtes certainement fait beaucoup d'autres pendant ce séjour. N'oubliez pas de leur écrire (une petite carte pour leur fête ou leur anniversaire leur fera plaisir) et revenez vite les voir sans oublier de mettre, ou de remettre...

La France dans votre poche !

« Le Français Fondamental Familier » ou F.F.F.

Français Fondamental

Nous avons - tout au long de ces quelque 150 pages - fait de notre mieux pour vous familiariser* avec la France, les Français et... le français.

Cela n'a pas toujours été sans mal pour nous - et peut-être aussi pour vous. Nous sommes souvent sortis du cadre de ce Français Fondamental que nous nous étions fixé, pour vous montrer d'autres aspects de la langue. Il en est un que nous avons simplement *effleuré** (à peine touché), c'est celui du

Français Familier

Nous pensons qu'il ne serait pas très honnête de vous quitter sans vous rappeler qu'il existe dans notre langue, comme dans toutes, des mots et des expressions qu'il faut employer - qu'ils soient familiers, populaires ou argotiques (c'est-à-dire particuliers à un groupe social ou professionnel) - et d'autres, beaucoup d'autres, qu'il peut être parfois utile de comprendre, mais qu'il faut éviter d'utiliser.

Nous vous donnons ci-dessous quelques correspondances entre le Français Fondamental (par ex. D'ACCORD) et le Français Familier (par ex. dac).

Nous vous indiquons aussi quelques mots qui viennent du langage enfantin *(e)* et quelques autres qui ont un sens péjoratif *(p)* c'est-à-dire qui peuvent être mal interprétés (« mal pris ») par ceux qu'ils désignent (par ex. un agent n'aime pas être appelé un « flic »).

Les mots en italiques (par ex. *mec*) sont à éviter en toutes circonstances.

N. B. Voir aussi p. 67 tout ce qui concerne l'argent, p. 133 la langue des jeunes, et, à la fin de ce chapitre, les « gros mots » et le « franglais ».

D'ACCORD : dac, Okay.
AGENT (de police) : flic *(p)*, poulet *(p)*.
ALLER (s'en) : voir PARTIR.
AMUSER (s') : se marrer, rigoler.
ARGENT : voir p. 67.
ARRIVER : se pointer, débarquer.
ASSEZ (en avoir) : en avoir marre, plein le dos, ras le bol (p. 119).
ATTENDRE : poiroter.
AU REVOIR : salut! Ciao (tchaou)!
AUTO : une bagnole, une tire.
BEAU : chouette.
BELLE (femme) : bien roulée, bien balancée.
BICYCLETTE : vélo, bécane.
BIEN (dans EH BIEN!) : bé (p. 99), ben (p. 51).
BOIRE : picoler, boire un coup, boire un pot.
BRUIT : boucan, raffut.
CABINETS : toilettes, petits coins, les wc.
CAMARADE : un copain (une copine).
CASSER : esquinter, bousiller.
ÇA VA (affirmatif ou interrogatif) : ça marche, ça gaze, ça colle.
CHAMBRE : une piaule, une thurne.
CHANCE (avoir de la) : avoir du pot, de la veine (cf. un veinard), être verni.
MALCHANCE : la poisse, la déveine.
CHAT : un minet *(e)*.
CHAUSSURES : les godasses, les savates *(p)*.
CHER : salé.
CHEVAL : un bourrin, un canasson, dada *(e)*.
CHEVEUX : les tifs.
CHIEN : un cabot, un toutou *(e)*.
CIGARETTE : une pipe, une sèche.
COLÈRE (être en) : être furax, en rogne.
COMPRENDRE : piger.

CONNAISSANCE (perdre) = S'ÉVANOUIR : tourner de l'œil, tomber dans les pommes.
COUCHER (se) : se pieuter.
COUP : une tarte, un gnon.
COURAGE (avoir du) : être gonflé.
CRIER : brailler, gueuler.
DÉMOLIR : esquinter, amocher.
DÉPÊCHER (se) : se grouiller.
DERRIÈRE (le) : les fesses, le postérieur, *le cul.*
DÉSORDRE : pagaille, *bordel.*
DOCTEUR : le toubib.
DORMIR : pioncer, roupiller.
DROLE : bidonnant, marrant, rigolo.
EAU : la flotte.
EMBRASSER : faire une bise (p. 115), *bécoter.*
ENFANT : un gosse, un gamin; (tout petit) un marmot, un mouflet.
ENNUYEUX : casse-pied, raseur.
FAIM (avoir) : avoir les crocs, la dent, la fringale.
FATIGUÉ (être) : être à plat, crevé, lessivé, vidé.
FEMME : *gonzesse,* mémé, mémère. (ÉPOUSE) : moitié, bourgeoise.
FÊTE : une boum (p. 132).
FÊTE (faire la) : faire la bombe, la noce.
FILLE : minette, nana (p. 133), nénette.
FORT : balèze, baraqué, costaud.
FOU : dingue, cinglé, piqué.
FRÈRE : frangin.
FROID (il fait) : ça caille, ça pince.
GARÇON : un type, un *mec;* mauvais garçon : un truand.
GENS (importants) : des huiles.
GENTIL : sympa, au poil.
HABILLER (s') : se fringuer.
HEURE : une plombe.
HOMME : type, gars, *mec.*
INQUIET (être) : se faire de la bile, du mauvais sang.
JAMBE : guibole.
JOURNAL : un canard (p. 145).
KILOMÈTRE : une borne.
LAID : moche.
LIRE : bouquiner.
LIT : pieu, plumard.
LITRE : un litron, un kil.
LOIN : à tous les diables.
MAIN : la paluche, la pince, la menotte (*e*).
MALADE : pas bien, mal fichu (p. 134).
MALHEURS : des embêtements, des tuiles, des pépins (p. 124).
MANGER : casser la graine, la croûte, bouffer (p. 75, 77).
MANGER (trop) : *baffrer,* s'empiffrer.
MANQUER : rater, louper.
MODE (à la) : à la page (64,145), dans le vent (132).
SE MOQUER : mettre en boîte, se payer la tête de...
MOTEUR : moulin.
MOTOCYCLETTE : un gros cube, une meule, (mobylette) une mob.
MOURIR : casser sa pipe, clameser.
NEZ : blair, pif.
NOURRITURE : la bouffe, la boustifaille.
NOUVEAU : (dans l'armée) un bleu, (à l'école) un bizuth.
OREILLE : une feuille, une portugaise (voir SOURD).
PANTALON : falzard, froc.
PARESSE : la cosse, la flemme.
PARESSEUX (OU FAINÉANT) : cossard, faignant, flemmard.
PARLER : baratiner, jacter.
PARTIR : se barrer, filer, se tailler, se tirer.
PEUR : la frousse, la trouille.
PIÈCE DE THÉATRE (mauvaise) : un four (p. 139).
PIED : *panard, pinceau.*
A PIED : à pince.
PLEURER : chialer.
PLEUVOIR : flotter.
POMME DE TERRE : patate.
PRESSÉ (être) : *avoir le feu au derrière.*
PROFESSEUR : un prof.
PROMENER (se) : faire un tour, se balader.
PROPRE (très) : impec, nickel.
PROTESTER : râler, rouspéter (p. 133).
REGARDER : reluquer, viser, zieuter.
RENDEZ-VOUS : un rencard.
REPOSER (se) : tirer sa flemme, se tourner les pouces.
RESTAURANT : un resto.
RICHE : rupin.
RIEN : que dalle.
RIRE : se fendre la pipe, se marrer, rigoler.
SALE : infect, crasseux, *dégueulasse.*
SENTIR MAUVAIS : puer, cocoter.
SERVICE (RENDRE) : donner un coup de main, dépanner.

SŒUR : frangine.
SOUFFRIR : en baver, déguster.
SOURD : dur de la feuille.
TAIRE (se) : la boucler, la fermer.
TAIS-TOI ! : la ferme ! ta bouche ! *ta gueule.*
TÊTE : bille, tronche.
TOMBER : se casser la figure / *la gueule.*
... (de moto ou de vélo) : ramasser une gamelle (p. 40), se planter.
TRANQUILLE : pénard, pépère.
TRAVAIL : le boulot (p. 133), turbin.
TRAVAILLER (étudier) : bûcher.
(NE PAS TRAVAILLER) : se la couler douce.
TRÈS BIEN : sensas, génial, terrible, drôlement / vachement bien.

TROMPER (se) : se gourer, se mettre le doigt dans l'œil.

VENTRE : le bide, la brioche (p. 63).

VÊTEMENTS : des fringues, des frusques, des nippes.

VIANDE : la barbaque, la bidoche, la carne (*p*).

VIN : le picrate, le pinard.

VOIR (ne pas bien) : être miraud / bigleux.

VOLER (sens de « prendre ») : chaparder, chiper, faucher, piquer.

VOLER (SE FAIRE) : se faire avoir / harnaquer.

VRAI? (c'est) : sans blague? tu rigoles?

Des mots à sens multiple

BIDULE, MACHIN, TRUC, ZINZIN : peuvent désigner n'importe quel objet.
EXTRA, TERRIBLE, GÉNIAL : beau, formidable, très bien.
SYMPA : agréable, charmant, joli, gentil...
POIL - A POIL : tout nu; AU POIL : formidable; DE MAUVAIS POIL : de mauvaise humeur; REPRENDRE DU POIL DE LA BÊTE : reprendre des forces.
La gueule : ce peut être la bouche, la figure, la tête; par ex. *avoir une sale gueule* ou *faire une drôle de gueule ; gueuler :* crier très fort; *engueuler :* gronder; *dégueuler :* vomir.
Le « mot de cinq lettres » ou « mot de Cambronne » *(merde)* - du nom du

***

Le Franglais

On appelle ainsi l'ensemble des mots et des formes grammaticales venus de l'anglais. Quelquefois ces mots - pour ne pas parler de la grammaire franglaise - désignent un objet nouveau *(mixer)* ou une idée nouvelle *(brain-storming)*, surtout dans le domaine scientifique, mais certains (comme bifteck) sont entrés depuis longtemps dans notre vocabulaire. Nous vous donnons ci-dessous ceux que nous avons utilisés dans le livre, plus quelques autres très courants, et vous indiquons quelquefois soit le mot français que nous lui préférons, soit le véritable mot anglais.

AUTOSTOP (p.40) : hitch-hiking.
CAMPING (p. 40).
CARAVANING (p. 40).
CATCH : all-in wrestling (p. 130).
DESIGN (p. 114).
DRUGSTORE (p. 75).
FLASH (p. 146).
FLASH-BACK (p. 140), mieux : retour en arrière.
FORCING (p. 131).
FUEL, mieux : mazout / carburant.
GADGET (p. 114).
GAG (p. 141).
HI-FI (p. 140) : Hi Fi.
JAZZ (p. 132).
JERK (p. 132).
JET (p. 82).
JUMPING (p. 130).
KITCHENETTE (p. 112), mieux : cuisinette.

général qui le prononça, dit-on, pendant la bataille de Waterloo, pour répondre aux Anglais qui lui demandaient de se rendre. Vous l'entendrez beaucoup (trop) mais ne suivez pas le mauvais exemple; servez-vous plutôt de FLUTE ou ZUT pour exprimer votre surprise, votre colère, etc. Évitez aussi ses composés : *emmerder* (= ennuyer) et se *démerder* (= se débrouiller).

Un verbe « passe-partout » : ficher, dans :

FICHER LE CAMP (= partir); FICHER LA PAIX (= laisser tranquille); FICHER EN L'AIR (= jeter); SE FICHER (= se moquer); IL NE FICHE (= fait) RIEN; JE M'EN FICHE (= ça m'est égal); MAL FICHU (= malade); IL EST FICHU (= il va mourir/il est perdu).
Vous pouvez l'utiliser, mais évitez son synonyme - très vulgaire - *foutre* et son participe passé *foutu.*

Les paroles qui blessent : offenses, injures, insultes...

Les Français, au volant surtout, en prononcent beaucoup:
- de l'insulte bénigne (faible) comme « ESPÈCE » D'ANIMAL, D'ÂNE, D'IMBÉCILE, D'IDIOT OU PAUVRE TYPE
- aux injures graves - dont la plus courante est un mot de trois lettres - en passant par toute une gamme [1] (qui n'a rien de musical) : TÊTE DE CECI OU DE CELA, FICHU (ou *foutu*) CECI OU CELA... des noms d'animaux (CHAMEAU, PORC, COCHON, POURCEAU...) ou trop courant : *salaud* (masc.) et *salope* (fém.)...
Contentez-vous de *hausser* [2] les épaules et n'oubliez pas que la meilleure réponse à ces personnes est le MÉPRIS [3].

1 La gamme : do, ré, mi, fa, sol, la, si, do.
2 Hausser = soulever.
3 Du verbe mépriser (adj. : méprisable). Page 14 bis.

****

LIVING (p. 112), mieux : séjour (un).
LUNCH (p. 125), mieux : buffet froid.
MIXER (p. 119).
MOTEL (p. 75).
MUSIC-HALL (p. 132-138).
NIGHT-CLUB (p. 132), mieux : boîte de nuit.
NURSE (p. 114).
PARKING (p. 90) : car park.
POP (p. 132).
PRESSING (p. 122).
RING (p. 130).
ROCK (p. 132).
ROSBIF (p. 62).
ROWING (p. 130), mieux : aviron.
SCRIPT-GIRL (p. 140), mieux : scripte.
SEXY (p. 140), mieux : érotique.
SHOPPING mieux : courses, achats, emplettes.
SINGLE (p. 86).
SLOW (p. 132).
SNACK-BAR (p. 74/139).
SNOB (p. 133).
SPEAKER (INE), mieux : annonceur, présentatrice.
SPOT (p. 147).
STANDING (p. 112).
STEEPLE-CHASE (p. 128).
STEWARD (p. 84).
STRIP-TEASE (p. 138).
SUPERMAN (et tous les « super » quelque chose).
SUSPENSE (p. 139).
TRAVELLER'S CHEQUE (aussi : chèque de voyage).
TURFISTE (p. 128) : race goer.
WEEK-END (p. 126).
YACHTING (p. 92), mieux : nautisme.

Index
vocabulaire hors français fondamental

Nous avons fait figurer dans cet index tous les mots qui ne sont pas du français fondamental avec l'indication de la (ou des) page(s) où nous les avons utilisés. L'explication (ou l'illustration) du mot est généralement donnée à la première page citée.

Ne figurent pas dans cette liste les mots donnés dans les minilexiques c'est-à-dire :

l'automobile p. 38-39.
l'hôtellerie p. 72-73.
la gastronomie 78-79 ; 120-121.
la médecine 134-135.

Voir aussi « l'argent » p. 67, « la langue des jeunes » p. 133 et, bien sur, le F.F.F. et le « Franglais » dans les pages précédentes.

SIGLES (= initiales) les plus courants

A.P. = Assistance Publique.
C.E.C.A. = Communauté Européenne du Charbon et de l'Acier.
C.N.R.S. = Centre National de la Recherche Scientifique.
D.D.T. = Dichloro-diphényl-Trichlorétane (insecticide).
J.O. = Journal Officiel.
O.N.U. = Office des Nations Unies.
Q.I. = Quotient d'Intelligence.
S.M.I.C. = Salaire Minimum Interprofessionnel de Croissance.
S.P.A. = Société Protectrice des Animaux.
T.S.V.P. = Tournez s'il vous plaît.
T.V.A. = Taxe à la Valeur Ajoutée (RG).
V.D.Q.S. = Vin Délimité de Qualité Supérieure.
Z.U.P. = Zone à Urbaniser en Priorité.

Renseignements généraux

Nous avons groupé dans cette rubrique tous les renseignements susceptibles de changer souvent : adresses, numéros de téléphone, prix, etc., afin de pouvoir les vérifier et les mettre à jour à chaque nouvelle édition de ce livre.

La dernière mise à jour a été faite au 1er Mai 1974.

Vous trouverez par la même occasion dans ces quelques pages une liste très détaillée des différents sujets traités dans le livre et l'indication des pages où vous pourrez les trouver.

La plupart des adresses données ci-dessous sont parisiennes. Pour gagner de la place nous n'avons indiqué l'arrondissement que par le chiffre romain (XIII). Mais si vous écrivez il faut obéir au code postal et écrire : 75006 ou 75013 (n'oubliez pas (non plus) de joindre un coupon-réponse international !).

Si vous y allez vous-même, nous avons indiqué partout la station de métro la plus proche (par exemple M Luxembourg). Comme il est souvent plus pratique de téléphoner, nous avons aussi indiqué partout le numéro à sept chiffres.

AÉROPORTS, p. 58-59. Voir AVION, p. 82 à 85.

AMBASSADES ET CONSULATS à PARIS, p. 28.

Algérie, 98, rue Hamelin, XVIe. **M** Boissière. 553.71.49.
Allemagne Fédérale, 13-15, avenue Franklin-D. Roosevelt, VIIIe, 359.33.51.
Service Consulat et Passeports, 34, avenue d'Iéna, XVIe.
Argentine, 6, rue Cimarosa, XVIe. **M** Boissière. 553.14.69.
Australie, 64, avenue d'Iéna, XVIe, **M** Kléber. 720.33.04.
Autriche, 6, rue Fabert, VIIe, **M** Invalides. 725.89.39.
Belgique, 9, rue de Tilsitt, XVIIe, **M** Étoile. 380.61.00.
Brésil, 34, cours Albert-1er, VIIIe, **M** Alma-Marceau. 359.39.68.
Canada, 90, avenue des Champs-Élysées, VIIIe, **M** F.-D. Roosevelt, 256.38.72.
Chine, 11, avenue George-V, VIIIe, **M** George-V. 256.04.24.
Danemark, 77, avenue Marceau, XVIe, **M** Étoile. 720.18.50.
Espagne, 13, avenue George-V, VIIIe, **M** George-V. 359.29.33.
Etats-Unis d'Amérique,
Chancellerie : 2, avenue Gabriel, VIIIe, **M** Concorde. 265.74.60.
Service des Visas : 2, rue Saint-Florentin, Ier, **M** Concorde. 260.39.06.
Finlande, 39, quai d'Orsay, VIIe, **M** Chambre des Députés. 705.35.45.
Hongrie, 3, square Vergennes, XVe, **M** Vaugirard. 842.51.05.
Inde, 15, rue Alfred-Dehodencq, XVIe, **M** Muette. 870.39.30.
Israël, 3, rue Rabelais, VIIIe, **M** F.-D. Roosevelt. 924.29.17.
Italie, 47, rue de Varenne, VIIe, **M** Sèvres-Babylone. 548.67.32.
Japon, 7, avenue Hoche, VIIIe, **M** Étoile. 924.83.59.
Luxembourg, 33, avenue Rapp, VIIe, **M** Alma-Marceau. 551.00.04.
Maroc, 5, rue Le Tasse, XVIe, **M** Trocadéro. 870.69.35.
Mexique, 9, rue de Lonchamp, XVIe, **M** Iéna. 727.41.44.
Norvège, 28, rue Bayard, VIIIe, **M** F.-D. Roosevelt. 359.98.60.
Pays-Bas, 7, rue Éblé, VIIe, **M** Duroc. 578.61.88.
Pologne, 57, rue Saint-Dominique, VIIe, **M** Invalides. 551.60.80.
Portugal, 3, rue Noisiel, XVIe, **M** Porte Dauphine. 553.12.16.
Québec (Délégation Générale du Gouvernement du), 66, rue Pergolèse, XVIe. **M** Porte Maillot. 727.61.39.
Roumanie, 5, rue de l'Exposition, VIIe, **M** École Militaire. 551.00.44.
Suède, 66, rue Boissière, XVIe, **M** Boissière. 553.11.89.

Suisse, 142, rue de Grenelle, VIIe, **M** Latour-Maubourg. 551.62.92.
Tchécoslovaquie, 18, rue Bonaparte, VIe, **M** Saint-Germain-des-Prés. 033.20.20.
U.R.S.S., 79, rue de Grenelle, VIIe, **M** Bac. 548.95.41.
Vietnam (Gouvernement Central), 45, avenue de Villiers, XVIIe, **M** Malesherbes. 227.06.57.

Pour les autres pays, demander le renseignement au *Ministère des Affaires Étrangères*, 37, quai d'Orsay, VIIe. 705.98.20. **M** Chambre des Députés.

ANTIQUITÉS, p. 60, 63.
Hôtel des ventes : Salle Drouot, 8, rue Rossini, IXe. 523.07.51. **M** Richelieu-Drouot.

AUTOBUS, p. 56-57. Voir R.A.T.P.

AUTOMOBILE, p. 38 à 40. Voir aussi : ESSENCE, ROUTES ET TÉLÉPHONES UTILES.

Accidents : Demandez un *constat* par la police (agent ou gendarme), surtout s'il y a des blessés; pour de gros dégâts matériels, faites faire un constat par un *huissier.* Prenez l'adresse des témoins si vous pouvez en trouver.

Associations

Automobile-Club Européen, 9, rue Catulle-Mendès, XVIIe. 380.37.01. **M** Porte de Champerret.
105, avenue Louise, 1050, Bruxelles, 37.30.32.
Paseo de Gracia, 18, Barcelona Ier. 232.00.98.
Automobile-Club de France, 6, place de la Concorde, VIIIe. 265.34.70. **M** Concorde.
Touring-Club de France (et Touring-Secours) : 65, avenue de la Grande-Armée, XVIe. 727.89.89. et 553.39.59. **M** Argentine.
Bureaux ouverts de 9 h à 18 h sauf dimanches et fêtes. Nombreux délégués (correspondants) à l'étranger; renseignez-vous.
Forfait automobiliste (avec Touring-Secours) : 95 F par an + supplément de 12 F si vous résidez à l'étranger.

Assurance internationale : possible dans les bureaux de douane (voir p. 28).

Dépannage : *Touring-Secours* (ci-dessus).
Aide-Auto : 720.18.49.
Allo Dépannage : 535.35.01.
S.O.S. : 69.69.
La Route Bleue (prêt de voiture pendant les réparations) : 43, rue Raspail, 92300 Levallois, 737.04.78. **M** Anatole-France.
En province : cherchez les mots « dépannage ou garage » dans l'annuaire local.

Location

Dans toutes les grandes gares S.N.C.F. au bureau de renseignements.
Avis, 48, rue Albert, XIIIe, 589.54.41. Télex 27 126. **M** Porte d'Ivry.
Europcars, 11, rue du Champ-de-Mars, VIIe, 555.03.58, Télex 27682. **M** École Militaire.
Hertz, Bureau Central : 788.37.12 et 333.24.10 ; Aéroport d'Orly : 687.10.44 ; Charles-de-Gaulle - Roissy : 862.12.12.
Mattéi, dans toutes les grandes villes, voir l'annuaire.

Location avec chauffeur :

Voir *Europcars*, ci-dessus. Également dans toutes les *grandes gares parisiennes* (voitures de louage, mais... renseignez-vous sur le prix avant de monter. Ces voitures n'ont pas de compteur).

Stationnement : voir p. 34, 35 et R.G. PROCÈS-VERBAUX.

Automobile volée

— Assurez-vous que votre voiture n'a pas été enlevée par la police en téléphonant : à Paris au 277.11.00, en province au Commissariat.

— S'il y a vraiment vol : allez *immédiatement* faire une déclaration au commissariat le plus proche ou à la gendarmerie locale. Vous pouvez également demander une annonce radio à l'O.R.T.F., 254.22.22.

Vitesse

La vitesse est limitée à 90 km/h sur de nombreuses routes, à 120 km/h sur les routes à quatre voies et à 140 km/h sur les autoroutes.

AUTOROUTES, p. 36. Voir aussi ROUTES ET PÉAGE.

AUTOSTOP, p. 40.

Provoya, 209, boulevard Saint-Germain, VIIe, 544.12.92. **M** Bac, vous mettra en rapport avec des automobilistes ; frais à partager.

AVION, p. 82-84.

Aérogare : Paris-Invalides (**M** Invalides). Renseignements : 705.82.81.

Aéroports, p. 58.

Renseignements : Le Bourget, 208.98.90. Orly, 707.85.55. Roissy, 862.12.12.
Visites de groupes : écrire Aéroport d'Orly, Service des visites groupées, 94310 Orly.
Visiteurs isolés : d'avril à octobre, tous les jours à 15 h, parking n° 7.
Aérospatiale : tous renseignements (visites, publications) 525.54.32, ou écrire : 37, boulevard de Montmorency, XVIe. **M** Porte d'Auteuil.
Air France : 119, Champs-Élysées, VIIIe. **M** George-V 535.61.61 Agence/Jeunes 62, rue Monsieur-le-Prince VIe. **M** Luxembourg... et ailleurs : Alger : 64.90.10 - Berlin : 881.08.81 - Londres : 499.86.11 - Madrid : 247.20.00 - Mexico : 566.00.66 - Moscou : 225.63.05 - New York : 758.6300 - Rome : 47.88.51 - Tokyo : 501.6331 - Washington : 3378-711.
Air Inter : 232, rue de Rivoli, Ier. **M** Concorde. 588.21.21.

Avions-Taxis

Aviaffaire, 71, rue de la Victoire, IXe. **M** Le Peletier. 874.44.83.
Avia Taxi-France, Aéroport Le Bourget, 284.64.16.
Euralair, Aéroport Le Bourget, 254.58.90.
Unijet, 217, Faubourg Saint-Honoré, VIIIe **M** Ternes. 924.70.80.

BAGAGES. Voir TRAIN.

BANLIEUE PARISIENNE, p. 58-59.

BANQUES, p. 66-67 (étrangères, à Paris) :

Banco Espanol : 16, rue de la Chaussée-d'Antin, IXe, **M** Opéra. 824.68.41.
Banque Franco-Allemande : 15, avenue de Friedland, VIIIe, **M** Étoile. 359.01.09.
Banque Royale du Canada : 3, rue Scribe, IXe, **M** Opéra. 742.02.40.
Banco di Roma : 15, rue de Choiseul, IIe, **M** 4-Septembre. 742.56.80.
Bank of Tokyo : 26, avenue de l'Opéra, Ier, **M** Pyramides. 073.68.10.
Barclays Bank : 33, rue du 4-Septembre IIe, **M** Opéra 073.42.20.
First National City Bank : 60, Champs-Élysées, VIIIe, **M** F.-D. Roosevelt. 225.61.00.
Lloyds Bank : 43, boulevard des Capucines, IIe, **M** Opéra. 073.38.50.
Westminster Foreign Bank : 18, place Vendôme, Ier, **M** Opéra. 073.52.40.

Bureaux de change ouverts jour et nuit :

Aéroports du Bourget, d'Orly et de Charles-de-Gaulle - Roissy ; aérogare des Invalides. Grandes Gares Parisiennes ; Accueil de France, 7, rue Balzac, VIIIe, **M** George-V. Le samedi matin : B.N.P., 2, place de l'Opéra, **M** Opéra et 37, Champs-Élysées, **M** F.-D. Roosevelt.

BATEAUX, p. 90, 102.

Si vous voulez naviguer avec votre bateau sur les canaux et rivières de France, demandez l'autorisation au *Ministère de l'Équipement*, Service des Voies Navigables (2e Bureau), 244, boulevard Saint-Germain, VIIe, **M** Chambre des Députés. 325.24.63.

Location de Bateaux

Syndicat National des loueurs de bateaux de plaisance, 36, avenue Hoche, VIIIe, **M** Étoile. 924.17.69.

Plaisance : demander

la brochure de la *Direction des Ports Maritimes et Voies Navigables*, 244, boulevard Saint-Germain, VIIe, **M** Chambre des Députés ;

les cartes et guides à *l'Office National de la Navigation*, 2, boulevard de La Tour-Maubourg, VIIe, **M** La Tour-Maubourg. 551.67.05 ;

tous renseignements au *Syndicat National des Navigateurs de Plaisance*, 6, square de l'Opéra, IXe, **M** Opéra. 742.39.53 ;

École de voile (la principale) : *Centre Nautique des Glénans*, Secrétariat, face au 15, quai Louis-Blériot, XVIe, **M** Javel. 525.62.56.

Stages :

Touring-Club de France (voir AUTOMOBILE).
U.C.P.A., 62, rue de la Glacière, XIIIe, **M** Gobelins. 336.05.20.
Centre Nautique Éole, 4, rue de la République, 94360 Bry-sur-Marne.

Vacances sur l'eau

en Bretagne : *Armor-Marine*, quai Garnier du Fougeray, 35400 Saint-Malo,
dans le Centre : *Saint-Lines Cruisers*. La Montagne, 58800 Corbigny,
dans le Midi : *Marin'Air*, 11120 Sallèles d'Aude.

BICYCLETTES, p. 40. Voir DEUX-ROUES.

BOUTIQUES, p. 60 à 65.

En voici quelques-unes parmi des milliers, à Paris :

Boucher : *Martin*, 1, rue de Sontay, XVIe, **M** Victor-Hugo. 553.77.36.

Café : *Corcellet*, 18, avenue de l'Opéra, Ier, **M** Opéra. 073.33.33.

Coiffeurs

à domicile - *Allo-Coiffure*, 227.56.97. *R.G. Service*, 488.04.37.

ouverts le dimanche matin : *Parnasse Coiffure*, Hommes et Femmes - 62, rue du Montparnasse, XIVe, **M** Montparnasse. 033.62.92.

Confiseurs : *Fauchon*, 24, 26, 28, place de la Madeleine, VIIIe, **M** Madeleine. 073.11.90.

Marquise de Sévigné, 1, place Victor-Hugo, XVIe, **M** Victor-Hugo. 727.37.65.

Couturiers, voir p. 64 ; *Grands Magasins*, voir p. 60-61.

Fromages : *Creplet-Brussol*, 17, place de la Madeleine, VIIIe, **M** Madeleine. 265.34.32 ; *Androuet*, 41, rue d'Amsterdam, VIIIe, **M** Saint-Lazare. 874.26.90.

Librairies : *Brentano's*, **M** Opéra ; *Galignani*, **M** Tuileries ; *Smith's*, **M** Concorde et... tout le Quartier Latin et les Quais.

Meubles

Neufs : Faubourg Saint-Antoine, **M** Bastille.
Anciens : même adresse + antiquaires, **M** Saint-Michel et Marchés (voir p. 61).

Pain : *Poilâne*, 8, rue du Cherche-Midi, VIe, **M** Sèvres-Babylone. 548-42-59.

Primeurs : *Fauchon* (voir Confiseurs).

Produits Exotiques : *Hédiard*, 126, rue du Bac, VIIᵉ, **M** Bac. 544.01.98.
(Vietnam) *Nam Long*, 48, rue Monsieur-le-Prince, VIᵉ, **M** Odéon-Luxembourg. 326.86.10.

Soldes (Vêtements) : *Griffsolde*, 1, rue de la Plaine, XXᵉ, **M** Avron. 628.56.30.
Le Mouton à Cinq Pattes, 8, rue Saint-Placide, VIᵉ, **M** Saint-Placide. 548.86.26.

Mesdames : si vous désirez une hôtesse pour vous accompagner dans les boutiques, téléphonez à *Lady-Paris*, 704.06.63.

CAMPING ET CARAVANING, p. 40.

Fédération Française de Camping et de Caravaning, 78, rue de Rivoli, Iᵉʳ, **M** Hôtel de Ville. 272.84.08.
Camping-Club International de France, 22, avenue Victoria, **M** Hôtel de Ville. 236.12.40.
Touring-Club de France (voir AUTOMOBILE) : demandez la brochure « Indicateur du Camping-Caravaning (tous les campings de France) (gratuite pour les membres du T.C.F.).

Locations : Tout matériel : *R. Déthy*, 20, place des Vosges, IVᵉ, **M** Chemin-Vert 887.27.01.
Campeurs *sans* véhicules : voyez PROMENADES.

CARTES. Voir GUIDES.

CÉRÉMONIES, p. 125.

CHANGE, p. 66-67.

Bureaux de change, p. 66. Voir BANQUES.

Contrôle des changes, renseignez-vous avant de quitter votre pays.

N.B. La situation financière internationale ne nous permet pas (en 1974) de donner le cours des principales devises. Ils sont affichés dans tous les Bureaux de Change, au jour le jour.

CHANSONS, p. 111, 132-133.

CHEMINS DE FER, p. 86 à 89. Voir TRAIN.

CHEVAL, Équitation, p. 130.

Il existe dans toutes les villes de province de nombreuses possibilités, soit pour pratiquer l'équitation, soit pour louer des caravanes hippomobiles. Adressez-vous aux *Syndicats d'Initiative*. Voir Tourisme.

A Paris, adressez-vous au *Touring-Club de France*, voir Automobile, à *Cheval-Voyage*, 8, rue de Milan, IXᵉ, 744.60.80, **M** Clichy ou au *Club Hippique Tournebride*, 1 bis, avenue Camille-Normand, 78170 La Celle-Saint-Cloud 969.36.13.

CINÉMA, p. 140-141.

La liste des cinémas parisiens est beaucoup trop longue pour que nous vous la donnions ici. Vous la trouverez d'ailleurs, avec les programmes et les heures des séances, dans tous les quotidiens et les journaux spécialisés. Sachez toutefois distinguer les salles d'exclusivité (Grands Boulevards, Champs-Élysées) où les prix sont de l'ordre de 12-15 F la place, et les salles de quartier, bien moins chères (environ 8-10 F la place).

N'oubliez pas les Ciné-Clubs, comme le :

Ciné-Club Ulm, 29, rue d'Ulm, Vᵉ, **M** Luxembourg ou Monge,
ou celui de la *Cité Universitaire*, 21, boulevard Jourdan, XIVᵉ, **M** Cité Universitaire, ainsi que la *Cinémathèque* et le *Musée du Cinéma, Palais de Chaillot*, XVIᵉ, **M** Trocadéro, 704.24.24,

et, si vous aimez les films scientifiques, le

Palais de la Découverte, **M** Champs-Élysées-Clemenceau.

N.B. En province il faut compter de 7 à 10 F pour une place de cinéma, mais là, comme à Paris, vous aurez droit à une réduction si vous avez une carte d'étudiant.

CLINIQUES. Voir SANTÉ.

CODE DE LA ROUTE, p. 34 à 37.

COIFFEURS. Voir BOUTIQUES.

CORRESPONDANCE, p. 151 à 153.

COURSES DE CHEVAUX. Voir HIPPODROMES.

CUISINE, p. 118-121.

CULTES, p. 127.

Église Américaine de Paris, 65, Quai-d'Orsay, VIIe, **M** Alma-Marceau. 551.38.90.
Église Luthérienne, 15, rue Chauchat, IXe, **M** Le Peletier. 770.80.30.
Église Méthodiste Anglaise, 4, rue Roquépine, VIIIe, **M** Saint-Augustin. 265.71.62.
Église Catholique Allemande, 38, rue Spontini, XVIe, **M** Victor-Hugo. 704.31.49.
Église Orthodoxe Russe, 12, rue Daru, VIIIe, **M** Courcelles. 227.37.34.
Église Grecque Orthodoxe, 28, rue Laferrière, IXe, **M** Saint-Georges. 878.35.53.
Église Suédoise, 9, rue Médéric, XVIIe, **M** Courcelles. 924.70.33.
Mosquée de Paris, 1, place du Puits-de-l'Ermite, Ve, **M** Monge. 331.59.95.
Grande Synagogue, 44, rue de la Victoire, IXe, **M** Le Peletier. 526.91.89.
Church of England, 5, rue d'Aguesseau, VIIIe, **M** Madeleine. 225.71.52.
Church of Scotland, 17, rue Bayard, VIIIe, **M** F.-D. Roosevelt. 727.60.28.
Église Néerlandaise, 102, Boulevard Arago, XIIIe, **M** Gobelins. 702.36.21.

Retraites religieuses en France : renseignez-vous auprès de l'Archevêché de Paris, 30, rue Barbet-de-Jouy, VIIe, **M** Saint-François-Xavier. 555.26.00.

DEUX-ROUES, p. 40.

Renseignements : *Fédération Française de Cyclotourisme,* 66, rue René-Boulanger, Xe, **M** République. 208.81.79.
ou *Touring-Club de France.* Voir AUTOMOBILE.

Achat : *Cycles Peugeot-Terrot,* 72, avenue de la Grande-Armée, XVIIe, **M** Porte Maillot. 380.57.76.
Mobylette, Vélosolex, etc., ont des marchands et réparateurs dans tous les quartiers.

Location : *Guébet,* 58, rue La fayette, IXe, **M** Cadet. 824.47.59.
et dans de nombreuses Gares S.N.C.F., adressez-vous au guichet bagages ou au contrôle de sortie.

DOCTEURS, p. 134 à 137. Voir SANTÉ.

DOUANES, p. 28-29.

Les tolérances (ce que vous pouvez importer sans payer de droits) changent très souvent; elles varient aussi selon votre pays d'origine. Il est préférable de vous renseigner avant votre départ, par exemple auprès du Consulat de France le plus proche de votre domicile. Vous pouvez aussi écrire aux associations de Camping-Caravaning, de Sports d'Hiver ou Nautiques ou, si vous êtes déjà en France, pour savoir ce que vous avez le droit d'emporter, téléphoner au 387.14.50.

Sachez cependant que vous pouvez emporter tous les souvenirs que vous avez achetés en France, quelle qu'en soit la valeur. N'oubliez pas non plus que vous pouvez acheter sans payer la T.V.A. (voir plus loin).

ÉCHANGES (Étudiants, Professeurs, etc.). Voir ENSEIGNEMENT.

ÉCOLES. Voir ENSEIGNEMENT

ÉCRIRE (le savoir), p. 151 à 153.

ÉLECTIONS, p. 25. Voir POLITIQUE.

ENSEIGNEMENT, p. 148-150.

Les étudiants étrangers désirant venir faire des études en France, soit pour toute une année universitaire, soit pour suivre un cours d'été, s'adresseront à *l'Office National des Universités et Écoles Françaises*, 96, boulevard Raspail, VIe, **M** Notre-Dame-des-Champs, 222.50.20. Ils y trouveront la liste des cours organisés ou contrôlés par les Universités ou par divers établissements d'enseignement supérieur. Prendre auprès des Services Culturels de l'Ambassade de France du pays d'origine tous conseils et toutes informations sur : visas, conditions de séjour, facilités de voyage, direction des études, diplômes, etc. Une édition spéciale pour les étudiants américains, en langue anglaise, pourra aussi être demandée 972, Fifth Avenue, New York, 10021, ainsi que la brochure « Advanced Studies for College Graduates ».

Facilités de Transports : Des réductions peuvent être accordées. Se renseigner auprès des Agences officielles de la S.N.C.F. ou d'Air France dans votre pays (les Consulats français peuvent éventuellement vous en donner les adresses).

Bourses : demande à présenter uniquement par l'intermédiaire de l'Ambassade de France du pays d'origine.

A Paris :
- se renseigner d'abord au *Service d'Orientation Pédagogique des Étudiants Étrangers*, Centre Albert Châtelet, 8, rue Jean-Calvin, Ve, **M** Censier-Daubenton. 587.18.48.
- ou s'adresser directement

à l'*École de l'Alliance Française*, 101, boulevard Raspail, VIe, **M** N.-D.-des-Champs. 222.25.28.

à *l'Institut Britannique*, 6, rue de la Sorbonne, Ve, **M** Luxembourg ou Odéon. 033.23.70
à *l'Institut Catholique*, 21, rue d'Assas, VIe, **M** Sèvres-Babylone, 222.41.80.
ou à un autre des établissements conseillés par le Service de la rue Jean-Calvin ou par *l'Office des Universités*. Cet Office, par ailleurs, place les Assistants étrangers dans les Lycées et Collèges français ainsi que des lecteurs de langue anglaise, allemande, espagnole, etc., dans les Universités et autres établissements d'enseignement supérieur. Il organise également des « appariements » (relations par paires) entre des écoles françaises et des écoles étrangères et des échanges interfamiliaux d'élèves.

Tourisme scolaire : s'adresser de préférence au *Comité d'Accueil des Élèves des Écoles Publiques*, 7, rue Quentin-Bauchart, VIIIe, **M** George-V. 225.93.19.

Travailleurs immigrés : cours gratuits de français, de connaissance de la vie pratique en France, de calcul, etc., s'adresser à l'*Amicale pour l'Enseignement des Étrangers*, 31, rue de Penthièvre, VIIIe, **M** Miromesnil. 225.31.24.

ESSENCE, p. 39.

Vous ne trouverez que deux qualités dans les stations-service : l'ordinaire, le super et, pour les cyclomoteurs, des mélanges deux-temps.
Prix de l'essence (1er mai 1974) Super 1,75 F; ordinaire 1,61 F; deux roues 1,74 F; pour un litre.

Attention : faites le plein le samedi, beaucoup de stations sont fermées le dimanche, surtout en ville.

FESTIVALS, FÊTES ET FOIRES, p. 108 à 110.

Il y en a trop, toute l'année, pour que nous puissions vous en donner la liste complète (celle-ci vous sera envoyée par l'*Office du Tourisme*).
La Foire de Paris a lieu dans la première quinzaine de mai, après celle de Lyon (fin mars) et celle de Marseille (fin avril). Il y a ainsi dans toutes les grandes villes de grandes expositions commerciales; écrivez aux Syndicats d'Initiative.

Essayez de ne pas manquer les grandes Fêtes populaires que sont, par exemple, *la Foire du Trône*, dans le Bois de Vincennes, qui dure deux mois, à dater du samedi des Rameaux ; ou *la Fête des Loges*, dans la Forêt de Saint-Germain-en-Laye, au mois d'août ; ou *la Fête à Montmartre*, à Pigalle, au début de janvier. Et allez au moins une fois à Versailles, où les grandes eaux sont ouvertes une fois par mois, de juin à septembre.
Parmi la vingtaine de festivals importants, deux au moins mériteraient votre attention : le *Festival du Marais*, à Paris, en juin, et le *Festival d'Avignon*, en juillet et août, tous deux consacrés au Théâtre et à la Musique. Renseignez-vous et retenez vos places plusieurs semaines à l'avance.

GALERIES. Voir MUSÉES.

GARES, p. 86 à 89. Voir TRAIN.

GASTRONOMIE. Voir Mini-lexiques, p. 78-79 et 120-121 et Carte, p. 80-81.

GUIDES

Nous ne pouvons évidemment pas les citer tous. Nous vous donnons seulement les plus connus et, bien sûr, ceux qui nous ont aidés pour rédiger la partie touristique de ce livre, en leur exprimant ici toute notre gratitude.

Guide de Paris (gratuit), édité par l'Office de Tourisme de Paris, 127, avenue des Champs-Élysées, VIIIᵉ.

Paris-Guide, en français, anglais, allemand, éditions C.A.M.S., 30, rue Feydeau, IIᵉ.

Guide de Paris en Jeans, éditions de Cléry, 21, rue P.-Lescot, Iᵉʳ.
52 week-ends autour de Paris, Albin Michel.

Guide Julliard de Paris, par H. Gault et C. Millau.

Guides Michelin de Paris, de Paris et sa banlieue et tous les autres « Guides verts » de Michelin.

Guides Bleus de Paris, de la France, Guides Artistique, Littéraire, Religieux, Hachette éd.

Pour les restaurants et les hôtels :

le *Guide Michelin* (rouge), le *Guide Auto-Journal*, le *Guide Kléber-Colombes* et les *Guides* de H. Gault et C. Millau.

Voir aussi : *le Nouveau Guide de la Route*, éd. Reader's Digest, *Motels en Poche*, éd. Publilu, 18, rue d'Aumale, IXᵉ, et *Loisirs Jeunes*, Éditions du Groupe Express.

Pour la connaissance de la civilisation :

Découverte de la France, de B. Dézert et G. Torrès et *Civilisation Française Contemporaine*, de M. Paoletti chez Hatier, *Comment vivent les Français* de G. Girod et F. Grand-Clément, *Guide France* de G. Michaud chez Hachette et *La France en direct 3*, de J. et G. Capelle, F. Grand-Clément et G. Quénelle, chez Hachette.

et si vous voulez un guide en chair et en os, demandez-le au *Bureau Officiel des Guides Interprètes*, 83, rue Taitbout, IXᵉ, **M** Saint-Georges. 874.14.08.

HIPPODROMES (région parisienne). Voir p. 58-59 et 128, 130.

Auteuil (Obstacles). Bois de Boulogne. **M** Porte d'Auteuil. 359.33.80.
Chantilly (Plat). Gare du Nord (41 km de Paris).
Enghien (Obstacles et trot). Gare du Nord (18 km de Paris). 359.20.70.
Longchamp (Plat). Bois de Boulogne. **M** Porte d'Auteuil, Porte Dauphine ou Porte Maillot. 359.96.25.
Maisons-Laffitte (Plat). Gare Saint-Lazare (15 km de Paris). 359.20.70.
Saint-Cloud (Plat). Gare Saint-Lazare (15 km de Paris). 359.20.70.
Vincennes (Trot). Bois de Vincennes. **M** Château de Vincennes ou Charenton-Écoles. 368.55.44.

HOPITAUX, p. 134. Voir SANTÉ.

HOTELS ET LOGEMENT, p. 72 à 74.

Nous n'indiquons ici que les principaux organismes. Les prix varient selon le nombre d'étoiles.

Accueil de France, organisme officiel, trouvera des chambres d'hôtel, pendant la saison pour les touristes pressés : 7, rue de Balzac, VIIIe. **M** George-V, 720.16.78 (de 9 h à 24 h).

Le Commissariat au Tourisme, 8, avenue de l'Opéra, Ier, **M** Palais-Royal. 073.70.34.

Les Syndicats d'Initiative (voir TOURISME) pourront également vous fournir des listes d'hôtels par catégorie pour Paris et la Province. Si vous n'avez pas réservé, en arrivant dans une ville, allez directement au Syndicat d'Initiative.
Vous pouvez aussi vous adresser à l'un des organismes suivants :

Fédération Nationale des Logis de France, 26, rue d'Artois, VIIIe. **M** Saint-Philippe du Roule. 225.38.18.

Loisirs de France, 34, rue Godot-de-Mauroy, IXe. **M** Madeleine. 073.03.61 et 62.

Auberges Rurales, voir Office de Tourisme, 127, Champs-Élysées, VIIIe. **M** Étoile. 720.90.24 et 25.

Maisons Familiales de Vacances, 28, place Saint-Georges, IXe. **M** Saint-Georges. 878.84.25.

Villages-Vacances-Tourisme, 90, boulevard de La Tour-Maubourg, VIIe. **M** Latour-Maubourg. 555.02.28.

Petits Nids de France, 73, rue de Dunkerque, IXe. **M** Anvers. 878.51.81.

Chaîne des Hôtels Calmes et Tranquilles : M. Puagnot, Résidence le Petit Nice, Corniche Kennedy, 13000 Marseille (91). 52.14.39.

Guide du Silence et des Hôtels Silencieux, Sofecats, 20, rue du Bouquet de Longchamp, XVIe. **M** Boissière. 727.56.25.

Novotel, les Relais d'Affaires et de Tourisme. Demandez brochure à Chaîne Novotel, Autoroute A6, 91000 Évry.

S.N.C.F. : Nombreux hôtels dans toute la France; renseignez-vous auprès des Bureaux de Tourisme de la S.N.C.F.

Citel, 36, rue Pierret, 92200 Neuilly. 747.67.22. (Réservations gratuites de chambre d'hôtel dans le monde entier).

Loisirs-Logements-Contacts, 18, rue du Cardinal-Lemoine, V^{e}. **M** Cardinal-Lemoine. 325.28.77.

Inter-Urbis, location d'appartements meublés dans toute la France : 1, rue Mollien, VIIIe. **M** Miromesnil. 622.46.20.

Transitel (formule lit et petit déjeuner), 27, rue Lacépède V^{e}. **M** Monge. 336.45.31

Auberges de Jeunesse. Voir JEUNES. Voir aussi CAMPING ET CARAVANING.

JEUNES, p. 132-133.

Centre d'Information et de Documentation Jeunesse (C.I.D.J.), 120, quai Branly, VIIe. **M** Alma-Marceau. 566.40.20.

Comité Régional des Œuvres Universitaires et Scolaires (C.R.O.U.S.).
Paris : 39, avenue Georges-Bernanos V^{e}. **M** Port-Royal. 326-07-49.
Province : écrivez à Monsieur le Directeur du Crous, c/o Monsieur le Recteur de l'Académie de... (code postal et ville).

Logement

Association pour le Logement des Étudiants et des Jeunes Travailleurs, 12-14, rue de l'Église, XVe. **M** Charles Michels.

Association Résidence et Foyers, 57, boulevard Malesherbes, VIIIe **M** Saint-Augustin 387.39.09.

Ou allez voir les petites annonces affichées dans le hall d'entrée du *CO.PAR.*, 39, avenue Georges-Bernanos Ve. **M** Port-Royal 326.07.49 dans toutes les Universités et dans la plupart des Restaurants Universitaires (R.U.).

Loisirs

Nous vous laissons le soin de les organiser vous-mêmes; mais n'oubliez pas que, pour un prix très modeste, vous pourrez emprunter des livres dans toutes les Bibliothèques Municipales. (Demandez les adresses dans les Mairies.)

Travail

Essayez les banques, les grands magasins, les hôtels, ou *Copast*, 22, Faubourg du Temple, XIe, **M** République. 355.66.88, qui vous aidera à trouver du travail (vous paierez si vous en trouvez).

COPAR, 39, avenue Georges-Bernanos Ve, **M** Port-Royal. 326.07.49.

Service Social de la Cité Universitaire, **M** Cité Universitaire. 331.90.95.

Garde d'enfants

Kid, 17, rue Molière, Ier, **M** Palais-Royal, 266.07.09/61.

Nurses Service, 33, rue Fortuny, XVIIe, **M** Malesherbes. 622.26.22.

Au pair

Amicale Culturelle Internationale, 27, rue Godot-de-Mauroy, IXe. **M** Madeleine. 073.24.33.

Amitié Mondiale, 39, rue Cambon, Ier. **M** Madeleine. 073.79.68.

Travaux des Champs (cueillette des fruits, du maïs, vendanges...)

si vous avez + de 16 ans : *C.D.R.*, 92, rue du Dessous-des-Berges, XIIIe, **M** Nationale. 336.04.92.

si vous avez + de 18 ans : *C.N.J.A.*, 14, rue La Boétie, VIIIe, **M** Miromesnil. 265.17.51.

Travaux bénévoles (non payés) en chantiers de jeunes :

Opération Emmaüs, 61, rue des Docks, 37000 Tours.

Rencontre et randonnée, 39, rue Trébois, 92300 Levallois-Perret.

Les Compagnons Bâtisseurs, 11, rue Perronet, VIIe, **M** Saint-Germain-des-Prés. 222.42.32.

Service Civil International, 129, Faubourg Poissonnière, IXe. **M** Poissonnière. 874.60.15.

Vacances

Ligue Française des Auberges de Jeunesse, 38, boulevard Raspail, VIIe. **M** Bac. 548.69.84.

Fédération Unie des Auberges de Jeunesse (voir SKI).

Touring-Club de France (voir AUTOMOBILE).

U.C.P.A., 62, rue de la Glacière, XIIIe, **M** Glacière. 336.05.20 (tous les sports).

Maisons Européennes de la Jeunesse, 21, rue de Provence, IXe, **M** Cadet. 824.63.01 (plongée sous-marine, montagne, voile).

Comité d'Accueil des Élèves de l'Enseignement Public, 7, rue Quentin-Bauchart, VIIIe, **M** George-V. 225.93.19. (Groupes de scolaires, d'étudiants, d'enseignants.)

Bazar de l'Hôtel de Ville **M** Hôtel de Ville. 508.20.02; *Bon Marché* **M** Sèvres-Babylone. 222.21.59; *Galeries Lafayette* **M** Chaussée d'Antin. 282.35.46; *Printemps-Haussmann.* **M** Havre Caumartin. 285.22.22; *Samaritaine* **M** Pont-Neuf-Pont-Marie. 508.33.33.

Heures de visite et prix d'entrée : voir *Semaine de Paris, Pariscop, l'Officiel des Spectacles* (dans tous les kiosques).

MUSÉES PARISIENS

Se rappeler que presque tous les musées sont fermés au moins le mardi. Voir ci-dessous les heures d'ouverture sauf le mardi.

Pour une liste plus complète et pour les adresses des Galeries, voir par exemple *l'Officiel des Spectacles*, le *Guide Paris*, etc.

Musée du Louvre, **M** Louvre-Palais-Royal. De 9 h 45 à 17 h 15. Entrée 3 F. Dimanche gratuit.

Musée des Arts Décoratifs, **M** Palais-Royal. Tous les jours, sauf lundi et mardi de 10 à 12 h et de 14 à 17 h. Entrée 3 F.

Musée d'Art Moderne, **M** Iéna. Comme Musée du Louvre.

Musée des Arts et Traditions Populaires, **M** Sablons. De 10 à 12 h 30 et de 14 à 17 h. Entrée 2 F. Dimanche 1 F.

Musée de l'Histoire de France, Archives Nationales, **M** Hôtel de Ville. De 14 à 17 h. Entrée 1 F. Dimanche 0,50 F.

Musée Carnavalet (costumes, estampes, histoire...), **M** Saint-Paul. Tous les jours, sauf lundi et mardi, de 10 à 17 h 50. Entrée 3 F. Dimanche gratuit.

Musée de l'Homme (Modes de vie, coutumes), Palais de Chaillot, **M** Trocadéro, de 10 à 18 h. Entrée 3 F.

Muséum National d'Histoire Naturelle, (serres tropicales, ménagerie et vivarium, expositions diverses). **M** Jussieu-Austerlitz. 331.21.51.

Palais de la Découverte (Expositions diverses), **M** Champs-Élysées-Clemenceau. 225.97.24.

Musée Rodin, 77, rue de Varenne, **M** Invalides. De 10 à 12 h 15 et de 14 à 18 h. Entrée 5 F.

Musée des Gobelins (Tapisseries), **M** Gobelins. Visite des ateliers : mercredi, jeudi, vendredi de 14 à 16 h. Entrée 3 F. Étudiants 1,50 F.

Monnaie de Paris, 11, quai Conti, **M** Pont-Neuf-Odéon. Visite guidée des ateliers les mardis et jeudis de 14 h 15 à 15 h 30 (gratuit).

Musée Grévin (personnages de cire), 10, boulevard Montmartre. **M** Montmartre. Semaine : 14 à 19 h.

Musée de Versailles, de 14 à 18 h. Petit Trianon et Grand Trianon : idem. Grandes Eaux : 950.58.32.

Musée de la Céramique de Sèvres, **M** Pont-de-Sèvres. Tous les jours, sauf mardi, de 10 à 12 h et 13 à 17 h 30. Entrée 3 F. Dimanche : jusqu'à 18 h. Entrée : 1,50 F.

MUSIQUE, p. 138-139.

Consultez *l'Officiel des Spectacles, Pariscop,* etc., si vous voulez connaître toutes les Discothèques et toutes les Salles de Concert. Parmi celles-ci, voyez surtout (pour la musique classique) : *Salle Pleyel,* **M** Ternes, *Théâtre des Champs-Élysées,* **M** Alma-Marceau, *le Grand Amphithéâtre de la Faculté de Droit,* **M** Port-Royal, *la Maison de l'O.R.T.F.* **M** Ranelagh. Pour le Jazz, les grands interprètes, la musique religieuse, regardez les Colonnes Morris et les affiches (surtout au Quartier Latin).

OBJETS PERDUS ET TROUVÉS

Dans les trains : adressez-vous à la gare *terminus.*

Un peu partout dans Paris :

Bureau des Objets Trouvés, 36, rue des Morillons, XVe, **M** Convention. 828-97-30. Tous les jours, sauf samedi et dimanche, de 8 h 30 à 17 h.

En province : au Commissariat *central* de Police dans les villes, à la Mairie dans les villages. Vous pouvez aussi, si vous êtes optimiste, faire mettre une petite annonce dans un journal local et promettre une récompense.

O.R.T.F., p. 146-147. Voir RADIO-TÉLÉVISION.

PARIS, p. 42 à 49.

PÉAGES. Voir ROUTES.

PÈLERINAGES

Lisieux (14100), fête de Sainte Thérèse, le 3 octobre; *Lourdes* (65100), Sainte Bernadette, le 16 avril, pèlerinage national, du 9 au 13 août.

Pour les dates des grandes cérémonies, adressez-vous au Syndicat d'Initiative local (code postal entre parenthèses) : Chartres (28000), Lyon-Fourvière (69000), Le Puy (43000), Mont-Saint-Michel (50116), Rocamadour (46350), Sainte-Anne d'Auray (56400), Saintes-Maries-de-la-Mer (13460)...

PHARMACIES. Voir SANTÉ.

PLAGES, p. 92-99.

POLICE (Préfecture de) à Paris : **M** Cité ;

partout, au téléphone : 17 (= Police-Secours).

POLITIQUE, p. 24-25.

POMPIERS

partout, téléphone 18.

POSTES, p. 68 à 71. Voir aussi TÉLÉPHONE.

(En arrivant en France, demandez - dans un grand bureau de poste - la brochure : Les P.T.T. sont heureux de vous souhaiter la bienvenue, en trois langues.) En voici quelques extraits :

Principales taxes postales au 1-1-74

	Lettres jusqu'à 20 g	*surtaxes aériennes*	*cartes postales*
France, Allemagne, Belgique, Luxembourg, Pays-Bas, Italie	0,50 F	sans surtaxe	0,30 F
Suisse	0,60 F	jusqu'à 20 g	0,30 F
Canada	0,50 F	0,50 F par 5 g	0,30 F
Autres pays (Amérique-Asie)	0,90 F	Demandez au guichet	0,60 F

Bureaux ouverts 24 heures sur 24, pour télégraphe, téléphone et lettres recommandées :
103, rue de Grenelle, VIIe (Paris 44). **M** Solférino. 551.21.40.
8, place de la Bourse, IIe (Paris 47). **M** Bourse. 231.16.62.

Orly, aérogare. 687.11.88.

Le Bourget, aéroport, 208.69.17.

Charles-de-Gaulle - Roissy 862.12.12.

Les télégrammes

Pour la France : jusqu'à 10 mots (adresse comprise) = 5,40 F, par mot en plus = 0,15 F.

Pour la plupart des pays d'Europe : 0,90 F par mot.

Pour le Canada : 1,80 F par mot.

Pour les U.S.A. : de 1,50 à 2,70 F par mot (selon État).

Attention, rappel ! Les bureaux de poste sont fermés (sauf quelques guichets à Paris et dans les grandes villes) du samedi midi au lundi matin. Mais vous pouvez téléphoner vos télégrammes (14 sur votre cadran).

Télégrammes urgents : taxe double.

Poste restante : lettres et cartes postales, 0,40 F ; journaux, 0,20 F.

PRESSE, p. 142 à 145.

Quelques tirages (en 1 000 exemplaires) et prix :

Quotidiens

Matin à Paris. *Le Parisien Libéré* 900/0,90 F. *Le Figaro* 530/0,90 F. *L'Aurore* 380/0,90 F. *L'Équipe* 300/0,90 F.

Matin en province. *Ouest-France* (Rennes) 700/0,90 F. *Le Progrès* (Lyon) 500/0,80 F. *Le Dauphiné Libéré* (Grenoble) 430/0,80 F. *Le Sud-Ouest* (Bordeaux) 400/0,80 F. *La Voix du Nord* (Lille 400/0,80 F. *Centre-Loire* (Saint-Étienne) 400/0,80 F.
Soir à Paris. *France-Soir* 1 200/0,90 F. *Le Monde* 460/1,00 F.

Périodiques

D'information générale : *France-Dimanche* 1 300/2,00 F. *Ici-Paris* 1 200/2,00 F. *Paris-Match* 900/4,00 F. *Jours de France* 900/4,00 F.

Familiaux, féminins, presse du cœur : *Modes et Travaux* 1 800/2,50 F. *Pour vous Madame* 1 500/2,50 F. *Femmes d'Aujourd'hui* 1 200/1,80 F. *Nous Deux* 1 000/2,00 F. *Marie-Claire* 700/3,00 F. *Elle* 700/3,50 F.

De Jeunes : *Jeunes Années* 1 000/3,00 F. *Salut les Copains* 800/3,00 F. *Zorro* 700/3,00 F. *Mademoiselle Age Tendre* 500/3,50 F.

Politiques : *L'Express* 650/4,00 F. *Le Point* 000/4,00 F. *L'Humanité Dimanche* 450/3,00 F. *Le Canard Enchaîné* 400/1,50 F. *Le Nouvel Observateur* 250/4,00 F. *Minute* 250/3,50 F.

Le plus important tirage de la presse française est celui des hebdomadaires donnant Les programmes de radio et de télévision. *Télé 7 jours :* 2 700/1,70 F. *Télé-Poche* 1 600/1,50 F. Ils ont ensemble 10 millions de lecteurs.

PROCÈS-VERBAUX (ou amendes, ou contraventions, ou P.V.), p. 35.

Attention ! En cas d'infraction au code de la route français, des accords internationaux permettront de vous poursuivre jusque dans votre pays. Nous ne pouvons vous donner les tarifs en vigueur ; ils changent avec les infractions et aussi avec les années. Nous vous souhaitons sincèrement de ne jamais les connaître !

PROMENADES

Dans toute la France : renseignez-vous auprès du *Comité National des Sentiers de Grande Randonnée*, 65, avenue de la Grande-Armée, XVIe, **M** Argentine. 727.89.89. ou abonnez-vous à sa revue : *Informations sentiers.*

Dans Paris (avec un guide) : voyez les agences de voyages, le *Touring-Club de France* (voir AUTOMOBILE), *le Figaro, le Monde, la Semaine de Paris,* etc.

En bateau sur la Seine

Bateaux mouches, départ du Pont de l'Alma, rive droite, **M** Alma. 225.96.10.
Vedettes Paris-Tour Eiffel, Pont d'Iéna, rive gauche, **M** Iéna. 551.33.08.
Vedettes Pont-Neuf, Square du Vert-Galant, **M** Pont-Neuf. 633.98.38.

En car

« *Cityrama* », toutes agences de voyages.
A cheval, en train, à vélo... voir ces mots.

Paris by night (avec hôtesses interprètes)

Soirée Service, 9, rue de Hanovre, IIe, **M** 4-Septembre. 742.53.24.
Visite des Monuments historiques. S'adresser : 62, rue Saint-Antoine, IVe, **M** Saint-Paul/Bastille. 272.37.21.

RADIO ET TÉLÉVISION, p. 146-147

O.R.T.F. (*Office de Radio Télévision Française*), Maison de la Radio, 116, avenue Kennedy, XVIe, **M** Passy. 555.35.35.

Pour les émissions à destination de l'étranger, demandez la brochure *La Voix de la France dans le Monde* (en français et en anglais) à la Direction des Affaires Extérieures de l'O.R.T.F.

Pour les émissions scolaires et éducatives : *R.T.S. Promotion*, 31, rue de la Vanne, 92120, Montrouge, **M** Porte d'Orléans. 253.13.19.

En général, les émissions scolaires et universitaires sont diffusées dans la bande F.M. (90,35 MHz pour Paris). Si vous habitez la région parisienne, vous pouvez écouter *Radio Sorbonne* sur 312 m (963 kHz).

Consultez aussi les journaux spécialisés, par exemple *Télé 7 jours, Télépoche* et pour des horaires complets télé et radio : *Télérama*, 163, boulevard Malesherbes Paris-XVIIe, **M** Wagram. 227.85.86. Abonnement étranger : 6 mois, 56 F.

R.A.T.P. (Régie Autonome des Transports Parisiens) : Autobus/Métro/R.E.R. p. 52 à 59.

Tous renseignements, plans, billets spéciaux :

53 bis, quai des Grands-Augustins, VIe, **M** Saint-Michel. 326.98.50.

Place de la Madeleine, VIIIe, **M** Madeleine (près du marché aux fleurs), dans toutes les stations de correspondance, en province, dans de nombreuses gares S.N.C.F., et même, à l'étranger, dans certaines banques (Banque de Paris et des Pays-Bas, Crédit Lyonnais, Banco di Roma, Commerzbank A.G., etc.) ou dans les bureaux S.N.C.F. (Montréal, Copenhague, Francfort/Main, Londres, Rome, Luxembourg, Bâle, Chicago, Los Angeles, New York, San Francisco...).

Horaires du Métro : le premier train quitte le terminus à 5 h 30, le dernier y revient ur 1 h 15.

Tarifs au 1-4-74 :

Carnet de 10 billets Métro 1re classe
Carnets de 10 billets Métrobus, 2e classe, 8,00 F.
Carnet de 10 billets R.E.R.

Les carnets sont en vente dans toutes les stations de métro ; mais dans les autobus vous paierez plus cher si vous n'avez pas de carnets.

Attention ! Vous pourrez voyager sans limites sur autobus, métro, R.E.R., avec *les Billets de Tourisme :* 4 jours = 30 F ; 7 jours = 50 F ou *une carte d'abonnement.* Renseignez-vous sur toutes ces possibilités (ainsi que sur les excursions et visites organisées par la R.A.T.P.) aux deux adresses données ci-dessus en début de rubrique.

RESTAURANTS, p. 74 à 79.

Il n'est évidemment pas question de vous recommander ici tel ou tel restaurant. Il y en a trop, des bons et des moins bons. Sachez seulement qu'à Paris vous pouvez demander conseil (prix, atmosphère, genre de cuisine) à 359.12.12 (de 10 h à 22 h). En province, vous pouvez toujours vous adresser au Syndicat d'Initiative, utiliser un guide spécialisé, etc. Mais si vous allez un peu au hasard, n'oubliez pas de regarder les prix, affichés à l'extérieur, avant d'entrer. Comparez en effet :

Quelques prix dans une modeste brasserie de province, en juillet 1973 :

omelette garnie, 7,00 F ; Steak frites, 9,90 F ; glace Chantilly, 5,50 F ; pêche Melba, 5,50 F ; vin rouge, la bouteille, 10 F (service compris).

*... et au Restaurant d'un Hôtel **** dans une grande station balnéaire :*

Foie gras frais, 35 F ; plateau de fruits de mer, 30 F ; sole soufflée, 25 F ; côtes d'agneau grillées, 22 F ; fraises ou pêches Melba, 12 F.

Prix fixe (3 plats au choix) : 45 F + 15 % service. Vins : de 12 F (Muscadet) à... 500 F et plus (!) pour une bouteille rare (de Mouton-Cadet par exemple).
Quand vous serez satisfait, demandez une carte et donnez l'adresse à vos amis.

Dans votre pays : vous pouvez continuer à goûter nos conserves, nos fromages, nos vins, grâce à *Sopexa,* 43, rue de Naples, Paris, VIIIe **M** Europe. 292.42.11. Cherchez dans l'annuaire de votre ville :

Sopexa (Düsseldorf, Bruxelles, Montréal, Copenhague, Madrid, Milan, Tokyo), *Food from France* (Londres et New York).

Restoroutes : si vous voulez faire un bon repas au calme... quittez l'autoroute !

ROUTES, p. 34-37.

État des routes : Téléphonez au 704.60.30 ou au 553.69.39 (jour et nuit)

- pour les petites routes de province ou de montagne, vous pouvez aussi téléphoner aux gendarmeries locales.

- si vous avez une autoradio, écoutez les radio-guidages de France-Inter, Europe 1, R.T.L. (voir Radio et Télévision, p. 146-147.)

Péage sur les autoroutes : A titre d'exemple, au 1-1-74, cela coûte :
15 F pour aller de Lille à Paris.
73,50 F pour aller de Paris à Nice (voiture de 5 cv à 12 cv).

Itinéraires : Voyez les Associations Automobiles.

SANTÉ, p. 134 à 137.

En cas d'urgence, en province, appelez les *Prompts Secours.* 18.

A Paris :

S.O.S. Médecins. 707.77.77 ou 336.03.86 (vous pouvez demander un médecin parlant anglais).

Ambulances : 887.27.50 (ou les Pompiers : 18).

Transfusion d'urgence : 307.47.28.

Centre anti-poisons : 205.63.29.

The American Hospital, 63, boulevard Victor-Hugo, 92200 Neuilly-sur-Seine, **M** Sablons. 644.68.00.

The British Hospital, 48, rue de Villiers, 92300 Levallois, **M** Porte de Champerret et Bus. 757.22.58.

En province, voir le journal local (comme à Paris), à la porte des pharmacies fermées.

Voici quelques pharmacies parisiennes ouvertes une partie de la nuit :

Caron, 24 rue de la Paix, Ier, **M** Opéra. 033.46.69.

Pharmacie Première, 24, boulevard Sébastopol, IIIe, **M** Châtelet. 887.62.30.

L'Avenir, 23, avenue de la Motte-Piquet, VIIe, **M** La Tour-Maubourg. 705.40.61.

Glomaud, 12, boulevard Saint-Michel, Ve, **M** Saint-Michel. 326.92.68.

Machelon, 5, place Pigalle, IXe, **M** Pigalle. 878.38.12.

Lagarce, 13, place de la Nation, XIe **M** Nation. 343.61.05.

Billoret 86, boulevard Soult, XIIe, **M** Porte-Dorée. 343.13.68.

Ph. Mozart, 14, avenue Mozart, XVIe, **M** Muette. 527.38.17.

Ph. Lorraine, 1 bis, place des Ternes, XVIIe, **M** Ternes. 380.42.78.

Perichon, 98, boulevard Rochechouart, XVIIIe, **M** Pigalle. 606.6.68.

Gagne-Petit, 6, rue de Belleville, XXe, **M** Belleville. 636.67.42.

Sécurité Sociale : renseignements de 8 h 30 à 17 h 30 (semaine). 526.76.19. Les étudiants étrangers peuvent faire partie de la Mutuelle Nationale des Étudiants Étrangers.

SKI, p. 103.

Fédération Française de Ski, 34, rue Eugène-Flachat, XVIIe, **M** Péreire. 754.34.56.
Comité des Stations Françaises de Sports d'Hiver, 43, rue de la Victoire, IXe, **M** Le Peletier. 874.54.60.

Association Française des Hôteliers de Sports d'Hiver, 45, rue Boissière, XVIe, **M** Boissière. 265.31.45.

Stages : *U.C.P.* (voir p. 176 : Jeunes, vacances), *Touring-Club de France* (voir p. 168), *Maisons Européennes de la Jeunesse* (voir p. 176), *Comité d'Accueil* (p. 173), etc.

S.N.C.F., p. 86 à 89. Voir TRAIN.

SON ET LUMIÈRE

Il y en a trop dans toute la France pour les énumérer ici. Les Syndicats d'Initiative, les journaux de spectacles, les quotidiens locaux vous donneront les dates, les heures et les téléphones. Nous nous permettons de vous conseiller dans la région parisienne :

Les Invalides, tous les soirs à 22 h (en anglais à 21 et 23 h).

Versailles, les fêtes de nuit. Renseignements : 950.36.22.

En province : *Le Lude* (72800), *Vézelay* (89450), *Chambord* (41250, Bracieux), *Albi* (81000), *Brantôme* (24310), *Saverne* (67700), *Montpellier* (34000), *Cannes* (Iles de Lérins) (06400).

Écrivez simplement : Syndicat d'Initiative ou Mairie, par exemple 81000 Albi.
Voyez aussi, en été, la dernière page du *Figaro*.

SPECTACLES, p. 138 à 141.

Voyez, en province, les quotidiens locaux, à Paris les colonnes Morris, la rubrique spectacle des quotidiens et des hebdomadaires et les journaux spécialisés : *Pariscop, L'Officiel des Spectacles*, etc.

Voici quelques numéros de téléphone : *Théâtre de la Ville*, 887.35.39 - *Châtelet*, 231.44.80 - *Marigny*, 336.02.87 - *Saint-Georges*, 878.63.47 - *Opéra*, 073.16.99 - *Opéra-Comique*, 742.72.00 - *Palais de Chaillot*, 727.81.15 - *Comédie-Française*, 742.22.70 - *Théâtre de l'Odéon*, 326.58.13 - *Casino de Paris*, 874.26.22 - *Folies-Bergères*, 770.02.51 - *Lido*, 359.11.61 - *Dix-Heures*, 606.07.48 - *Crazy Horse*, 225.69.69 - *Don Camillo*, 548.10.89.

SPORTS, p. 130-131.

Voir aussi SKI, HIPPODROMES, DEUX-ROUES, JEUNES.
Pour demander des places pour un grand match, des renseignements sur des événements sportifs, écrivez à :

L'Équipe, 10, rue du Faubourg-Montmartre, IXᵉ, **M** Montmartre. 824.70.80.

Fédération Française de Football Association, 60 bis, avenue d'Iéna, XVIᵉ, **M** Kléber. 720.65.40.

Fédération Française de Rugby, 7, cité d'Antin, IXᵉ, **M** Chaussée d'Antin. 874.84.75.

Fédération Française de Lawn Tennis, 15, rue de Téhéran, VIIIᵉ, **M** Villiers. 522.02.41.

Fédération Française d'Athlétisme, 10, rue du Faubourg-Poissonnière, Xᵉ, **M** Bonne-Nouvelle. 770.90.61.

Fédération Française de Sports sous-marins, 34, rue du Colisée, VIIIᵉ, **M** F.-D.-Roosevelt. 225.62.69.

Fédération Française de Natation, 148, avenue Gambetta, XXᵉ, **M** Saint-Fargeau. 366.37.02.

STATIONNEMENT, p. 35. Voir aussi PROCÈS-VERBAUX.

Parkings à Paris, voyez le *Guide de Paris* et surtout le *Guide Michelin*, pages bordées de rouge, pour Paris et la périphérie.

SYNDICATS D'INITIATIVE. Voir TOURISME.

TAXES. Voir T.V.A.

TAXIS, p. 50-51.

Pour appeler un taxi, où que vous soyez, cherchez le mot Taxi dans l'annuaire local.

A Paris, vous pouvez appeler :

Une station : 1ᵉʳ arrondissement, 742.00.00 - 2ᵉ 073.00.00 - 3ᵉ, 887.00.00 - 4ᵉ, 272.00.00 - 5ᵉ, 633.00.00 - 6ᵉ, 326.00.00 - 7ᵉ 551.00.00/783.00.00 - 8ᵉ, 265.00.00 - 9ᵉ, 874.00.00 - 11ᵉ, 805.00.00 - 12ᵉ, 343.00.00 - 13ᵉ, 707.00.00/331.00.00 - 14ᵉ, 533.00.00 - 15ᵉ, 250.00.00/842.00.00 - 16ᵉ, 527.00.00/727.00 - 17ᵉ, 754.00.00/924.00.00/622.00.00 - 18ᵉ, 228.00.00/208.00.00 - 19ᵉ, 607.00 - 20ᵉ, 636.00.00...

Un « radio-taxi » : *Allô-Taxi*, 587.67.89 - *Appel-Taxi*, 656.94.00 - *Cotax*, 205.77.77 - G7, 267.28.30 - *GAT*, 355.44.40 - *Radart*, 735.22.22. *Radio-Taxi*, 707.89.89.

Prix

Le prix est toujours inscrit au compteur à la fin de la course, sauf pour un long déplacement hors d'une ville ; dans ce cas il vaut mieux demander avant de partir : « Combien faut-il compter pour aller à X ? » En janvier 74, de 0,70 à 1 F du km, mais il faut, bien sûr, ajouter le retour.

A Paris, au 1-05-74 :

	A (jour)	**B** (nuit) entre 22 h et 6 h 30
prise en charge	2,50 F (217 m)	2,50 F (145 m)
le km	0,69 F	1,035 F
heure d'attente	18 F	18 F

N.B. En cas de changement de prix, les nouveaux prix sont affichés à l'intérieur du taxi.

Suppléments,
non inscrits au compteur :
1 F au départ gares,
0,50 F par colis à partir du deuxième
1 F par *gros* colis (skis,...)

Voitures de place : elles n'ont pas de compteur. Attention à l'arrivée dans une gare parisienne : si le signe TAXI n'est pas sur le toit, le prix sera beaucoup plus élevé ; renseignez-vous avant de monter.

Courses hors de Paris (Orly, etc.) : les tarifs « banlieue » sont légèrement différents, mais le compteur les applique automatiquement. Donc : *aucune indemnité de retour, n'est due*. Il n'en est pas de même en province si vous sortez de la ville ; là encore demandez avant le départ.

Les réclamations doivent être adressées au Service des taxis de la Préfecture de Police, 36, rue des Morillons Paris XVe.

Train-taxi : dans certains trains, vous pouvez demander à avoir un radio-taxi à votre arrivée à Paris ; renseignez-vous auprès du contrôleur.

TÉLÉPHONE, p. 70-71.

Les taxes téléphoniques

Elles sont un peu trop compliquées pour que nous puissions vous en donner le détail ici. Par exemple, à l'intérieur de la France, le prix pour une communication téléphonique peut varier de 0,35 F à 4,80 F. Sachez cependant qu'une communication dite locale coûte 0,35 F à partir d'un poste d'abonné, 0,50 F à partir d'un poste public. Pour les communications de pays à pays, nous ne pouvons que vous donner quelques exemples de prix, *pour 3 minutes :*

Allemagne (R.F.A.) 6,00 - (R.D.A.) 8,76 - Espagne, 8,76 - Grande-Bretagne, 4,65 - Italie, 8,76 - Pays-Bas, 4,65 - Irlande, 7,65 - Suède, 9,84 - Yougoslavie, 14,76 - U.R.S.S., 26,94 - Canada, 36,90 - U.S.A. 36,90 + 29,74 si c'est avec préavis.

Attention : N'oubliez pas que vous paierez moins cher (un peu plus de moitié prix) le soir après 20 heures ou le dimanche.

TÉLÉPHONES UTILES (ou LES BONS NUMÉROS)

En province, vous les trouverez dans l'annuaire local, *à la première page* de chaque ville importante. En voici quelques-uns pour Paris (si vous appelez de province, faites le 16, attendez la tonalité, puis faites le 1 et le numéro ci-dessous) :

Renseignements

Administratifs	306.82.00
Chemins de Fer	522.94.00
Douanes	387.14.50
Postes	380.64.00
Tourisme	073.99.34 / 720.16.78

Informations

Nouvelles	4631 (= INF 1)
Bourse, Finances	783.84.00
Le temps	705.97.39
...at des routes	553.05.29 (voir aussi ROUTES)
...culation	224.22.33

S.O.S. Secours

Pompiers	18
Police	17
Centre anti-poison	205-63-29
Brûlures graves	265.44.40
Hôpital	828.26.11 (jour et nuit)
Électricité	522.90.00
Plombiers, serruriers,	S.O.S.99.99
S.O.S. Amitié	825.70.50
S.O.S. Drogue	707.87.05/705.98.22

Divers

Réveil	10, puis 13 ?
Quelle heure est-il ?	033.84.00

Communications *automatiques* avec l'étranger (à partir d'un poste d'abonné) : Composez le 19 au cadran - attendez la deuxième tonalité - composez l'indicatif ci-dessous suivi du numéro de votre correspondant :
Allemagne, 49 - Autriche, 43 - Belgique, 32 - Danemark, 45 - Espagne, 34 - Grèce, 30 - Italie, 39 - Luxembourg, 352 - Maroc, 212 - Norvège, 47 - Pays-Bas, 31 - Royaume-Uni, 44 - Suède, 46 - Suisse, 41.

TÉLÉVISION, p. 146-147. Voir RADIO ET TÉLÉVISION.

THÉATRE, p. 138 à 141.

Au 1-1-74, il faut compter pour une place de théâtre à Paris : de 10 à 45 F.

En province les prix sont un peu moins élevés, de l'ordre de 30 F pour un fauteuil d'orchestre (Tournées théâtrales), 20 F pour une troupe locale.

Allô Conseil Spectacles, 225.58.79, fournit à ses abonnés des conseils et des informations sur les spectacles.

Service Spectacle du Monde, 225.61.50 et toutes Agences.

Réservations : voir SPECTACLES.

THERMALISME, p. 136-137.

Renseignements sur toutes les stations :

Fédération Thermale et Climatique Française, 1, rue Lacretelle, XVe, **M** Porte de Versailles. 828.42.13.

TOURING-CLUB DE FRANCE. Voir AUTOMOBILE.

TOURISME, p. 90 à 111.

Pour toute la France : *Commissariat Général au Tourisme,* 8, Avenue de l'Opéra, Ier, **M** Palais-Royal. 073.99.34

Alpes : *Maison de Savoie,* 16, Bd Haussmann, IXe **M** Richelieu-Drouot. 770.76.84.

Pyrénées : *Maison des Pyrénées,* 24, rue du 4 Septembre, IIe, **M** Quatre-Septembre. 742.21.34.

Centre : *Maison d'Auvergne,* 53, Av. F.-Roosevelt, VIIIe, **M** F.-D.-Roosevelt. 225.17.57.

Voir aussi :

Tourisme et Travail, 2, rue Pigalle, IXe, **M** Trinité.

Touring-Club de France, voir AUTOMOBILE.

Loisirs de France, 34, rue Godot-de-Mauroy, IXe, **M** Madeleine. 073.03.60 et 62.

The Experiment in International Living, 83, rue de Turbigo IIIe **M** Étienne-Marcel. 272.50.03.

Tourisme S.N.C.F., 127, Champs-Élysées, VIIIe, 720.12.80. **M** Étoile.

Office de Tourisme, 127, Champs-Élysées, VIIIe, 720.90.24. **M** Étoile.

et, dans toute la France, pour obtenir des brochures et des renseignements sur une région particulière, écrivez au chef-lieu de département, par ex. : Syndicat d'Initiative 66000 Perpignan. (Ajouter 000 au No du département.)

N.B. Il existe de nombreux bureaux du Tourisme français à l'étranger ; cherchez dans votre annuaire : *Tourisme Français* ou *Air France* ou *Chemins de Fer Français* (S.N.C.F.).

TRAIN, p. 86 à 89. La S.N.C.F.

Renseignements téléphonés

Bureaux de Tourisme	*Gares*	*Pages du livre*	*Renseignements* (24 h sur 24)	*Réservations*
206.84.17	de l'Est	104	208.49.90	208.49.90
878.15.66	du Nord	104	526.77.28	878.87.54
387.61.89	St.-Lazare	90	566.53.00	387.97.70
566.48.20	Montparnasse	90	566.53.00	566.54.00
331.66.73	Austerlitz	94	707.91.70	707.44.20
307.53.59	de Lyon	100	343.85.10	343.99.80
720.12.80	Renseignements Généraux		522.94.00	(8 à 22 h)

Bagages : Paris : 705.38.14 522.94.00 (Prévenez quatre jours à l'avance si possible).

Province : consultez l'annuaire local.

Les prix au 1-5-1974, pour voyageurs :

en 2e classe : 0,1435 F par km + une taxe fixe de 1,94 F.
en 1ere classe : 0,21525 F par km + une taxe fixe de 2,91 F.

Mais il existe de nombreuses possibilités de réduction :

Billets spéciaux :

Billets de famille : 75 % de réduction à partir de la 3e personne ;

Billets touristiques : 20 % de réduction à partir de 1 500 km ;

Billets de groupes : de 30 à 40 % de réduction.

Billets bon dimanche et de week-end : 20 ou 30 % de réduction à Paris et dans certaines grandes villes (renseignez-vous).

Billets fer-autocar : 20 % sur le train, 10 % sur le car. Ces billets sont vendus au départ de certaines grandes gares : Boulogne, Calais, Jeumont, Lille, Marseille, Nice, Paris, Strasbourg, etc.

Carte Rail-Europ Junior : 25 % de réduction sur la plupart des réseaux européens, si vous avez moins de 21 ans ;

…rte Inter-Rail : valable dans certains pays européens - prix forfaitaires. Renseignez-…us.

Suppléments T.E.E. Quelques exemples (en 1ere classe) : Paris-Nice : 265 F - Paris-Zürich : 166 F - Paris-Milan : 212 F - Marseille-Gênes : 97 F - Paris-Bruxelles : 84 F - Paris-Amsterdam : 150 F - Paris-Hambourg : 284 F - Metz-Rotterdam : 136 F - Genève-Barcelone : 208 F.

Wagon-restaurant : (au 1-1-74) Déjeuner et Dîner = de 35 à 38 F. Petit déjeuner : de 6 F à 8 F. (Service toujours compris).

Gril express : plats garnis et grillades, de 6,60 F à 11,60 F. Boissons chères dans les deux.

Couchettes : tous parcours : 22 F (1ere et 2e cl.).

Wagons-lits : prix variables, selon distance et catégorie (de 70 à 200 F).

Réservations : 3,50 F par place réservée. Gratuite sur les trains avec supplément.

Portage des bagages dans les gares : 2,20 F par colis.

Consigne : 1,50 F par colis et par 24 heures (le double pour des colis encombrants).

Assurances : renseignez-vous au départ.

Animaux : conditions différentes selon les trains; renseignez-vous.

Europabus-excursions : toutes gares et agences de voyage.

TRAVAIL EN FRANCE. Voir JEUNES.

N'oubliez pas que le passeport ne suffit pas. Les conditions pour obtenir des cartes de résident varient selon le pays d'origine. Renseignez-vous :
avant le départ, auprès des ambassades ou consulats de France;
à Paris, à la Préfecture de Police (voir ces mots) ;
en province : au Commissariat de Police ou dans les Mairies.

T.V.A. (Taxe à la Valeur Ajoutée).

Vous la payerez dans les neuf pays de la C.E.E. (Marché Commun), mais si vous payez en devises étrangères (voir p. 66) vous serez peut-être exonéré (dispensé de la payer). En France, le *taux* de la T.V.A. est souvent très lourd; par exemple : 20 % sur la main-d'œuvre (travail) et les pièces détachées (voitures, etc.) - 33 % sur tous les articles dits de luxe (matériel radio, bijoux, parfums, etc.).

Lorsque vous demandez un prix, n'oubliez pas de vous faire préciser si celui que l'on vous donne est T.T.C. (Toutes Taxes Comprises) !

Table des matières

Table des Photographies

Pages

les diapositives

la France dans votre poche

1 « Vous pouvez passer »
2 Le tabac du coin
3 « Deux demis pression ! »
4 Attention aux P.V. !
5 Parc de stationnement
6 Il a crevé
7 Deux fois « deux-roues »
8 Au bord de l'eau
9 Pas de chance
10 En route pour Paris...
11 Sur les quais de Paris
12 « Vous êtes libre? »
13 « Montons en tête ! »
14 Un ou deux tickets?
15 « Pressons un peu ! »
16 Si Versailles leur était conté
17 Du pain sur la planche
18 En gros et au détail
19 Heure de pointe
20 On liquide !
21 « C'est une affaire ! »
22 Le bureau de poste
23 Préparez la monnaie
24 La Grand'Rue
25 « Votre clef, Madame »
26 L'eau à la bouche
27 « Et avec ça Madame? »
28 Le rail et la route
29 A Palavas-les-Flots
30 La foire d'été
31 Ah ! les belles crêpes !
32 Les fruits de mer
33 Hiver en Touraine
34 Été en Roussillon
35 Un travail de Romain
36 « Titin va faire mieux ! »
37 La première descente
38 En famille
39 Notre pain quotidien
40 Coiffeur pour dames
41 Chez le notaire
42 La vie continue
43 Vive la mariée !
44 Sortie de messe
45 « Joue contre joue »
46 « Ce n'est pas grave ! »
47 La satire est aisée
48 Pour tous les goûts...
49 Mon village
50 La classe est finie !

et les autres collections

la France d'aujourd'hui

120 diapositives en couleurs (deux coffrets) avec livret d'accompagnement. Cette collection, conçue pour les étudiants étrangers, présente les paysages, la vie rurale, industrielle et culturelle de la France d'aujourd'hui, région par région. Les documents répondent à une triple exigence : précision scientifique, qualité technique, efficacité pédagogique.

découverte de la France

150 diapositives en couleurs (trois coffrets) avec livrets d'accompagnement. L'objet de cette collection est de faire découvrir l'infinie variété des régions françaises.
Cette série et la précédente sont complémentaires.

Achevé d'imprimer par l'imprimerie Tardy Quercy Auvergne à Bourges - 3e trimestre 1975. Dépôt légal 3275. N° d'imprimeur : 8020